浙大中文大先生

夏承焘学记

胡可先 编

浙江古籍出版社

图书在版编目（CIP）数据

夏承焘学记 / 胡可先编． -- 杭州：浙江古籍出版社，2024.7

（浙大中文大先生）

ISBN 978-7-5540-2989-3

Ⅰ．①夏… Ⅱ．①胡… Ⅲ．①夏承焘（1900-1986）－人物研究 Ⅳ．①K825.6

中国国家版本馆CIP数据核字（2024）第109726号

浙大中文大先生

夏承焘学记

胡可先　编

出版发行	浙江古籍出版社
	（杭州市环城北路177号　电话：0571-85068292）
网　　址	https://zjgj.zjcbcm.com
责任编辑	周　密
责任校对	叶静超
特约校对	王钰哲
封面设计	吴思璐
责任印务	楼浩凯
照　　排	浙江大千时代文化传媒有限公司
印　　刷	浙江海虹彩色印务有限公司
开　　本	880mm×1230mm　1/32
印　　张	11.125
插　　页	4
字　　数	273千字
版　　次	2024年7月第1版
印　　次	2024年7月第1次印刷
书　　号	ISBN 978-7-5540-2989-3
定　　价	76.00元

如发现印装质量问题，影响阅读，请与本社市场营销部联系调换。

夏承焘先生（1900—1986）

1961年夏承焘与马茂元、郭绍虞、钱仲联于上海

1947年夏承焘与方介堪、马一浮、马公愚、袁心粲于西湖复性书院

1961年夏承焘率研究生访马一浮于杭州西湖

夏承焘与弟子吴熊和

顷承施教存教投画示，三十年代龙榆生先生主编之《词学季刊》，即将至沪影印出版。闻讯不胜欣慰。予与龙君交往，早在半世纪之前。

忆一九二九年冬，予任教于浙江严州中学，已着手唐宋词人年谱。龙庐词人年谱成裁之欲与予缔交，又谓亲有高庐词人年谱，欲与予分工合作。嗣即作复，夢窗等数种。是年十月下旬，李雁晴兄辄未龙君手书，既厚在问，卿之客居伟左，姜师友之助，重之见间不广，苦不自觉，如得先生上下甚议论，共学之乐，乃至艺矣。

一九三〇年，予往教杭州西子湖畔之江大学，龙君任教沪上暨南大学。予每返沪者亲邂逅沪，女纸登南新村暗龙君。和平防函札往还，在朋旧中亦最为频密。不惟探讨词学，商酌著作，抑

且砥砺志行，时有直谅之言。自《词学季刊》创刊以来，每期印出必看龙先生词论与其辑，而以予之词人年谱继其后。自始至终，几成定格。

一九三六年，寇警日亟，《词学季刊》被迫停刊。嗣后数年，杭沪相继沦陷，予入故乡雁荡山，从岘崿龙君南北睽隔，直至文革期间龙君逝世，遂不复直面矣。值兹《词学季刊》重印之时，缅怀故交，不胜恨惘。

夏承焘
一九八四年五月四日

夏承焘《词学季刊》重印贺辞（吴闻代笔）

夏承焘书札手稿

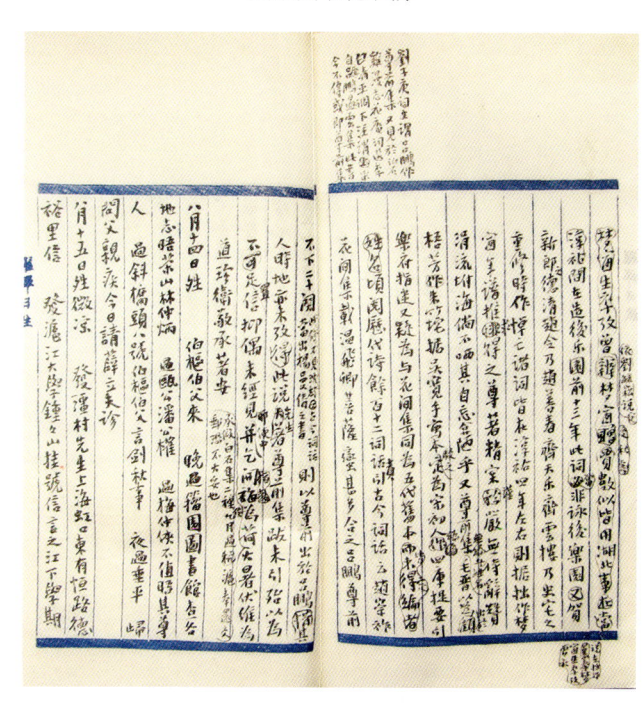

夏承焘日记手稿

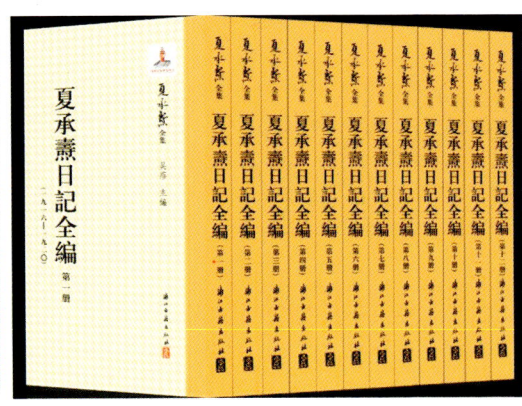

夏承焘部分著作

目 录

前言：夏承焘与一代词学……………………………………… 1

学行纪略

一、谈谈我的学词经历……………………………… 夏承焘 9
二、教书乐：三十年教学的体验…………………… 夏承焘 18
三、《天风阁诗集》前言…………………………… 夏承焘 20
四、《天风阁词集前编》前言……………………… 夏承焘 22

书札论词

一、论词史…………………………………………… 夏承焘 27
二、论词源…………………………………………… 夏承焘 32
三、论词派…………………………………………… 夏承焘 35
四、论词籍…………………………………………… 夏承焘 37
五、论词作…………………………………………… 夏承焘 44
六、论词乐…………………………………………… 夏承焘 48
七、论词刊…………………………………………… 夏承焘 62

学术贡献

一、瞿禅对词学之贡献……………………………… 唐圭璋 67
二、一代词宗今往矣——记夏瞿禅（承焘）词学…… 王季思 71

三、论瞿翁词学——卧疾致编者书……………… 程千帆 83
四、永嘉今日见盟旗——记夏承焘先生…………… 顾学颉 86
五、高楼风雨感斯文………………………………… 马茂元 92
六、瞿禅先生二三事………………………………… 陈贻焮 95
七、一件难忘的小事——缅怀夏承焘先生………… 傅璇琮 98
八、访词学家夏承焘先生…………………………… 杨牧之 102

学术传承

一、汲取到清澈百丈的源头活水…………………… 吴熊和 115
二、春风风人，夏雨雨人——追忆夏承焘老师的教育
　　箴言……………………………………………… 陆　坚 120
三、忆夏承焘师……………………………………… 蔡义江 132
四、读瞿禅师词后…………………………………… 任铭善 140
五、在夏瞿禅承焘先生身边的岁月………………… 雪　克 142
六、瞿禅师治学三教………………………………… 陈翔华 151
七、侍读札记（节选）……………………………… 周笃文 154
八、三十年点滴念师恩……………………………… 琦　君 161
九、记夏承焘老师一次讲学活动的前前后后 ……… 陈美林 176
十、夏承焘先生早年的学术道路试探……………… 钱志熙 187
十一、夏承焘词学与《词学季刊》………………… 李剑亮 213
十二、夏承焘先生的读书札记……………………… 吴　蓓 227
十三、夏承焘、吴熊和与浙江大学词学传统……… 陶　然 243

学术评论

一、《夏承焘集》前言……………………………… 吴战垒 263

二、以经史之术别立词学:《夏承焘全集》前言
　　（节选）………………………………………… 吴 蓓 269

三、《唐宋词人年谱》：从近代词学到当代词学的一座
　　桥梁……………………………………………… 沈松勤 286

四、《唐宋词论丛》：词体内部特质的发掘………… 胡可先 292

生平著述

一、夏承焘传略…………………………………… 施议对 313

二、夏承焘著述编年………………………………………… 337

前言：夏承焘与一代词学

夏承焘先生是 20 世纪最为杰出的词学家之一，是现代词学的开拓者和奠基者，他的一系列词学研究著作，堪称词学史上的丰碑。"一代词宗""词学宗师"的称誉，确立了他在当代词坛的崇高地位。夏承焘先生 20 世纪 30 年代起任教于之江大学，后来在杭州大学、浙江大学坐镇东南，主持词学讲席，一直站在研究的前沿，引领学术的方向。浙江大学词学统系的高位起点源于 20 世纪 30 年代夏承焘先生奠定的词学，从而形成了富有建构性的浙江大学词学研究特色。

以史治词路径创新

词学是由诗学独立出来的一门专业学问，兴起于两宋，渐盛于清朝。旧词学长于词的外在形式考订与词集校理，而疏于词史与词学理论的系统研究，因此历代词学著述虽然繁富，研究路径却不免逼仄，难得融会贯通之要旨。夏承焘先生承晚清词学复兴之余绪，借鉴科学的研究方法与现代理念，结合其深厚的传统学养与扎实的考订功夫，锲而不舍，精勤探索，以毕生之力，在词人年谱、词论、词史、词乐、词律、词韵以及词籍笺校诸方面均取得突破性成果，拓展了词学研究的疆域，提高了词学研究的总体水平，成为现代词学的开拓者和蜚声国内外的一代词学宗师。夏先生是温州人，治词具有浙东学派"学究于史"的特点。其词学贡献主要体现在词人谱牒之学的创造，代表著作是《唐宋词人年谱》：通过考证鉴别，判断史料和作品的真伪；通过排比史料，梳理词人的人生轨迹、创作历程及风格演变；通过叙述交游，勾勒词人生存和创作的完整轮廓。夏先生所使用的点线结合、纵横结合、文史结合、内证和外证结合、作家本体与作品本体结合的方法，是传统词学走向现代化、科学化和系统化的一个重要标志。著名学者程千帆先生评论说："以清儒治群经子史之法治词，举凡校勘、目录、版本、笺注、考证之术，无不采用，以视半塘、大鹤、彊邨所为，远为精确。前修未密，后出转精，当世学林，殆无与抗手者。"正因为他专力治词，故自20世纪20年代登上之江大学讲坛，直至国立浙江大学、浙江师范学院、杭州大学诸阶段，对于现代词学研究的影响长达一个世纪。

词学体系完整建构

最近，我重读了夏承焘先生的《唐宋词论丛》，联系《唐宋词人年谱》和《夏承焘学词日记》，对词学研究的取向进行一番省思，觉得夏先生所开辟的词学谱牒以外的词学路径，也很值得我们进一步探讨，这有助于新世纪词学研究的突破。就词体文学研究而言，可大致分为体内和体外两个层面，体外层面包括词人、词籍、词源、词派等，体内层面主要是词调，包括词律、词韵、词谱等，且都与词乐相关。前者有助于知人论世，后者有助探寻词的特质。尤其是词乐有关的词律、词调、词谱的研究，也最能彰显以合乐为主体的唐宋词特色。唐宋词与元明以后词的最大区别，就在于前者属于音乐文学体式，而后者属于纯文学体式，因而夏承焘先生《唐宋词论丛》中有关词律、词谱、词韵等与词乐相关的研究，重点在于探讨唐宋词的音乐特质，抓住了唐宋词研究最核心的问题，且能阐幽发覆，剖析入微。因此，我们可以说夏承焘先生初步构建了词学研究的完整体系，而体系又是分内外的,《唐宋词人年谱》侧重于词人与词学背景的研究,《唐宋词论丛》侧重于词学内部特质的研究,内外结合,呈现出较为清晰的词学研究脉络。这方面更表现在他《词韵约例》《唐宋字声之学》等论著,还有关于姜白石词曲谱等研究当中。

浙江大学词学传承

浙江大学的词学研究,因为一代词宗夏承焘先生开创,词学名家吴熊和先生拓展,走出了较为严整的从以史治词到词学通论的路径。吴熊和先生自 20 世纪 50 年代随夏承焘先生研治词学,不仅发扬了夏先生以史治词的特点,还进而扩大了词学研究的阈域,体现出求通与求精的学术特点。吴先生博学多识,以专驭博,视野宏阔高远,学术宏博精深。在词学领域,纵则将唐宋元明清都纳入研究的视野,横则在词源、词体、词人、词集、词派、词乐、词调、词谱等方面都有精深的研究。他的代表作是《唐宋词通论》。这部书使得 20 世纪 40 年代至 80 年代词学宏观研究的萧条局面得到很大的改观,建构了 20 世纪词学的新体系,打开了新时期词学的新格局,是一部承前启后、继往开来的里程碑式的著作。它不尚空论而务实学,对词学史上许多重大问题作了非常精辟的阐释,在理论、方法和具体考证上都对词学研究有着重大突破和创新。该书评论精当,下语果断,表述谨慎,文采斐然。对词学上不少争议的问题,取舍有度,对问题的关键点认识清楚,显示了通达的学术眼光。这种通论的形式提供了一种富有个性和针对性的研究思路,进而梳理出最核心、最本质的问题,是词学研究切实可行的路径。

现在,在浙江大学甚至在全国各地,夏门弟子以及再传弟子甚至是三传弟子已经很多,他们在各自的领域辛勤耕耘,取得了丰硕成果。

这里就不详细阐述了。

《夏承焘学记》编写缘起

"学记"的体例由来已久,最早出于《礼记》中的一篇。郑玄说:"《学记》者,以其记人教学之义。"(孙希旦《礼记集解》卷三六)朱熹曰:"此篇言古者学校教人传道授受之次序,与其得失兴废之所由,盖兼大、小学言之。"(同前)

"学记"发展到现代,也成为论述学者生平与学术的文章,当然包括学者的学术思想、学术传承,以及其传道、授业、解惑的教学历程。

数年前,我曾经编写过《夏承焘学案》,重在阐述夏先生的学术体系及其在20世纪中国学术史上的贡献。"学案"与"学记",本来是相互联系的撰著体式,都是以学术史为中心,但二者也有所区别,前者重在学术体系,后者重在学术记述,故而同对于夏承焘先生,我就既编写学案,也编写学记。也因为是同一位现代学术史上的重要人物,故在编写内容的安排上就应该各有侧重,前者以体系梳理为主,后者以阐述学行为主。这里我们就本"学记"大致安排阐述一下。

"学行纪略",夏承焘先生的学术志趣、学术道路,是20世纪知识分子的典型代表,经历特殊的学术历程,作出特殊的学术贡献,对于后代学人会有很大的启发。这一部分,选取夏承焘先生自己的四篇文章,这是夏先生现身说法的精当总结。

"书札论词",夏承焘先生交游广泛,与海内外学人、词家声气相通,一生写了大量的书札,留存于现在的书札也是夏先生著述的一大宗,其中最值得珍视的方面是讨论学术的内容。但夏先生的书札,1997年出版的《夏承焘集》仅收入五通,近年出版的《夏承焘全集》也没有增加书札的内容。故而本人对于夏承焘先生的论学书札致力搜讨，并且选取夏承焘与20世纪学术史上的著名学者来往书札中有关论词的部分，编辑为"书札论词"，大要有论词史、论词源、论词派、论词籍、论词作、论词乐、论词刊等专题。通过书札论词，不仅能够呈现出夏承焘先生的学术思想、学术观念、学术交往，而且能够展示20世纪中国学术特别是中国现代词学的发展历程。

"学术贡献"，夏先生对于20世纪的学术贡献巨大，得到了学术界和学者群体的高度赞誉，我们选取20世纪学术影响较大的八位学者对夏先生学术地位的论定文章作为"学术贡献"部分。

"学术传承"，夏承焘先生是大学问家，其门庭广大为同代罕见，各代传人也出现了不少大学问家。"学术传承"部分选取夏承焘十位弟子及再传弟子的评论和怀念文章以表现夏先生道德文章的格局、因材施教的方法、嘉惠士林的胸襟、溉沾后学的风范。

"学术评论"，夏承焘先生著述精湛，学术博大精深。他的著作出版后，不断引起学者们的重视。"学术评论"部分选取夏先生再传弟子的四篇评论之作，集中于他《夏承焘全集》的介绍及其代表作《唐宋词人年谱》和《唐宋词论丛》的评论。

"生平著述"，着重于夏承焘先生的事迹和著述的记录。《夏承焘传略》是对夏先生生平事迹的的大略记叙，有助于对夏先生立身行事的了解；《夏承焘著述编年》是对夏先生著述的编年记录，是夏先生学术贡献的集中呈现。

夏承焘先生学问渊博，交游遍及天下，弟子分布四方，有关学术的记述也极为丰富，本学记将重点放在夏先生本人对于学行的叙说，夏先生与前辈、同辈学人的书札来往，夏先生同辈学人对其学术贡献的论定，夏先生弟子及再传弟子对其学术传承的记述。

浙江大学文学院启动编纂"大先生"学记系列丛书，意在总结中国语言文学学科百年学脉当中杰出学者的巨大贡献，也意在激发后代学人在优良纯正学统的基础上进一步开拓新境。夏承焘先生作为学科的开拓者和奠基者，首当编写学记。学院将这一任务交给我承担，我感到十分荣幸，同时也觉得非常惭愧。因为自己的学力和识力有限，夏先生的学术精髓和学术贡献，很难在这本书中全面呈现出来，这一方面恳请读者能对本书进行批评，另一方面也祈求读者尽量阅读夏先生的原著以领略夏先生的学术精神。

胡可先
2023 年 12 月写于浙江大学文学院

学行纪略

一、谈谈我的学词经历

夏承焘

我爱好词学，得从我的老师谈起。十四岁的时候，学做旧体诗。有一次，老师在课堂上讲唐人朱庆馀的《宫中词》，其中有两句："含情欲说宫中事，鹦鹉前头不敢言。"刚好在同学处见到一本《词谱》，兴之所至，我便试作了一首《如梦令》，最后两句是："鹦鹉，鹦鹉，知否梦中言语？"意思是说，尽管你会学舌，可是我梦中说的话，你总学不了吧？教国文的张震轩先生看到后，颇为赞赏，在这两句词的下面，用朱笔浓浓地画了几个圈。我拿到笔记本，高兴极了。小孩子多么看重这几个圈呀，它给了我极大的鼓励。从那以后，我填词的兴趣更浓了，一有时间就背诵东坡词，还工工整整地抄了全部《白香词谱》，慢慢地走上了研究词学的道路。

我天资很低。正因为这样，更促使我发奋苦学。我曾经跟朋友说："笨字从本，笨是我治学的本钱。"我还记得很清楚，我考温州师范学校的时候，入学试题是："学然后知不足，教然后知困"（这是《礼记》中的两句话）。我在试卷上这样写道："凡是自以为学问已经足够了的，那是没有学过的人；凡是说教学没有什么困难的，那是没有做过教学工作的人。"当时虽然只有十几岁，但这个思想却影响着我一生的学习和研究。

十五岁到二十岁，是我读书很努力的时期。一部《十三经》，除了《尔雅》以外，我都一卷一卷地背过。有一次，背得太疲倦了，从椅子上直摔到地面。我从七八岁开始读书，读了几十年，除了生大病，没有一天离开过书本。现在回忆起二十岁以前的这段苦读生活，感触颇多。我认为，最重要的就是要多读。"读书百遍，其义自见"，这句话确实是很有道理的。不懂的书读多了，就能逐渐了解它的语法、修辞规律，就能逐渐理解其中的含义，提高自己的自学能力。

二十岁那一年，我在师范学校毕业，到北京、西安等地谋职。这之后的五六年时间，是我做学问的探索时期。我曾经对王阳明、颜习斋的学说发生了兴趣，在西北大学讲授过章学诚的《文史通义》，准备治小学。后来，我又发愿研究宋代历史，妄想重新编写一部《宋史》，看了许多有关宋史的资料。放弃了这个计划后，我又想编撰《宋史别录》，著《中国学术大事表》等等。那时兴趣很广泛，计划也很庞大，甚至还对古都长安进行了一些实地考察工作。但究竟专心治何业？如何做学问？经常处在矛盾斗争之中。

一九二五年，我二十五岁时又回到了故乡温州。那时瑞安孙仲容先生的"玉海楼"藏书和黄仲弢先生的"蓼绥阁"藏书已移藏于温州图书馆，我就将家移到图书馆附近，天天去借书看。图书馆的藏书几乎本本都翻过。每天晚上再把白天所见记入日记。不久，我到严州第九中学任教。第九中学原来是严州的府学。我到学校，拿了钥匙，一个房间、一个房间地打开看，发现一个书库，里边尽是古书，当时真是喜出望外。尤其是，其中有涵芬楼影印二十四史、浙局"三通"、《啸园丛书》，在严州得此，如获一宝藏！每天上完课，就钻进书库读书。在那里，我阅读了大量的有关唐宋词人行迹的笔记小说，披沙拣金，往往见宝。后来，我写的《唐宋词人年谱》以及姜白石研究资料，都是在这里积累起来的。

一九三〇年，我刚好三十岁，开始在之江大学任教。我住在钱塘江边的秦望山上，小楼一角，俯临六和塔边的月轮山，写了不少诗词，也写了一些词学研究方面的文章。我最早写的一篇文章叫做《白石歌曲旁谱辨》。说起来还很有意思。白石旁谱历来被视为一门绝学，已经没有多少人懂了，《四库全书总目提要》说它是无法求其音节的。我当时年少气锐，不知深浅，非要做"攻坚"工作不可，孜孜兀兀地写了好几篇文章。有一次，顾颉刚先生到之江大学，在书架上发现了这几篇文章的初稿，带回北京。不久，其中一篇发表在《燕京学报》上。有一天，《燕京学报》给我寄来稿费，我记得很清楚，是一百个银元。我从很行把钱取回来，同事们十分惊讶，有的人说，真想不到一篇文章会有这么多稿费。其实，一篇文章得来着实不易，我曾经写过一首诗，其中两句说："江湖秋浩荡，魂梦夜飞沉。"一点不夸张，有时想一个问题，坐卧不宁，常常整夜失眠，直到想通，才踏实下来。

最近几年，报上经常表彰社会青年坚持自学、著书立说的事迹，我看过深受感动。我也没有念过大学，在自学的道路上，可以说与这些青年有着相同的甘苦。我愿意把我的体会写出来，以使青年们少走些弯路。

没有名师指点怎么办？

师范学校毕业时，我才十九岁。离开学校，我才更深切地感到学生生涯的短促和宝贵。我多么渴望能有机会继续深造啊！第二年，南京高等师范开办暑假学校，我和几位同学前往旁听。听了当时几位新学巨子的课，大开眼界。返回温州后，苦于失去进修机会，时时感到困惑。但是，在自学过程中，我也找到了许多老师，其中包括不会说话的老师。比如我读了李慈铭《越缦堂日记》，就以李氏为榜样，坚持写日记，锻炼自己的意志力；读了《龙川文集》，便为陈亮怀抱天下志的大丈夫气概所感动，着意效法。同时，经常与同学朋友切磋探讨，也大受其益。在温州任教期间，我先后参加了当时的诗社组织——慎社、瓯社，在其中与社友谈论诗词，进步很大。我的诗词习作也开始在《慎社》杂志上发表。

我还竭力争取名师指点，一九二九年冬，由龙榆生介绍，我开始与近代词学大师朱彊村老人通信。彊村老人对后进尽力栽培。我寄去的论词文稿，他都细心审阅，给我的鼓励极大。我的第一部著作《白石道人歌曲考证》，彊村老人亲为题签。彊村老人并约我"相访"，这真是难得的机会。见了面，老人十分诚恳地开导我。老人博大、虚心，态度和蔼，这对于培养青年人做学问的兴趣，关系极大。至今，我对于这位老人的印象仍然十分深刻。

在治学的过程中，除了利用书信的形式各处求教，我还不断外出寻师访友。近代文坛先辈吴梅、夏敬观、冒广生、陈匪石、马一浮等，我都登门拜访。对于词学同行，我都尽量争取向他们求教。当我闻知江都任中敏、南京唐圭璋于词学素有研究，就马上与他们取得联系，共同探讨问题。

几十年来，我在词学方面如果说取得了点滴成就，与师友间的互相启发，是分不开的。

买不起书怎么办？

我当时，除了依靠图书馆，就是借和抄。借书因为得来不易，每一书到手，不论难易，必先计何日可完功，非迅速看完不可。同时，看过之后，要坚持写札记。

温州师校的国文教员张震轩先生曾对我说："为诗学力须厚，学力厚然后性灵出。"在师校时读元遗山诗，我曾一首一首抄录下来，朝夕咏诵。在自学过程中，我利用各种机会读书抄书，目的就是为以后研究工作打下坚实的基础。

要懂得运用工具书

青年时，我花了很多时间硬背《十三经》，现在懊悔浪费了很多时间和精力。我所背的书有大部分是可以用工具书来解决的，如果把这些时间用在其他方面，可以多做好些学问。

一个大学生，如果不懂得运用工具书，应该说是没有毕业资格的。青年人要有运用工具书的知识与习惯，专家学者要有肯编纂工具书的见识。工具书顾名思义它是工具，是武器，会运用工具，当可事半功倍。"聪明"人如果认为编工具书是不值得做的"笨事"，那才真是聪明的想法。有这样一个故事：清朝浙江巡抚阮元，在杭州设立个诂经书院。其中聪明的学生会写文章，后来辑成好几集《诂经精舍文集》；天资"低"的学生只是抄辑经书子史，一条条老老实实地分类粘贴成为一部《经籍籑诂》。这本工具书超了《康熙字典》，印过许多种版本，到现在还有用。它比"聪明"的学生写的《诂经精舍文集》实用价值高得多，影响也大得多。

关于博与专以及什么时候开始做学问好

刻苦读书，积累资料，这是治学的基础。但是，究竟怎样处理"博"与"专"的关系？究竟何时开始做专门的学问比较合适呢？所谓"由博返约"，是主张先博后专，认为在一定的博的基础上才能专，这是对的。但是从前人主张，四十岁以后才可以著书立说。以为四十岁之前，"只许动手，不许开口"，这虽是做学问的严谨态度，但是四十岁才开始专，却似乎太迟了。我从师范学校毕业后，因为家庭经济等各方面条件的限制，没能继续升学，苦无名师指点，才走了一段弯路，花费了近十年的探索时间，很可惜。我想，如果有老师指导，二三十岁就应当动手进行专门研究工作。否则，长久的泛滥无归，也是浪费。一个人到五十岁以后，精力日衰，才开始专，就未免太晚了。我见过一些老先生，读了许多书，知识十分渊博，但终生没有专业，这是很可惜的。因此，在刻苦读书的基础上，还必须根据自己的情性、才学，量力而行，选定主攻目标，以期学有专长。由专向博是很自然的。比如研究杜甫的诗，必须先读《唐书》，读李白、白居易诗，读《全唐诗》、宋诗……如此辗转增益，自然成博。非博不能成专，专的要求，又促使他非博不可。

求专，最重要的是要能"有恒"。王安石《游褒禅山记》里有两句话："入之愈深……其见愈奇。"浅尝辄止是永远不会见到"奇伟瑰怪非常之观"的。王安石在这篇游记中说，当时有人怕路难走，不敢入山洞；有人怕深入进去后烛火不济，半道折回。求专的道路也是这样：比如资料少，同调少，引不起社会上的反应，一时没有成果别人会讥笑等等，都会成为阻碍进取的因素。总之，如果主观上发生动摇，是专不进去的。

读书的多与少

每天所读的书，应该有一种是精读的，有一种是泛读的，不可一律对待。正如交朋友，有泛泛的朋友，也有知己的朋友。泛读只要了解个大概，精读则要读透了。

在具体研究工作中，既要多读书，又要力忌贪多不精。怕书多，读不了，是一个错误的想法。章学诚《文史通义》里有一篇文章，题目叫《假年》，文章说：有人认为古代书少，后来书一代多一代，后人要把所有的书读完，就要有古代人几倍的年龄。章学诚批评这种人说：读书犹如饮食，如果有人要多住几十年，吃光天下的好食物，这不是狂妄可笑吗？怕书多的，实是对学问没有入门的人。我们读文学作品，若是为了欣赏，并不要读许多书。若做专业研究工作，就是很大的图书馆，也只怕书太少，而不会怕书太多。

专门家做研究工作怕书太少，而一般初学却不要贪多。近代扬州有一位《文选》学家李详，少年时家贫无书，却读熟了一部《文选》。古人说："案头书要少，心头书要多。"其实这两句话是有因果关系的。案头书少，所以心头书会多起来；案头书多，不能专精，心头的书便多不起来。但心头的书，乃是平时于案头积累起来的，看问题不可持片面观点。

如何做读书笔记

这个问题，我依自己的体会把它概括成三字诀：小、少、了。

（一）小，是说用小本子记。我从前用过大本子做笔记，把读书心得和见到想到的随时记在一个案头大本子上，结果不易整理，不易携带。后来读章学诚的《章氏遗书》，其中有一段讲到做读书笔记，说读书如不即做笔记，犹如雨落大海没有踪迹。我就用此意把自己的笔记簿取名为"掬沤录"。我开始改用小本子，一事写一张，便于整理，好比现在的卡片。苏东坡西湖诗曰："作诗火急追亡逋，清景一失后难摹。"（《腊日游孤山访惠勤、惠思二僧》，"亡逋"指逃亡的人）创作如此，写心得体会做笔记亦当如此，有用的知识才不至于在眼前溜掉。

（二）少，是说笔记要勤，但不要记得太多，要记得精简些。做笔记要通过自己的思考，经过咀嚼，然后才落笔。陆机《文赋》中有两句话："倾群言之沥液，漱六艺之芳润。"这是说做文章，我以为做笔记也应有"倾沥液""漱芳润"的工夫。如果不经过消化，一味抄书，抄得再多，也是徒劳。顾炎武著《日知录》，自比采铜于山，往往数月只成数条，可见精练之功。这里，我所说笔记要记少，是指每条的字数而言，条数却要记得多。每一个问题陆续记下许多条。孤立的一小条，看不出学问，许多条汇拢来，就可成为一个专题，扩充为一篇论文。顾炎武的《日知录》，钱大昕的《十驾斋养新录》，王念孙的《读书杂志》，都是这样积累起来的。

（三）了，是说要透彻了解。记下一个问题，应该经过多次思考，要求作彻底的了解。有时要经过漫长时间，才会有接近于实际的认识。浅尝即止，半途而废，便前功尽弃。所谓"了"，就是要让所学到的东西，经过思考，在自己的头脑里成为"会发酵"的知识。如果是思想懒汉，即使天天做笔记，也难有多少心得，那只能叫做"书抄"，叫做"知识的流水账"，严格说来，不配称为"读书笔记"。

最后，还有一点应该谈到的，就是在逆境中怎样对待学习。在人的一生中，可能会遇到各种各样的困难和挫折，也就是大家常说的逆境。逆境是不愉快的，但逆境并不能因为我们不喜欢就不到来。我们应该充分利用逆境，抓紧时间学习。等逆境过后，见到自己的进步或收获，意义不同寻常。"文化大革命"中，我也碰到了逆境，"打倒反动学术权威夏承焘"，也虽把我惊得目瞪口呆。但我在"禁足怕西湖"的日子里，用心作诗，居然写了几十首"论词绝句"。后来编成《瞿髯论词绝句》，由中华书局出版。这样用心作诗，既减轻了不愉快，又不让日子白白跑掉。所以，《瞿髯论词绝句》虽然只是一本薄薄的小书，却是我所有书中对之颇有感情的一部。

以上所谈的是我一生学词的粗浅体会,是我在学词方面用的"笨"办法,下的"笨"工夫,作为前车之鉴,献给青年朋友们。

一九八一年三月北京

(杨牧之　整理)

(《学人谈治学》,浙江人民出版社1982年版)

二、教书乐：三十年教学的体验

夏承焘

我十九岁就开始任教，现在已三十多年了。曾经有几位朋友好奇地问过我："你为啥坐不厌冷板凳？"虽然我很惭愧，我的教学对同学们没有多大益处，但我对这门工作，却始终感觉快乐；因为我体验得它对我有许多好处：

（一）就治学方面说。从前有人拿老子"既以与人己愈多"这句话，说任教对做学问的好处：一切东西给了他人，自己就少了，或全没有了；只有把学问教给人，不但他有得而我无失，并且因经过一番教授，自己对这门学问更加明白更加深入了，自己的心得也更加巩固了。这不正是"既以与人己愈多"吗？又，我的教学经验：在教课之前，有些道理是从来未曾见到想到的，在教课时，因为自己的思想经过语言的一番调整分析和洗练，却往往发生一些意外的心得；所以我的教课笔记，下课后所记的每多于上课之前；教书的兴味，也往往课后比课前好。教师们也许都会有这种经验，我以为这是教书的一大乐趣。至若和同学们切磋讨论，有许多"教学相长"之益，那是更不待说的。

（二）就交友方面说。在一切职业里，若论得友之广和得益之大，我以为莫如任教。我们任教一年，可以多交数十位青年朋友；朋友增加，就等于自己的生命的扩大，这是不能以金钱计算的报酬。解放以后，在高等学校里，学生的思想大都比教师前进，只要你肯虚心下问，那好处是说不尽的,我从前相信李刚主"学不如问"之说,(学问家多年辛苦成功的学业,我若善问,一朝一夕之间,便可得到。)很喜欢攀交年纪比我大的学问家,但后来觉得,同他们作伴,有时得不偿失,因为他们会拖拉你的思想倒退,使你容易苍老;不及交青年朋友,使你能前进,有朝气。我从前对同学说:"现在是我教你,十年以后,你若不能教我,你不是我的好学生。"曾经作过一对联赠从前一位学生,那上联是:"南面昔教之,北面今师之,是予至乐。"这是解放前说的,还有今昔之分;若现在的同学们,当下就能引导我的思想前进,那么这"至乐"也"当下即是",不必待之十年之后了。

(三)就制行方面说。作为教师而行为堕落的,究竟不大多见,因为你在课堂所讲的话,会使你自己的行为多一个限制,不敢肆无忌惮。我想想自己的过去,假若不是做教师,就有许多机会够使我堕落;一二十年前,我不致为了没有儿女而讨小老婆;抗日战争时,我不致受北京某教会大学之聘而投身沦陷区,都是因为忝为人师的缘故。现在五十多岁了,经过许多事故,得免于"小人之归",这是该感谢我这职业的!至于因鼓励同学,自己也勉自振拔,或和他们同工作,受他们青年朝气的影响,也跟着向上,这种积极奋发精神,得自师生观摩之间,自然更可珍贵,是人生极难得的快事。

前人有"读书乐"的诗,我说"教书乐",略约如此。

一九五二、一、十七夕,罗苑。

(《夏承焘集》,第八卷,浙江古籍出版社1997年版,第297—298页)

三、《天风阁诗集》前言

夏承焘

予自幼爱好诗词。十四岁考入温州师范学校以前,已学作五、七言诗,然而尚未入门。逮入温师,与同学李骧晨夕共处,日以诗词韵语相研讨,乃稍稍得识门径。同时从李骧、梅冷生诸诗友处假阅《随园诗话》,李义山、黄仲则、龚定庵、王渔洋诸家诗,寝馈其间四五年。十八岁试作闲情诗十首,托名梦栩生寄投《瓯括日报》,其中一首云:

淡罗衫薄怯轻寒,无赖闲情独倚阑。
昨夜东风今夜雨,催人愁思到花残。

其时同里梅冷生、郑姜门诸友筹组慎社、潮社等诗会,予厕身其间,常得诸诗友切磋之益。至二十岁,积诗百余篇。

温师卒业时,国文老师瑞安张震轩先生临别赠诗云:

诗亡迹熄道沦胥,风雅钦君能起予。
一发千钧唯教育,三年同调乐相于。
空灵未许嗤欧九,奔竞由来笑子虚。
听尔夏声知必大,忍弹长铗赋归欤。

承张师深相期许,至今不忘。

一九二〇年,林铁尊师游宦瓯海,与温州诸子结瓯社,时相唱和,其年秋,予出游冀、陕,长行万里,阅历较多。在陕五年,治宋明理学。归里后,僦居邻籀园图书馆,颇事博览。三十左右,客授四明、严州，乃重理旧业。并时学人，方重乾嘉考据。予既稍涉群书，遂亦稍稍摭拾词家遗掌，而诗词则不常作。抗战以来，怅触时事，其不可明言者，辄假诗词诸体，一抒胸中感慨。

予早年诵诗，颇喜黄仲则，尝手录其《两当轩集》。一九二五年道出山西解县黄仲则客死之县廨，曾为诗吊之。中年以后，亦曾喜学陈后山律体。久之嫌其苦涩，始稍稍诵习简斋，期得其宽廓高旷之致。于古诗，则好昌黎、东坡、山谷，于昌黎取其炼韵，于东坡取其波澜，于山谷取其造句。今年逾八十，回首前尘，深惭无所长进。

今年秋，无闻注释予诗，嘱记学诗经过，爰约略书如此。

夏承焘
八十一岁书于北京天风阁
一九八〇年九月

（《天风阁诗集》，浙江人民出版社 1982 年版）

四、《天风阁词集前编》前言

夏承焘

予年十四五,始解为诗。偶于学侣处见《白香词谱》,假归过录,试为小令,张震轩师尝垂赏《调笑令》结句"鹦鹉,鹦鹉,知否梦中言语"二句,以朱笔加圈。一九二〇年,林铁尊师宦游瓯海,与同里诸子结瓯社,时相唱和。是时,得读常州张惠言、周济诸家书,略知词之源流正变。林师尝以瓯社诸子所作,请质于况蕙风、朱彊村先生。其年秋,出游冀、陕。在陕五年,治宋明儒学,颇事博览。二十五岁归里,僦居邻籀园图书馆。其后,客授严州,乃重理词学。并时学人,方重乾嘉考据。予既稍涉群书,遂亦稍稍摭拾词家遗掌。三十左右,居杭州之江十年。讲诵之暇,成词人年谱数种,而词则不常作。抗战以后,违难上海,忧触时事,辄借长短句为之发抒。林师与映庵、鹤亭、眉孙诸老结午社,予亦预座末。拈题选调,虽不耐为,而颇得诸老切磋之益。昔沈寐叟自谓"诗学深,诗功浅",予于寐叟无能为役,自忖为词,则正同此。故涉猎虽广,而作者甘苦,心获殊少。若夫时流填涩体、辨宗派之论,尤期期不敢苟同。早年妄意合稼轩、白石、遗山、碧山为一家,终仅差近蒋竹山而已。一九四二年,逸群、怡和夫妇抄予词成,嘱记学词经历,爰略书如此。一九七六年,避地震客居长沙三月,承陈云章、彭岩石诸同志协助,拙作《瞿髯词》油印成册。翌年,《瞿髯诗》油印本亦相继在长沙印成。越二年,湖南人民出版社欲以拙作诗词付梓，乃在《瞿髯词》油印本基础上略事扩选，共得三百首。一九八〇年春，无闻注释蒇事。爰检往年为逸群夫妇手抄本所书之学词经历旧稿，即为此集之简短前言。

夏承焘，八十一岁书于北京天风阁

（《夏承焘集》第四册，第 113—114 页。
浙江古籍出版社、浙江教育出版社 1997 年版）

书札论词

一、论词史

夏承焘

　　夏承焘与谢玉岑书（1928年10月10日）：弟暑间撰《词林年表》，迄今尚未蒇事，顷又欲广之，作《中国学术大事表》（分思想界、学者、文学界、艺术界等目。学者一栏包括汉经学、魏晋玄学、宋理学、清汉学等。嫌名称不妥，乞代定一名），期以五年成之。惟事体甚大，逡巡未敢着笔。舍取定夺，决之吾兄，乞有以教我。秦瀛《淮海年谱》《东坡年谱》、辛启泰《稼轩诗文年谱》（汲古阁辛词本）及唐宋金元名词人之已有年谱者（白石、放翁、遗山已抄得），有过目能为我一借否？乞代我一查。《四印斋刻词》何处可购，亦请告我。目下手边只有《彊村丛书》一部。居严州无书可读，望杭州、上海如琅嬛石室也。（《夏承焘致谢玉岑手札笺释（修订版）》，第75页）

　　夏承焘与朱祖谋书（1929年10月27日）：顷从事《梦窗年谱》，于尊著《词笺》略有出入。又得四川周癸叔（岸登）、江西龙榆生二先生书，敬悉先生履定一二。怀企之私，不能自已。因为此书，冒昧求通于左右，尚祈鉴其向往之诚，一一垂教之。承焘学词未久，重以饥驱，不能专业于此。曩尝欲于先生、半唐、伯宛诸老搜讨校勘之外，勉为知人论世之事，作《词人年谱》及《词集考证》数种。梦窗一种，兹另纸写《生卒考》呈政。其余一得之愚，尚有须就正于先生者，如考定飞卿为大临六世孙，生元和六、七年间，长义山数岁，以匡顾嗣立诗笺以李蔚当淮南李仆射之误。(依顾注,飞卿当迟生廿余年,与事实皆不符,盖未寻《李德裕传》定也。)谪方城、隋县在大中十三年,以折衷新、旧《书》《唐摭言》《南部新书》《东观奏记》《云溪友议》诸说之纷拏无据。定白石生年在绍兴二十年左右,以正《江西志》秦桧当国时隐居箬坑丁山累荐不起之失实。据《侯鲭录》,考定子野生年应从东坡《垂虹游记》,而《齐东野语》引孙莘老《张氏十咏图跋》不可信。定蔡萧闲从兀术伐宋在绍兴四年,以正《金史》本传之颠倒。又韦庄当生开成元、二年;吴彦高非王履道外孙(《中州乐府》说不确),使金被留在天会五年,《人月圆》词乃其绝笔等等。虽皆琐琐考证无关大数,而摛埴索涂,曾费心力不少。不知足当先生一笑否?(《夏承焘日记全编》第四册,第2013—2014页)

夏承焘与龙榆生书(1929年10月20日):词人年谱,先生如有成作,极欲快睹。拙作止于两宋,已成飞卿、韦庄、子野(附三变)、萧闲(附东山)、梦窗六七家。近又写数种词集考证,将夺稿者有《子野》《萧闲》《白石》三种,体例差同江宾谷《山中白云词》《蘋洲渔笛谱》二书。惟客处僻左,无师友之助,兼之闻见不广,苦不自慊。如得先生上下其论议,共学之乐,乃无艺矣。(《夏承焘日记全编》第四册,第2008页)

夏承焘与龙榆生书(1929年11月13日):梁新会绝笔之《稼轩年谱》,又未见传本。尊著望早日赐读,一快积想。拙作数种词集考证,专就词中人、事、年、地,阐发词意,不笺释字句。苏、辛词使事较多,尊著于冷僻者一一注出,亦极便读者。曩读"再和三山雨中游西河"《贺新郎》云:"拟向诗人求幼妇,倩诸君妙手皆谈马。"不晓"谈马"出处,后阅《云麓漫钞》徐铉条,乃得之。再翻《青箱杂志》,知《漫钞》所载又有误。此等处似须详注,惟太详如《片玉》

《明秀》二注，似又嫌琐碎。尊意以为如何？弟去岁有意注辛词，《宋史》及宋元人野记，已涉猎十七八，略有札记，惟各地志搜集未竣（闽、赣、两湖似最重要），足下如专意于此，当寻厉、查《绝妙好词笺》故事，并举以诒公，期早日成书也。（《夏承焘日记全编》第四册，第2020页）

夏承焘与龙榆生书（1929年12月2日）：弟为《子野年谱》，惟未定其入蜀年代。集中有《和程公辟赠别》一首。考《宋史》三三一《程师孟（公辟）传》，程曾提点夔路刑狱，泸戎数犯渝州边，公辟徙使者治所于万州。子野入蜀，当在是时。而程传无年月，《宋史·蛮夷传》载熙宁、元丰间，泸戎三次犯渝，亦皆不及程。贵校有四川地志，便中能为弟一查公辟宦蜀年代否？（《夏承焘日记全编》第四册，第2028页）

夏承焘与朱祖谋书（1931年11月19日）：晚生曩为各词人作年谱，梦窗一种，据尊著词笺及刘伯山题跋，贞贞掇拾，稍具眉目。旋见尊作《玉溪生年谱序》，乃知先生丁巳之前，曾有成稿，未得快睹为憾。顷理旧业，觉弃之可惜，拟与飞卿、端己、子野、萧闲、东山、白石诸谱，一并写出，求教通学。尊著吴谱倘蒙寄示，一发款启，无任感荷。（《词学研究通信（下）》，《文献》1981年第2期）

夏承焘与张尔田书（1936年4月15日）：窃以为词深于末造，碧山身丁桑海，故与彊老旷世相感。非如觉翁，羌无高抱。承焘曩尝妄言，以为时流谓朱出于吴，实犹栗里之于休琏。得聆明论，益坚私说矣。月前读《乐府补题》，于碧山赋蝉曰："铜仙铅泪如洗，叹移盘去远，难贮零露。"吕同老赋蟹曰："如今漫有江山兴，更谁怜、草泥踪迹。"合之周止庵、王刚斋之言，颇信《补题》全编皆为杨琏真伽发陵而作。顷稍稍翻帑杂书，并得数证，足补南都词事，敬以求教于先生，幸一一谠正之。《癸辛杂识》别集记胡僧发陵，以理宗含珠有夜明，倒悬其尸树间，沥取水银，如此三日夜，竟失其首。此当即《补题》赋龙涎香"骊宫夜采铅水""骊宫玉唾谁捣"之本事。《杂识》又记村翁得孟后髻，发长六尺，其色绀碧。谢翱为作《古钗叹》。此当即赋蝉十词九用鬓鬟字之本事。此其一。至元廿四年丁亥，后发陵之九载，草窗得王献之《保母帖》，作诗云："却怪玉匣书，反累昭陵土。"王理得题云："简编无端发汲冢，陵谷有时沉岘碑。"碧山云："陶土或若此，何为殉玉鱼。"（皆见知不足斋刊《四朝闻见录》后。）草窗、二王即赋《补题》之人，诗意亦与《补题》相发。此其二。据陈旅《安雅堂集·陈行之（恕可）墓志》，行之固人，而流寓于越。孔行素《至正直记》亦谓其闲居会稽。碧山、玉潜及王理得皆越产，《补题》集会之地，若天柱山房、宛委山房、紫云山房，皆以越山为名。玉潜又为手植冬青之人。《补题》作于越中，此无可疑。冬青之役，不仅玉潜、霁山二人，全谢山考之已详。沈季友《槜李诗系》及张丁、孔希普《冬青引》注跋，皆谓山阴王修竹英孙实主其事。玉潜、霁山皆修竹之馆客，修竹亦与草窗交好。（尝跋草窗《保母帖》，又为草窗自铭填讳。见朱存理《铁网珊瑚》卷五。）冬青义举，发自士夫，谋及恶少，阴移默运于其间者，安知无《补题》中人。此其三。发陵年代，前人考定为至元戊寅。合之诸词人行实，亦各无违牾。草窗时年四十七，正当弁阳破家之后，定居杭州之前（据牟氏《陵阳集》、《剡源集》、《齐东野语》），张炎三十一岁，犹未北行（据《山中白云》）。碧山、理得、修竹至元中来往杭、越，方与周、张交游（据《剡源集》《保母帖跋》《山中白云》）。陈行之年二十一，殆犹居越未出仕。仇山村最少，才十八岁，至元间亦已奉手于草窗、碧山诸人（《剡源集》）。据此互推，《补题》之作，殆即在至元发陵之时。诸词人闻见较切,故隐痛倍深。此其四。以词语度之,大抵龙涎香、莼、蟹以托宋帝,故赋香而屡曰"骊宫""惊蛰",赋莼、蟹亦屡曰"秦宫""鬐影"。此玉潜《冬青行》所谓"六合忽怪事,蜕龙挂茅屋"也。蝉与白莲,以喻后妃。故赋蝉叠用"齐姬""故宫",赋莲亦沓称"霓裳""太液",此皋羽《古钗叹》所谓"刑待鬼火去飘忽,息妇堆前殡齐发"也。(《与张孟劬论〈乐府补题〉》,《词学季刊》3卷2号,1936年6月)

夏承焘与赵尊岳书(1936年4月15日):承焘曩亦学为倚声,七八年前以湖州林铁尊道尹之介,呈数词请益于况翁。妄拟于半唐、伯宛、彊村诸老校勘、搜讨之外,勉为论世知人之事,成白石、萧闲、子野、东山词集考证数种,词人年谱十余家。琐琐掇拾,颇费时日。而频年客处,见书不广,不敢遽以问世。顷与彊老数书往复,复拟理董旧闻,先写定《白石歌曲考证》一种。惟乾隆中姜虬绿写本白石集(嘉泰壬戌后白石手定稿),屡求不获。此书初藏灵鹣阁,况翁曾借得迻录一本(见《香东漫笔》)。光绪间,江建霞举以贻郑叔问(见叔问沈逊斋本白石词校语,钞本)。郑、况卒后,不知流落何许,彊老亦谓未见。先生收罗况翁遗书定多,倘搜访有获否?姜词刻本十余种,承焘止见数种,邺架所藏,拟乞写目见示,为拿陋张目。(杨传庆整理《夏承焘致赵尊岳书五通》,《词学》31辑,华东师范大学出版社2014年版,第380页)

二、论词源

夏承焘

夏承焘与胡适书（1928年8月18日）：顷读大著《词选·词的起原》篇，名通之论，叹服无已。"词的音调里仍旧是有泛声的"一语，尤有先得吾心之快。词中衬字，出于泛声，而清初人词书，皆以虚字当之，谓实字不得借口为衬，如卓人月《词统》举"纵"字；沈天羽举"这""那""正""个"等字；万红友且矢口不信衬字之说。承焘曩作《词有衬字考》时，未见大著，引方成培《词麈》及江顺诒《词学集成》诸说，证同一调中字数多寡不同，皆由于乐调有泛声，唱时可增减随意，以驳《词律》"又一体"之妄。愚者一得，据以自喜，不知大作已先发之（拙作亦引《思帝乡》调为证，暗合大作）。惟大著主长短句起于词人依曲拍为歌词，不信朱子"后来人怕失了泛声，逐一添个实字"之说；拙作则仍从朱子、沈括、胡仔之说，且以诗、词、曲三者之递变皆与衬字有关。臆妄之见，知可通否。兹奉上数纸，祈多多赐教。

又大作以长短句词调起于中唐，引刘禹锡集中"依《忆江南》曲拍为句"一语，证据甚强。顷翻得数说，可为尊见印证者：

（一）《蔡宽夫诗话》云："大抵唐人歌曲，本不随声为长短句，多是五言或七言诗，歌者取其词与和声相叠成章耳。予家有古《凉州》《伊州》辞，与今遍数悉同，而皆绝句也。岂非当时之辞为一时所称者,皆为歌人窃取,播之曲调乎?"

(二)《梦溪笔谈》云:"古乐府皆有声有词,连属书之,如曰'贺贺''何何'之类,皆和声也。今管弦之缠声,亦其遗法。唐人乃以词填入曲中,不复用和声。此格虽云自王涯始,然贞元、元和之间,为之者已多。"

(三)《苕溪渔隐丛话》云:"唐初歌词,多是五言诗或七言诗,初无长短句;自中叶以后至五代,渐变成长短句;及本朝则尽为此体。今所存者,止《瑞鹧鸪》、《小秦王》二阕是七言八句诗并七言绝句诗而已。《瑞鹧鸪》犹依字可歌,若《小秦王》必须杂以虚声,乃可歌耳。"

三条皆足助证大作"初唐、盛唐乐府歌词都是五七六言绝律"之说。沈括、胡仔已言之明白如此,此说为必不可易矣。《词源》云:"古之乐章、乐府、乐曲,皆出于雅正,自隋唐以来,声诗间为长短句。"此虽亦出自宋人,而概泛之语,不举实证,当不足翻前说。

尚有一事献疑者:大作谓"乐曲有调而无词,文人作歌词填进去,使此调因此更容易流行",为唐人填词动机之一。王静安先生答先生第二书谓"教坊旧有《望江南》曲调,至李卫公而始依此调作词;旧有《菩萨蛮》曲调,至宣宗时始为其词,此说似非不可通"云云。大作考《教坊记》之结论,亦谓"我们绝对承认调早于词"。但鄙意以大作所谓"调早于词",若指无名之调如《避暑录话》所记"教坊乐工每得'新腔'必求(柳)永为辞"之"新腔"则可("新腔"得柳词始有调名)。王先生谓开元《教坊记》中之《望江南》《菩萨蛮》曲调,至李卫公、宣宗时始有词,则窃不敢信。古人信有先制腔而后填词者,如杨元素先自制腔,而张子野、东坡填词实之,名《劝金船》;范石湖制腔,而姜尧章填词实之,名《玉梅令》等是(引方成培《词麈》)。然当有词以后，始得调名。一调之成，或先有词，或先有腔，而调名则当在有词之后。调名《菩萨蛮》，其初当有词咏女蛮国人"危髻金冠，璎珞被体"之状。《忆江南》本名《谢秋娘》，其初李德裕当有词咏其妾谢秋娘（据《乐府杂录》说）。亦犹张志和《渔父》"道渔家之事"，张子野《师师令》"赠妓李师师"。《乐府杂录》《碧鸡漫志》下逮杨慎调名原起之说，虽或不可尽信，而非尽不可信者。若徒有腔而无本意之词，则《菩萨蛮》《忆江南》之名何由来哉？（高似孙《唐乐曲谱·荔枝香》云："贵妃生日，张乐长生殿，奏曲未有名，会南方进荔枝，因名《荔枝香》。"此先有曲而后有名，然不能必其曲为徒有腔而无词。）故鄙意疑古调所谓"有谱无词"，若《齐东野语》所称"南宋时修内司所刊《乐府混成集》，巨帙百余，古今歌词之谱，靡不具备，而有谱无词，实居其半"，其已有调名者，当是古有其词，而后亡之，非本无词者。大作及王先生所主"调早于词"，若谓已有调名之《忆江南》《菩萨蛮》亦皆词在调后，窃以为未安。臆测如是，客处僻左，无从翻书，谨以俟教于先生。（《夏承焘日记全编》第三册，第1835—1838页）

三、论词派

夏承焘

夏承焘与胡适书（1928年8月8日）：又尊著于各词家小传，评骘作风，时有新解，如论东坡，论稼轩，论白石、玉田皆至佳。考证时代，亦有补于拙作《词林年表》。惟第六篇评刘改之，谓其词"属于辛弃疾一派，直写感情，直抒意旨，虽不雕琢而狠用气力"，似犹以豪放目刘词。改之自有浓挚缠绵处，况周颐曾举其《贺新郎·赠张彦功》云："谁念天涯牢落况，轻负暖烟浓雨。记酒醒香销时语。客里归鞯须早发，怕天寒风急相思苦。"前调云："衣袂京尘曾染处，空有红香尚软，料彼此魂销肠断。"又云："但托意焦琴纨扇。莫鼓琵琶江上曲，怕荻花枫叶俱凄怨。"《祝英台近·游东园》云"晚来约住青骢，踏花归去，乱红碎、一庭风月"数语。谓"此等句是其当行本色，蒋竹山伯仲间耳。其激昂慷慨诸作，乃刻意摹拟幼安，如《沁园春》'斗酒彘肩'云云，则尤摹拟而失之太过者矣"（《蕙风词话》二）。大著能见到辛词永久价值在于"言情写景无不佳妙"之小令，胜悲壮激烈之长调，而于刘词似尚未见其全。况氏论词，时有腐论，如言守律有至乐之境（《词话》一第八页），初学词宜联句和韵（《词话》一第九页）等等。即其论刘词忽涉及《词苑丛谈》载改之遇琴妖事，大发议论，谓"《龙洲词》变易体格，迎合稼轩，与琴精幻形求合何以异"云云，亦妄诞可笑。而此节谓刘之词格本不同辛，颇具独见。

大著选词，脱落故常，自标准则，允能"表现个人见解"，然于前人是处，似亦不可一笔抹煞。此为小疵，敢附求全责备之意，申论于此，倘亦不以为妄言乎？（《夏承焘日记全编》第三册，第1838—1839页）

夏承焘与龙榆生书（1929年10月20日）：曩闻友人常州谢君言近人陈匪石有《辛周词笺》之作。如止笺释字句，若魏道明之注《明秀集》，则弟拟于《白石歌曲》夺稿后，着手为《稼轩词考证》。先生如识陈君，便乞代询。又弟据《履斋诗余》及《吹剑录外集》，推定梦窗生年在开禧初，比朱彊村先生《梦窗词笺》据刘伯山说推定者迟卅余年。（《夏承焘日记全编》第四册，第2008—2009页）

四、论词籍

夏承焘

夏承焘与朱祖谋书（1929年10月27日）："《词集考证》，体例差同江宾谷二书。已写成者，有《白石》《子野》《明秀》数种，辍作不恒，理董有待，将来尚拟写出求教也。客处僻左，无师友之助。海内仰止，惟有先生。而自顾疲然，振笔屡辍。惟念自半唐、蕙风、静安诸公先后凋谢，先生亦垂垂老矣。绪风将坠，绝学堪忧，承焘虽非其人，而蚊虻负山，旁礴而出，不自量其力之不任，先生倘亦顾念《广陵》之将绝，怜其向学之殷，不以为不可教而终靳之乎？……续有一事奉询者：郑叔问曾为《白石词编年补调》，见其《清真词》叙录。又据大鹤山房《瘦碧词》自序，《词律斠源》外，所著尚有《律吕古义》《燕乐字谱考》《五声二变说》《曲名考源》《词韵订》诸种，皆承焘所未见者，如已有刻本，乞写目见示。（《夏承焘日记全编》第四册，第2014页）

夏承焘与朱祖谋书（1929年12月11日）：梦窗生卒考，臆妄之见，承诲尤感。鄞、慈翁姓家牒，当遵教博访。区区发愿，欲于先生及半塘诸公校梦之后，别寻蹊径，特恐非薄劣所能胜耳。兹犹有请益者：况蕙风先生《香东漫笔》记灵鹣阁藏乾隆写本《白石歌曲》，为许增校刻姜集所未见者，况翁自谓曾移录一本。晚生往年妄为《白石词》作考证，以觅此本未获，不敢写定。况翁故后，此本及灵鹣原本尚可

求得否？（《词学研究通信（上）》，《文献》1981年第1期）

夏承焘与邵祖平书（1929年12月26日）：承焘曩为《白石歌曲考证》，以行箧无书，参校音律书籍，《碧鸡》《梦溪》外，手边止有《舒艺室余笔》《香研居词麈》《词原斠律》《声律通考》《燕乐考原》数种，尊处如有许、王、朱、陆以外白石词刻本，或关于旁谱书籍，倘不靳赐教否。近得郑叔问校沈逊斋本《白石词》写稿，知灵鹣阁藏乾隆间姜虬绿写本，江建霞光绪中曾以贻叔问。此本为许增、朱彊村校刻姜词所未见者，且曾经白石手删。嘉泰壬戌本今既不可复得，此本若犹在天壤，当在陶南郼写本之上。（况夔笙曾假建霞录得一本，见《香东漫笔》。）先生交游见闻甚广，知曾寓目否。如承代为搜访，俾得写定旧稿，则赵菊庄千岁令威之叹，重为先生发之，洵词林之快事矣。（《夏承焘日记全编》第四册，第2038页）

夏承焘与赵尊岳书（1930年4月24日）：白石刻集，弟之所见止彊村、半唐、寐叟、倪鸿、许增、知不足斋数种，顷晤彊老，云所藏亦正习见者三数种，以冷红抄本为最佳。尊著大全集，网罗众家，当多珍本，便中倘肯写目见示否？闻姜词又有广东刊本，信否？（杨传庆整理《夏承焘致赵尊岳书五通》，《词学》31辑，华东师范大学出版社2014年版，第383页）

夏承焘致夏敬观书（1930年5月16日）：承焘曩为《白石歌曲考证》，以方氏《词麈》、戴氏《律话》、张氏《舒艺室余笔》、陈氏《声律通考》、郑氏《词源斠律》诸书校旁谱音律。而诸家之说互有纯驳，不能相通，并拟写定，奉以乞诲。（《夏承焘日记全编》第四册，第2088页）

夏承焘与朱祖谋书（1930年8月13日）：《尊前集》无编者姓名，毛晋以为出于顾梧芳，朱竹垞据吴宽手写本驳之，定为宋初人编。《四库提要》引《乐府指迷》，又疑为与《花间集》同为五代旧本。（眉批：刘子庚《词史》谓吕鹏作《尊前集》，又见于《碧鸡漫志》。《花庵词选》李白《清平调》下注谓采自唐吕鹏《遏云集》，此书今不传，或即《尊前集》。）顷阅《历代诗余》百十二《词话》十页引《古今词话》云赵崇祚《花间集》载温飞卿《菩萨蛮》甚多，合之吕鹏《尊前》不下二十阕（此条不见沈雄《古今词话》，当出杨曼倩之书）。则以《尊前》出于吕鹏。此说先生《尊前集》跋未引，殆以为不足置信，抑偶未经见耶？（《夏承焘日记全编》第四册，第 2121 页）

夏承焘与朱祖谋书（1930 年 10 月 6 日）：晚生顷于友人许觅得江山刘子庚先生《唐五代宋辽金元词辑》二册，其中传刻古本非出刘君纂辑者有《金荃词》（海源阁藏元刻本共七十二首附裴咸词四首）、《荆南佣稿》（费氏藏宋刻本）、《舒学士词》（天一阁本）、《柯山词》《月岩集》（皆文澜阁本）、《篁嵊词》（善本书室本）、《秋崖词》《碧涧词》（关中图书馆本）、《宣懿皇后集》（四朝名贤词本）、《黄华先生词》《疏斋词》（皆铁琴铜剑楼本）十一种，皆尊刻丛书所未收者。刘书曾在北京大学排印讲义，纸墨甚劣，传本尤少。侍者如欲假观，当即嘱友人寄奉。尊刻阐幽表微，搜讨殷勤。此戋戋者，倘不忍其沦佚，为甄录数种，则沾溉后学无穷矣。钱塘秋潮，今年倍大，文从乘兴，尤极延伫。附奉薄楮一方，敬乞如椽题《白石道人歌曲考证》六字，为拙作光宠，渎冒清神，无任屏营。（《词学研究通信（上）》，《文献》1981 年第 1 期）

夏承焘与朱祖谋书（1930 年 10 月 10 日）：刘子庚先生词辑，顷检友人顾君所藏，犹缺数种：西湖图书馆刘君寄赠全部，明后日准赴杭假得邮奉。晚生见刘书，止此二种也。友人李杲明，名杲，瑞安人。早岁治六朝文甚工，近为金文龟甲之学。今夏以东莞容君（庚）之招，冒暑北行，抵北京五日，即以危疾殁。遗著有《说文解字古文疏证》一种。晚生等方谋为刊本，承询并以奉闻。顷校读宋词，冬间过沪，尚有数事求教。（《词学研究通信（上）》，《文献》1981年第1期）

夏承焘与朱祖谋书（1930年10月22日）：十月十二日邮奉刘子庚先生词辑二册，计达记室。昨得榆生兄书，谓欲为印一、二百部，以广流布。不知已向尊处携去否？此书西湖图书馆初以无副本不肯出借，晚生托馆中主任聂君以其私人名义假出，限二星期还归。万一榆生兄不果代印，乞先生先邮还原书，其几种须缮写者，可由晚生倩馆人录奉，以符夙诺。如已由榆生兄付印，亦乞惠一笺，以便再与聂君订约，因前日聂君有电话来询也。《邵亭书目》载：白石歌曲，有道光辛丑乌程范锴、全椒金望华三家词本（与碧山、叔夏合刻于汉口），先生曾寓目否？（《词学研究通信（下）》，《文献》1981年第2期）

夏承焘与谢玉岑书（1930年11月3日）：清人论词绝句，弟前年搜得百余首，不谓蕙老已有成作，必大可观。如已付印，并祈向赵君代乞一部。（沪上词人于赵甚不满，兄知之否？）《六十家词选》（附《心日斋词》后）弟在温馆假观，《词史》已求得一部，但教课有用，俟他日奉借。前月彊老托弟向浙江图书馆借得刘氏《词辑》一部寄与（有数种极可宝），至今未寄还（榆生书来谓彊老赴苏未返），馆中屡来催索。榆生欲在暨南为代印一二百部，如能做到，弟或将《词史》亦交其代印，印成可分赠友人。（《夏承焘致谢玉岑手札笺释》（修订版），第159页）

夏承焘与任半塘书（1931年8月16日）：承十三日手教，蒙寄尊校《花草粹编》十二厚册，感仰雅谊，倍切驰想。此书弟止一见四库本于文澜阁，明本、金本，皆未寓目。拟俟湖上图书馆开馆后，携尊藏一校库本。如互有异同，当别为校记一本，以答盛意。叔雍君谓秋凉来杭检书，或俟其来面交，免邮寄易损，暂存弟处一二月，知无碍否？尊编分人目录，极有用。略翻一过，发见数处可补各家汇刻词之遗，不但便于检查而已。（惟卢次夔词十余首，尊编署名蒲江与蒲宗孟同编，须改正。）开学后拟就敝校文学系组一词学会，集同志十余人，就湖上图书馆辑宋元佚词，并编一词选集、专集总目，列人分人、分调二种。选集自《花间》《草堂》，下迄《历代诗余》。专集就毛、王、朱、吴各刻，旁及宋元别集、各家笔记、地志等。每词于卷数页数外，并掇首尾四字，加注目下，俾可不检原词，能校各家互见之作。此书若成，则分人一目，可补各家汇刻词及刘子庚《六十家词辑》之阙。分调一目，可补《历代诗余》之遗，为尊拟《全宋词》及校订词谱之初步工作。及事之未举，先生倘有何见教，俾资遵循乎？瞿安先生，翘企已久，春间过苏抠诣不值。日前承其费数日之力，细校芜编《白石歌曲斠律》，心感无似。承约吴门之行极欲一亲先生及瞿公雅教。以校中招生阅卷，不及脱身，至为怅望。秋凉拟重为石城之游，当与先生把晤金焦，一倾积愫耳。冀野先生，曩见其《元曲别裁集》，晤时并乞代致怀想。复谢，敬承著安不次。

尊编写官用朱笔，句读间嫌未精，若付影印，有何法补救否？

四库本《花草粹编》用曹秀先家藏本，卷首亦如金本，有延祐四年陈良弼序。《提要》谓是坊贾得陈耀文旧版，伪托元版，说极可信。《粹编》出自耀文，以弟见到有数确证。一、耀文撰《天中记》，今在四库类书类。《粹编》序有"顾以纪辑《天中》，因循有未果者"，"邑侯太初谓《天中》百卷，未便刻成。此帙无多，宜先付梓"之语。二、耀文万历庚戌进士，见四库《经典稽疑》提要，与《粹编》序后"庚戌进士"印章合。三、《粹编》谓曾从淮阴吴承恩假书，乃耀文同时人。四、书中引沈雄《古今词话》多条，必非出自元人之手。此皆浅而易见者，而坊贾不知改。钱竹汀据延祐伪序，以入《元史艺文志》，实千虑一失。尊跋亦以此致疑此书出于元时之良弼，书成未梓行，二百六十余年后，陈耀文攘为己有，似与竹汀同误（付印时此节须斟酌）。敢质所疑，以承明教，倘不斥为狂耶。（《夏承焘日记全编》第四册，第2267—2269页）

夏承焘致张尔田书（1934年3月19日）：前闻之陈匪石先生谓，十年前先生得见一白石词，亦出符药林，与江、陆不同。是否即周晚菘在汉上所见陶钞五卷本，极盼借观一谂异同也。晚生所见姜集，陈撰、洪正治、姜熙、粤、蜀、知不足斋十余本外，惟陈元龙《白石词选》、姜虬绿钞本二种较罕见。另有知足知不足斋武唐俞氏范锴伦耘劬各本，皆未寓目。先生博览，极盼不蕲赐教。（这封信函由"孔夫子旧书网"发布）

夏承焘与龙榆生书（1954年6月28日）：顷以旬余日力，选了南宋词，写目奉上。各家词专集外，惟参《绝妙好词》《宋词三百首》、凤林书院《草堂诗余》《全宋词》及兄选《唐宋名家词选》，共得二百四十余首。似太多，请兄删汰。其名作未录入者，幸兄代为增入（此点更重要，宁可伤滥，不可有遗）。唐五代北宋词选目写成，请早示我，以便着手工作。商务本《唐五代宋词选》拜登，谢谢！《导言》一篇甚好，但再深入一层作政治经济之分析，即可移冠新编矣。

承示选词标准，甚是。思想性、艺术性之分析，自当仅就若干有代表为之，不必首首皆然。弟曩讲宋词，于北宋注意封建文士思想与市民思想之争持推衍（苏、柳二家代表此二种思想外，欧之《琴趣外编》极可注意），于南宋则重视民族矛盾，尊意以为然否？

又注释详略，须以大学初级生及中学生程度为准，尤须释全首作意及某些句意（如"山深闻鹧鸪"等），初读词者每于此不了了也。

南宋词所选原文，弟已倩人钞成，俟弟作笺释后呈教。北宋五代词容检油印本（百首左右）寄上，或可作剪贴之用（需要否请示及）。顷任心叔君过谈，谓书名《唐宋词选》，须注意系统性：每阶段有其特殊风格，后阶段如何继承、如何发展。此等代表作不当遗，其后阶段摹仿前阶段作品无发展者，必不及前者，可不必选云云。（《忍寒庐友朋书札夏承焘先生论词书札两通》，《新宋学》第五辑，复旦大学出版社2016年版，第1页）

夏承焘与龙榆生书（1954年7月3日）：《中州集》各名家自当选录，南宋词两系统不可偏废，亦确论。词目幸严加批评，汝我不当宽恕。旧选油印本向同学间收得即奉寄。其中一部分乃辅导先生代选。暑假拟再讨论。欧《琴趣外编》，弟从《全宋词》中选六七首（已有油印），嘱注释一二首南宋词奉教，当遵命为之。（《近代词人手札墨迹》，"中央研究院"中国文哲研究所2005年版，第492页）

五、论词作

夏承焘

夏承焘与朱祖谋书（1931年11月19日）：近读吴词，又得数则，如《贺新郎》之德清赵令君，依年岁推排，赵令君是赵善春，非赵伯山。《齐天乐·齐云楼》词确是史宅之重修齐云楼时作，尊笺甚是。《木兰花慢·送施芸隐》嘉熙间作。据《满江红》《喜迁莺》《尾犯》《凤栖梧》诸词，梦窗悼亡在淳祐四年左右。据《瑞鹤仙》《夜合花》《玉漏迟》《应天长》诸词，知梦窗时客吴中。（周癸叔先生客岁致晚生书，谓梦窗有二妾，一名燕，浙产，在吴娶之，死于吴。一杭人，不久遣去。又少年恋爱一女，死于水。乃据《莺啼序》《三姝媚》《昼锦堂》《定风波》及《饮白醪感少年事》诸首考得，先生曾闻其说否？）《声声慢·寿魏方泉》，淳祐五年作。《凤池吟·庆梅津自畿漕除右司郎官》，据《癸辛杂识》确是左司之误。凡此毛举黍累，无关大旨，先生闻之，计一哂置之耳。（《词学研究通信（下）》，《文献》1981年第2期）

夏承焘与朱祖谋书（1930年8月13日）：顷读《梦窗词集小笺》，杂览所得，有数事为尊著所未引者，条列乞教。祈是正一一为荷。《玉楼春》咏京市舞女"问称家住城东陌"句尊者无笺。案厉鹗《东城杂记》卷下"瓦子巷"条，考南宋临安城东瓦子勾栏名称处所甚详，并及诸妓姓名，末引梦窗此词为证。"乘肩争看小腰身"句，《武林旧事》

二有"都城自旧岁孟冬驾回,则已有乘肩小女鼓吹舞绾者数十队"一条可证。(白石亦有"只有乘肩小女随"句。吴词下片结句"婆娑趁拍"云云,似袭白石灯词"只因不尽婆娑意,更向阶心弄影看"句。)《惜秋华》大曲《六么》王子高事,尊著引《云麓漫钞》,而《萍洲可谈》一"王迥美风姿,有才思"一条,尤合吴词"骤玉骢过处,千娇凝睇"之语。《浪淘沙慢·李尚书山园》,尊著谓南宋李姓官尚书与梦窗同时者,有李鸣复、李知孝、李曾伯三人,定梦窗所赋是工部尚书李曾伯。案《宋史》四百廿《曾伯传》,曾伯曾权兵部尚书,而未官工部。又据《续通鉴》,淳祐四年,李心传权刑部尚书,五年李性(心)传以礼部尚书、给事中签书枢密院事,李韶权礼部尚书。是梦窗同时李姓官尚书者不止曾伯等三人也。《扫花游·赠芸隐》,尊著止引《南宋群贤小集》。案《城东杂记》下"芸隐横舟"条载:施芸隐端平丙申在杭为船官,廨在城东泰清门,有题廨宇诗及《芸隐横舟集序》,与吴词结语"未归去。长安软红如雾"句合。他若《水龙吟·过秋壑湖上旧居》,非咏后乐园。《贺新郎》之德清赵令乃赵善春,《齐天乐·齐云楼》乃史宅之重修时作。悼亡诸词皆在淳祐四年左右,则据拙作《梦窗年谱》推求得之。尊著精审谨严,无待辞赞,涓流附海,倘不哂其自忘弇陋乎?(《夏承焘日记全编》第四册,第2120—2121页)

夏承焘与唐圭璋书(1957年1月4日):前旬于《语言教学》去年十二月号中得读大作《论苏轼〈念奴娇〉词里的"羽扇纶巾"》一文,以《太平御览》所引晋裴秀《语林》《蜀书》及《孟达与诸葛亮书》,断定"羽扇纶巾"是指诸葛亮。此皆近人论此事者未引之佳证,亦可谓即解决此问题之坚证。

弟早年读此词讲此词,从未发生此句指瑜、指亮之疑问,以为属瑜、属亮于读此词无大关系。今既选入中学课本,则对中学生必须讲明白。往年有人以此见询，鄙意以为此词上片结句云"一时多少豪杰"，则下片开头应以兼指瑜、亮为是。且小说中诸葛"羽扇纶巾"之形象，可能在宋代已成定型。但仅是依文猜测，苦无确据。读大作征引广博，适合鄙见，甚快心意。

昨日翻检旧作札记，偶得一条，初颇惊喜，以为可为尊说之佐证，旋悟为不可信，兹奉告如下：

张德麟所著《词征》谓苏轼《赤壁怀古》"乱石排空，惊涛拍岸"二句实是诸葛武侯《黄陵庙记》中语（此拙作旧札记原文）。此说如可信，则以"羽扇纶巾"属诸葛可多一旁证。然颇疑此文题不类亮作，取严可均《全上古秦汉三国六朝隋文》检之，果有此文在卷五十九页八，文中亦果有此二句，与苏词全同。然全篇辞气，极不类汉人文字。严可均于其后注"案此文疑依托"一语，而未注其出处。以意测之，当采自地志。兹录其开头数行如下：

"仆躬耕南阳之亩，遂蒙刘氏顾草庐，势不可却，计善事之。于是情好日密，相拉总师。趋蜀道，履黄牛，因睹江山崔嵬巉岏，列作三峰，平治绛水，顺遵其道，非神扶助于禹，人力奚能致此耶。……"

其中"势不可却……相拉总师"数语，幼稚鄙拙，读之令人发笑。武侯"名士"，何致有此！且武侯为黄陵庙作碑记，何必引刘备顾草庐之事作开头，揆之情理，亦不可。回忆早年读俞曲园某一著作（似是《春在堂随笔》），记一书伪托武侯者，开头亦从三顾草庐说起，曲园即据此决其为伪书，正与此文同一笑柄。（伪托李陵《答苏武书》："昔先帝授陵步卒五千，出征绝域，五将失道，陵独遇战。……"一段，亦同此例。）

苏轼此词"灰飞烟灭"句，是偶用《楞严经》成语，此可理解。若"乱石排空"二句亦用诸葛成语，便不可理解，因苏词不至有此。

此伪作《黄陵庙记》原文,今人不易得见,而张德麟《词征》往年曾载于《词学季刊》,或有人翻到,若引此以助证先生"羽扇纶巾"属诸葛之说,则反滋葛藤,淆乱事实。故奉此函,预为廓清,不仅"聊资谈助"而已。

又,苏轼在黄州贬所为此词时,年四十有七(元丰五年),词云"多情应笑我早生华发",盖羡周郎少年立破敌功,自伤老大沦落。或谓此点是此词主要情感,盖咏怀之作,不仅"怀古"而已,若然,则"羽扇纶巾"句指周瑜近是。弟谓不然,案建安十三年(208)赤壁之战,周瑜年二十四,固明见《三国志·吴志》,不知诸葛此时亦才二十八岁(生灵帝光和四年,公元一八一年),盖初出草庐之次年。今定此词兼指瑜、亮二人,实亦符此词主题。今人或以戏台上诸葛挂长须,遂疑亮年倍长于瑜耳,并书此以发一笑。(《关于苏轼〈念奴娇〉词"羽扇纶巾"之疑问——致唐圭璋先生信》,《语文教学》1957年2月号)

六、论词乐

夏承焘

夏承焘与夏敬观书（1930年9月15日）：夏间以拙作《白石歌曲考证叙例》《白石石帚辨》由榆生兄转呈乞政，承开诲一一，无任感荷。榆兄传先生语，谓宋词乐律来自外域，清人著作之牵附我国古乐者皆不足信。长者卓见，当较时流所云益加精辟，是《声律通考》译宋俗字谱之法，及《东塾集》驳凌次仲宋字谱出于郑译龟兹琵琶之说，皆为失当。（《声律通考》卷十译姜词旁谱法云：以朱子《琴律说》及《词源》考之，可由俗字而得当时字谱，由当时字谱而得其律吕。又以其宫调考之，可由律而得其宫商，又由宫商而得今工尺。如《扬州慢》首句"淮左名都"，其旁注久ㄐフ𠆢，乃"六凡工尺"四字，即"黄清无南林"，为"羽，徵，变徵，角"四声，即今之"五，六，凡，工"也。此已不啻重译而通矣。《东塾集》卷四《复曹葛民书》驳凌次仲说云：今之字谱非宋之字谱，宋之字谱又非出于郑译，古籍具存，明明不可以假借。又云：澧之所谓通者，将使学者由今之字谱而识七声之名，又由七声有相隔相连而识十二律之位。识十二律而古之十二宫八十四调可识也。又由十二律四清声而识宋人十六字谱，识十六字谱而唐宋俗乐二十八调可识也。）特不知先生何以解《词源》上卷宋俗字配律吕诸节，岂玉田之说亦不可据，抑榆兄传语偶未尽耶？拙作《姜词考证》拟依东塾说译旁谱为今俗字，为此踌躇不敢下笔。闻尊著《词调考源》阐发此旨甚详,而坊间又迟未出书,倘承略示绪论,一发鄙款乎?又拙著于《姜词校律》诸书止引方成培、戈载、凌次仲、郑文焯、戴长庚、陈澧、张文虎七家,见闻弇陋,定多未备,并乞写目赐示,尤极感祷。(《夏承焘日记全编》第四册,第2135—2136页)

夏承焘与赵尊岳书(1930年11月27日):啸山校语果是彊老殊本,快慰无似。彊老藏本题钱启耐庵过录,似即蕙翁旧藏扬州知足知不足斋本,弟未寓目。彊老殊本中有史汇东注语数条,为他本所无者,即此本否?其书何时何人据何本刻,便中肯赐示一一乎?姜钞比世本多词三首,《越女镜心》第二首,《阳春白雪》作赵闻礼,《绝妙好词》《历代诗余》作楼采,显非石帚手笔。惟《月上海棠》难得确处,此词《钦定词谱》较尊钞"悄月上"句多一"悄"字,其他字句亦微有异同。《词谱》"姝丽"作"殊丽","美人"作"人面","辽韶光"作"遇韶光","日叹"作"自叹"。不敢妄改。啸山校语有显是尊钞偶误者,皆已代加是正。如ㄎ作"可",ㄣ作"四"等字。姜钞不分自度曲、自制曲,甚合愚见。惟《杏花天影》《鬲溪梅令》《玉梅令》《醉吟商小品》《霓裳中序第一》诸首,每阕结拍皆作ㄌ,与自度曲皆作ㄣ者不同。世本与自度曲分列,或有微意。姜钞惟此点可疑。尊见以为何如?郑大鹤校语数十条,姜钞次第暨尊跋凡例,皆已迻录拙作中,拙作之成颇承友好嘉惠,百朋之贶,馨香以谢矣。(杨传庆整理《夏承焘致赵尊岳书五通》,《词学》31辑,华东师范大学出版社2014年版)

夏承焘与吴梅书(1930年10月22日):承焘学词未久,比年时诣彊老请业,妄欲为白石歌曲作考证。初依《声律通考》重译旁谱之法,为注俗乐工尺。旋见张啸山答杜小舫书(《舒艺室尺牍偶存》),则以转译今谱为疑。坐此迟回不敢写定。闻先生能以今乐歌曲白石自度曲,富有创说,倘承不靳明诲乎?兹奉《白石歌曲考证叙例》乞教,

粗具拙书崖略。昧于知音,而妄订姜谱,先生阅之,当哂其笑矣。(《关于词曲研究的通信》,《文献》1980年第3期)

夏承焘与龙榆生书(1930年11月27日):暑间过高斋,承示汪憬吾先生所录陈东塾译白石《暗香谱》,虽心知其用《声律通考》译法,而匆匆寓目,未遑详辨。惟于其间有一字而沓用二工尺者,仍沿方成培、戈载之误,则深以为异。顷接读《词刊》,翻姜集细校,乃知其果用《通考》旧法,而不免疏牾。盖东塾未见善本姜词,又未遑比勘上下片异同,且不深信张文虎、戴长庚沓谱是拍号之说,故尚多罅隙也。《暗香》一谱,弟所见到东塾之疏,约有六端。有从陆钟辉刻本致误者,如"色"旁张奕枢本作フフ,乃"工"下拍。依《通考》法,当译"上"拍。陈从陆本作久,译作"工",非。"管"字对下片"萼",乃"一"旁拍,当译"六"旁拍。陈从陆本作フ,译作"上",非。"寄"旁张本作り,盖"凡"字,应译"尺",陈认陆本勹为"上"字,译作"五",非。此其一。有刻本不误,而陈氏误认者,如"几"旁各本皆作り,明是"凡"字,应译"尺",不当译"五"。此其二。有误连工尺与拍号为一字,致莫能辨识者,如"潮"旁、"手"旁皆"凡"旁拍,"风"旁、"萼"旁、"湖"旁皆"一"旁拍,当译"六"旁拍。"入"旁、"国"旁皆"工"拍,当译"上"拍。"碧"旁张本作彡,是"合"拍,应译"工"拍。"路"旁乃"凡"字,应译"尺",陆本、朱本作勹,微讹。"树"旁张本是"合"字,应译"工",陈谱十字阙疑,皆可据此补。此其三。有原谱本有拍号而陈译略去者,如"言"旁与应译"工"拍,"时"旁夕应译"工"拍,"见"旁丁应译"六"拍。此其四。有误以拍号为工尺,致一字有二工尺者,如"寒"旁与乃"合"下拍,"与"旁、"也"旁、"处"旁与皆"六"下拍,"疏"旁夂亦"六"下拍,陈皆认拍号为"工"字,误译为"上"

字。此其五，又此调"六"译"工"，则"合"当译"低工"。"五"译"凡"，则"四"当译"低凡"。陈谱概不分别。此其六。至若"寒"旁ㄠ，上半明是"合"，应译"工"，今误译"上"。"与"旁ㄠ，上半明是"六"，应译"工"，今亦误译"上"。此则由字形相似，传写舛谬，当非陈氏之讹矣。昔戴氏《律话》曾尽译白石十七谱，而亦以未见善本，颇多违牾。且止译宋代工尺，未尝翻为今谱。弟曩尝有意尽翻姜词为宋工尺、今工尺、十二律、七音四种谱，并比勘各刻本异同，定其从违，附为校记，顷校记已成，而未遑译谱，此间有友生陈君，颇喜从事，当嘱其译成奉教，或可附见于下期《词刊》耳。姜谱拍号未明，虽译成工尺，亦不能歌。陈氏《通考》谓可被管弦，殊不足信。又东塾译谱实无板眼，仅每句用底拍处注一"板"字而已。其圆圈处是断句，非歌谱中之中眼，今日瞿安先生书来，嘱转告吾兄，可于三期《词刊》申明此意。憬吾先生此谱，得于何许。东塾考谱之书，尚有未刊者否。便乞代询汪公，尤为盼祷。匆匆敬颂著安。弟夏承焘上。十月廿九日。近日写《重斠词源斠律》，于大鹤误说颇有诤辞。惟大鹤手批之《词源斠律》，弟未寓目，沪上可踪迹否？遐庵嘱写小词，兹奉七首，乞代转。查宽之书来问二期《词刊》及《词律斠笺》，望代一催。白石谱已译出二三曲，待嘱陈生译完十七曲再奉，前寄《旁谱辨校法》，二校由弟自校最佳，中有数字须斟酌也。（《词学季刊》第1卷第3号，1933年12月）

夏承焘与吴梅书（1931年7月21日）：前奉尺敬，并拙作《姜词斠律》一册，计荷鉴正。客岁承诲，论及戴氏《律话》、谢氏《碎金》同出杜撰，不可依据。顷重翻戴书一过，其认姜谱沓字为拍号，在张孟彪之前，洵为白石功臣。惟论律好持唐人宫逐羽音及宫角相应诸说，笔舌甚繁。戈顺卿、郑叔问寄杀清声之说，自持甚坚。拙编因从戴、张主沓字是拍号,曾举郑氏《词源斠律》自相矛盾数处诘之,而不敢自信。究竟姜词有无寄煞之例,戈、郑之说是否可从?并乞明教。海内紫霞,今惟先生,故不嫌唐突,屡渎清闻,幸祈鉴其响往之诚!拙编如荷弁教,俾小山补亡之什,得山谷片言而增重,尤感祷无量矣。(《关于词曲研究的通信》,《文献》1980年第3期)

夏承焘与吴梅书(1931年7月31日):手教及芜编先后奉到,载承开海,以南曲证换头短句,考宋人歌词止守旧谱,定《秋宵吟》"悄"旁误字,皆足振发蒙暗。小节题拂,尤见长者掖诱盛意,感荷感荷。兹又举似二事,倘承鉴其响往之诚,重赐指海耶?

(一)《扬州慢》"角""药"二字,旁谱作彡,先生定为凡字,甚确。姜谱拍号不在管色谱下方,即在其右方,从无在左方者。大鹤以彡为上字,以刂为打号,左右误认,故有此讹。其"角""药"两顿之说,自矜创获。今按谱中彡字甚多,不皆在句脚。《扬州慢》"江"字"豆"字,亦注彡,而皆在句中,足见"渐黄昏"、"念桥边"二句,本作上三下四句,宋元人诸作可证。(惟《阳春白雪》郑觉一首上五下四,余皆不尔。)"角"、"药"本不必顿,大鹤谓须用入声,亦不足信,宋元人皆不拘也。(《律话》谓拍号在下者即今之底板在旁者即今之腰板,当否?)至拍号 ㇉ 字,以校《词源》管色应指谱乃是折字,证以"清角吹"三字,旁谱作 久彡久,"红药年"三字,作 久彡㇇,与《越九歌》折字用法作夹折夹无折无者正合。姜词中如《鬲溪梅令》"浪粼粼"、"小横陈"二句,皆作 ㇇㇉㇇,"何处寻""啼一春",皆作 ㇇㇉㇇,《扬州慢》"驻初程"作用 一乙丁,"麦初青"作 ㇇㇉㇆,"池乔木"作 久丁久,"蔻词工"作 久㇆久,"赋深情"作 ㇇㇉㇆,"桥仍在"作 久㇉㇇,"为谁生"作 丁乙丁,其他三字句第一字与第三字同谱字者,全书共十余处,戴氏《律话》皆注为折字，谓即琴家之进复退复，"角""药"旁谱𠂆字，可依此定为凡折否耶？（戴氏所谱折字，皆在每句末三字之第二字，若《扬州慢》之"过春风"作人𠂆人，而在句中者，皆不注折，故于"角""药"二字亦止注凡拍而不注折。按《越九歌》"高田莱芜""高"字折在句首，知不拘在句末三字之第二字，戴说未融。唯白石折字法，谓折字以下字为准，故《越九歌》折字皆不再注旁谱，《律话》注"浪粼粼"夕𠂇𠂆之𠂇字为五折，"何处寻"勹𠂆夕之𠂆为一折，与白石说不合。但姜词三字句确有此种进退句法，又似不可抹杀，高见以为何如？）

（二）起调毕曲之说，议者不一。朱子记张功甫行在谱，以首章第一字为起调，谓如《关雎》之关，《葛覃》之葛。方仰松谓当归重起韵及两结，所谓起韵，当指全首之第一韵。今按之姜谱起调（与两结同谱字者）不尽在第一韵，如《霓裳中序第一》之"力"字，《长亭怨慢》之"户"字，《暗香》之"笛"字，《疏影》之"宿"字，及尊说《石湖仙》《秋宵吟》之"处"字、"悄"字，皆在第二韵或第三韵，与朱、方之说不合。是否南北宋乐纪不同？前人曾有何议论？凌次仲持宫调之辨，不在起调、毕曲之说，以驳方氏，不过偏否？并乞一一赐教为荷。

拙编三稿粗具，平居不能自闲，偶一开卷，辄有补订，用是不敢写定，恐贻悔无穷。承先生允为作序，秋间当移出求正。斠律次序以依拙稿编年，不仍原次。（《关于词曲研究的通信》，《文献》1980年第3期）

夏承焘与吴梅书（1931年11月3日）：顷阅最近《东方杂志》载唐兰《白石道人歌曲考》一篇，复有数事请益者：唐君以姜谱与《词源》《事林广记》相校，认得𠂆为尖一，夕为尖上，𠂇夕为尖尺，

㇆为尖工，㇉为尖凡，谓姜谱作㇆，同《词源》《事林广记》之作㇈。如尖一《词源》作㇆，《事林广记》作㇈，姜谱则作㇉。又云：尖一即下一，以下五《事林广记》称尖五可证。又以㔾为小住，㇆为大住。（谓《词源》大凡人乃大住之误，人即㇆之形误。）ソ为掣，㇉为折（皆同《词源》），丁为打，フ为反，丿为拽，（三字唐君创说，谓丁为打省，フ为反省，丿为拽省。《说文》：丆，拽也。）亦犹㇉为折旁斤省。用思甚新，似足补啸山诸人所未及。惟末段云："近人皆言白石词谱无拍不可歌。"殊不知宋曲谱不必画拍，以一句为一拍也。白石《徵招》叙曰："旧曲正宫《齐天乐慢》前两拍是徵调，故足成之。"今依其说寻之，《徵招》首二句曰："潮回却过西陵浦，扁舟仅容居士。"与《齐天乐》首二句"庾郎先自吟愁赋，凄凄更闻私语"全同，则知两拍者特两句耳。又《词源·拍眼》篇云："大曲《降黄龙花十六》当用十六拍"，此谓一曲前后用十六拍也。又云："前衮中衮六字一拍，煞衮则三字一拍。"此则皆谓一句用字多少也。其余令、引、破、近之别，官拍、艳拍、大头、叠头之分，名目虽繁，然以句为拍，固可无疑。正如北曲之散拍，南曲之引子，此南北曲所有者，即宋时小唱之法所遗留者矣。

今案《拍眼》篇论慢曲，谓"拍有前九后十一，内有四艳拍"。是慢曲二十拍，除去四艳拍，得十六拍，依唐说每拍一句，则宋人慢曲皆以二十句或十六句为定式矣。今存慢词何尝尽尔。

又：《词源》谓引、近六均拍。考查今存《郭郎儿近》《隔浦莲近》等及名引名近之词，每片皆不止六句。《词源》谓"大曲《降黄龙花十六》当用十六拍"，《碧鸡漫志》谓《越调兰陵王》前后十六拍，皆未尝明言即十六句廿四拍。唐君据姜词孤证，即断定宋词即以句为拍，似于《词源》尚未详参。此与先生曩者赐书论姜词失拍之说不合，且关系宋词唱法甚大，望有以发我蒙也。

又：唐君以ㄅ为折字，按之姜谱与《越九歌》折字皆作进退格者皆不合，以㇆为大住，以句法论，亦嫌未安，并乞一决从违。（《关于词曲研究的通信（续完）》，《文献》1980年第4期）

夏承焘与吴梅书（1931年11月19日）：唐君引白石《徵招》序，谓宋词以一句为一拍，初以其不合《词源》为疑。顷间杂览得数事，似足为唐说之补证者，请举以求教：

（一）《破阵子》又名《十拍子》，全词恰十句。

（二）《碧鸡漫志》（四卷一页）谓："今《越调兰陵王》凡三段二十四拍。"今《清真集》《越调兰陵王》正三段二十四句。《词谱》分为二十八句，盖连词中"隋堤上""长亭路"二小句"谁惜""凄恻"二句中韵而言。

唐宋词调，今可考见拍数者，若《六么》《花十八》前后十八拍，又四花拍，共二十二拍；《文叙子》有十拍；《长命女令》前七拍后九拍；皆见《碧鸡漫志》。《降黄龙花十六》，见《词源》，惜皆不传。传者惟前举二调最显著。唐君如能见此，足为其说张目。惟与《词源》《拍眼》节所说，终不尽合，先生神悟，当有以见诲也。

任中敏君解《词源》"引、近则用六均拍"为排句六拍，然按之"慢曲八均之拍"一语，则均字似不可作排句解，先生以为何如？

又：唐君认厂为打，フ为反，𠂆为拽，被诸管笛，不知能否成腔？兹录唐君所译一词，乞为决此疑。此词乐大问题，海内解人，惟一先生，尚不厌为屡渎乎？

《词源》《讴曲要旨》"折拽悠悠带汉音"句"汉音"二字，郑氏《斠律》无达诂，亦乞明教。（《关于词曲研究的通信（续完）》，《文献》1980年第4期）

夏承焘与吴梅书（1931年12月6日）：奉廿六日手教，至感雅谊。以兯为尖勾尖一为高一尖五为高五，匡唐君之误，允为确当。谓姜谱有节拍流拍，引陈旸《乐书》及南北曲歌法为证，尤甚明晰。焘按《事林广记》《遏云要诀》记唱赚之拍云："入赚一字当一拍。"又云："尾声总十二拍，第一句四拍，第二句五拍，第三句三拍煞，此一定不逾之法。"当时唱赚之法如此，则歌慢词当亦相差不远，合之《词源》记大曲《降黄龙花十六》及来教所考以诘唐君一句一拍之说，其不可信已炯无疑义矣。惟犹有二事，承焘未能释然者：

（一）先生以有节拍流拍解《兰陵王》《破阵子》之疑，是《词源》论慢曲所谓"前九后十一内有四艳拍"者，当以节拍、底拍合计，故慢词不必皆二十句，然越调《兰陵王》廿四拍二十四句，《破阵子》十拍十句，何以止计底拍，与前者异。此疑不破，则《词源》与王灼《碧鸡漫志》终不能相通。晚生假定一说，以为宋词拍眼，不但引、近、慢、曲、三台序子各种词体有各种不同之拍，即同为慢词，其拍亦各首不同，有止具底拍者，有兼有节拍者，故越调《兰陵王》《破阵子》之拍，与《词源》所记不同。《词源》所载，殆指普通者，不能尽宋词之各体，于其论拍号、小住不同白石旁谱可知也。此说无明据，特周旋《碧鸡漫志》与《词源》之间为此调停之论，先生以为何如？

（二）姜谱既备大小住打拽反折诸音谱，何以独于拍号而遗之？若云后人追写脱落，何以王骥德《曲律》载《乐府混成集》残谱亦无拍号？岂宋人词谱本无所用其拍号耶？并以承教于先生，（姜谱之力或作**力**，即《词源》之小住力无疑。）《词源》谓"大顿小住当韵住"。今案姜词《淡黄柳》"寂"字，《暗香》"国"字，《疏影》"北"字，是当韵住。其《扬州慢》"昏"字，《淡黄柳》"单"字，则不但非韵，且非句脚。）望先生终有以发其蒙也。（《关于词曲研究的

通信（续完）》，《文献》1980年第4期）

夏承焘与龙榆生书（1934年某月某日）：定白石词谱为琴声，始于清人刘富杰，近日许守白先生亦主此说。弟则不敢尽信，曾于《旁谱辨》中举数证献疑。客岁守白来书，谓姜谱或以琴声度之，而唱时可以箫管协，不必定用琴。此于其前说略有修正，亦较近事理矣。□□先生谓曾亲聆朱执信之尊人以琴叶姜词，能表其词情，甚为美听。《淡黄柳》一阕，尤极凄抑云云。此非不可信之事。缘凡歌曲可吹于管者，本可移弹于弦，其理无间于古今雅俗，（《碧鸡漫志》记《雨淋铃》曲，张野狐以觱篥吹，而元微之《琵琶歌》则云以琵琶弹。）但不可据此疑白石词谱是琴曲。今观其《角招序》云："予每自度曲，吟洞箫。"《凄凉犯序》云："以哑觱篥角吹之。"《湘月序》云："于双调中吹之。"知白石制谱，确以管叶而不以弦。（宋人大抵皆用管叶词。《乐府指迷》所谓："腔律岂必人人皆能按箫填谱。"不但白石如此也。）又其集内另有琴曲《古怨》一首，调弦法及字谱，与自度曲十七谱大异。十七谱之非琴曲，益可了然。姜词音节拍号，今尚难尽通。若于此根本一概未能明辨，则治丝益棼矣。（《与龙榆生论白石谱非琴曲书》，《词学季刊》第2卷第1号，1934年10月）

夏承焘与龙榆生书（1934年5月17日）：《白石词谱》一字一律，弟曩亦疑其不合当时燕乐歌法，（北宋元丰以前之庙堂大乐，亦以数音歌一字。见《宋史》杨杰议大乐。）晓湘先生谓："白石依古乐制曲，其他词人决不如此。"此与守白先生"白石有意矫正俗乐，故用雅乐唱法"之说，若合符契。然宋代词谱，白石集外，今惟《曲律》载《乐府混成集》残谱五十余字，亦一字一律，与白石谱无异。知宋谱本皆如此，非由用古乐，吾兄所疑甚是。尊函又谓："苟宋词亦一字数音，可以由乐工自由增减，何以《渔歌子》曲度不传。苏黄以《浣溪沙》《鹧鸪天》歌之，必依谱改定其句度。"此论尤为精到。弟意白石谱虽一字一律，而缠声赴拍，并非毫无缓急。缘箫笛有举指用气浅深轻重之殊，为应节迟速之用。《梦溪补笔谈》谓："乐中有敦、掣、住三声。一敦一住各当一字，一大字（此'字'疑羡）住当二字，一掣减一字，如此迟速方应节。琴瑟亦然。更有折声，唯合字无折一分折二分至于折七八分者。是皆举指有深浅，用气有轻重。"白石谱工尺之外，附丁の夕フ诸号。今虽未明其何者为敦，为掣，为折、住，然其间有一字当二字，一字折几分。如《笔谈》所说，则可无疑。故虽一字一律，以有此调剂，自可迟其声以媚箫笛也。（惟近日敦、掣、住、折诸号未明，若止依其工尺一字一音以叶箫笛，则必不美听。郑叔问自谓能歌白石词，朱棣垆以白石谱入琴，想皆臆定其节奏，未必真解住折诸号。）客岁唐立庵与弟论白石词拍，引白石《大乐议》"知一律配一字，而未知永言之旨"，谓"制谱以一律配一字，歌者永言，遂变为繁声。宋时画拍不如今日之详，故但以一律配一字，而任歌者为之疾徐繁简，如后世《纳书楹》之未点板眼焉"云云。弟曩信此说。顷得兄举《渔歌子》一证，知其论永言是也，谓任歌者为之疾徐繁简，犹为未当。若知敦、掣、住、折诸号，即疾徐繁简之准则，则宋词字音非任乐工自由增减，及白石谱一字一亦未尝不可歌之故，皆圆通无碍矣。（《再与龙榆生论白石词谱书》，《词学季刊》第 2 卷第 1 号，1934 年 10 月）

夏承焘与吴梅书（1937 年某月某日）：关于白石歌曲旁谱，另有一事乞教者，许守白先生近出《中国音乐小史》一书，有云："或谓白石旁谱，皆属一字一音，宋人唱词之法，当是如此。愚细绎之而疑不尽然也。尝考白石历史，素以通雅乐名，著有《大乐议》，宁宗庆元中上书乞正雅乐，其歌曲冠以所作《越九歌》十篇，每字旁注黄钟律吕等字,附所作词,注工尺简字,均是雅乐唱法,含有矫正时俗之意味,似非宋燕乐之唱法也。白石旁谱所注,疑用琴曲歌辞法,故为一字一音者。琴曲歌辞,晋、唐皆有之,宋初词亦有协琴曲者,如王辟之《渑水燕谈录》,谓东坡《醉翁吟》,崔闲以琴谱其声,遂为琴中绝妙是也。白石旁谱,当是有意矫俗而非随俗者,似不用宋燕乐法也。"词为琴声,近人刘凤叔曾有此说。凤叔谓:"词为琴声,一字一音,惟前后节用两合音。曲为笛声,一字或八九音,以其声之曲折也,故曰曲。"刘子庚尝叹为真知音者。今按宋人以洞箫、笛、哑觱栗、角和词,明见白石《角招》《莺声绕红楼》《凄凉犯》词序,谓用琴音似嫌未确。考白石论大乐,实反对一字一音。《宋史》载白石大乐曰:"乐曲知以七律为一调,而未知度曲之义;知以一律配一字,而未知永言之旨。"方仰松《词麈》谓此数语乃辟元丰间杨杰论大乐主"节其繁声以一律歌一言"之说,是白石论乐,乃不以一字一律为然者。

宋人歌词之必非一字一音,观《刘贡父诗话》所谓"近世乐府为繁声加重叠,谓之缠声,促数尤甚,固不容一唱三叹也"数语可知。

元丰三年,杨杰论大乐之失,曰"今歌者或咏一言,而滥及数律,或章句已阕而乐声未终,所谓乐不永言也"数语,北宋大乐尚如此,南宋燕乐可知。杨杰主"节其繁声,以一声歌一言",具见《宋史》。白石谱一字一音,欲以雅乐歌法矫俗乐,或即从杰之说。其《大乐议》所谓"知以七律为一调,而未知度曲之义;知以一律配一字,而未知永言之旨",正用杨语可见也。《词麈》(二)谓白石二语辟杨说似非。许公复列其平生,发兹妙解,允足定千载之疑矣。惟谓姜谱用琴曲引辞法,则窃疑为未妥。其云前后节用两合音,既误认谱中沓字之拍号为工尺,周济《词调选隽序》亦谓姜谱皆一字一音,其有曼声,亦两音而止，同误。至《越九歌》及自度曲之不用琴曲歌法，即据白石集亦可考得数证：（一）《越九歌》折字法"篪笛有折字，金石弦匏无折字，取同声字代之"。是《越九歌》有折字是用篪笛，而非弦音也。（二）《徵招》"再三推寻唐谱并琴弦法……然无清声，只可施之琴瑟，难入燕乐，故燕乐阙徵调"。《越九歌》及《词谱》皆用清声曲，是不可入琴瑟也。（三）《凄凉犯》"琴有凄凉调，假以为名"，云假以为名，则非琴曲可知。（四）《湘月》"予度此曲，即《念奴娇》之鬲指声也，于双调中吹之"。云吹，知必箫管。（五）《角招》"予每自度曲，吟洞箫"。（六）《凄凉犯》"予归行都，以此曲示国工田正德，以哑觱栗角吹之，其韵极美"。凡此皆明言为管声，而非琴声，刘、许二公似未注意。许书八十六页谓姜谱笔划稍多者疑不止一字，即如今日曲谱以数工尺唱一字也。此与前说矛盾，亦失检点。（《关于词曲研究的通信（续完）》，《文献》1980年第4期）

夏承焘与吴梅书（1937年9月20日）：暑间奉拙作《旁谱辨》一册，计承察及。文中疏谬不少，《旁谱表》又多讹字，如勾作厶与合混，凡作丩与掣混等，校对皆偶失察，幸先生督教之。兹复有一事就正者：宋词至元代何时始不可歌？此问题苦无明文可稽。玉田《词源·讴曲旨要》载歌法甚详，知当时此学尚未失坠。又王恽《秋涧乐府》记歌词之例甚多，如云"赋某调以歌之"，云"放声自歌"，"放歌数阕"，《鹧鸪天》题云"制《鹧鸪天》付乐妓李兰英歌以侑觞"，亦足证元初尚行此学。秋涧以后各词集便少此等题目。惟《秋涧集》中有《黑漆弩》《平湖乐》《绛都春》《乐府合欢曲》四调，皆是元曲。其《黑漆弩》题云："词虽佳而曲名似未雅，倚其声歌之。"又一首题云："曲山（人名）亦作言怀词，遂继韵戏赠。"《绛都春》题云："仍以乐府《绛都春》歌之。"似秋涧实以歌词法歌曲，其称曲为词，或由不知此是曲体，故嫌《黑漆弩》调名未雅，又《南乡子》题云："和干臣乐府《南乡子》南乐言怀"，以《南乡子》为南乐，似当时指词而言，以别于曲之北乐。据此，则元曲初起，实即用宋词唱法。故前人有以宋词为大乐，据此，则宋词唱法，至元蜕化为曲。可云蜕化，不可言失坠也。元曲歌法，至今失考。依此推之，仿佛可见其大略同《词源》所载矣。惟晚生曩作《姜词斠律》，于《满江红》词下采先生之说，定词曲歌法有悬殊之一点相矛盾。是否元曲前后唱法有异，抑鄙说二者必有一谬。倘承指诲，不胜感荷。（《关于词曲研究的通信（续完）》，《文献》1980年第4期）

夏承焘与夏敬观书（1941年11月23日）：前读《同声月刊》"宋法曲大曲索隐"一文，钩沉探赜，非先生不能为。敬佩敬佩！因念往见彊村翁作《鄮峰真隐大曲校记》谓大曲《柘枝舞歌头》及《柘枝令》皆缺文，有旁谱。焘检文澜阁库本《鄮峰真隐漫录》则并《柘枝舞歌头》及《柘枝令》二曲原文而阙之。彊村刊《鄮峰大曲》用史氏裔孙传录四库本校以缪艺风天一阁进呈底本，缪书今不知归何处。闻史氏刊本犹有流传。先生盍踪迹此书，一明大曲音谱情形，以为乐苑一快事。焘曾辗转托人寻觅，至今未获也。董绶经谓日本有《乐府混成集》，叶誉虎谓龙虎山道士藏宋词歌谱，先生曾闻其事否？（《夏敬观家藏尺牍》，复旦大学出版社2021年版，第310—311页）

七、论词刊

夏承焘

夏承焘与龙榆生书（1936年3月8日）：《词刊》每期销逾四千，诚出意料。近日访问所出杂志，多小品游戏之作，顾颉刚所办《禹贡》，精神可佩，作品亦难尽满意。《词刊》殆可首屈一指，如努力，求勿怠期，出十卷以后，尚可印作丛书。同人日前一方固须力学，一方亦须培养人才，庶材料无穷竭之虞，兄以为如何？弟以书局催迫，作《词学史稿》，病前尽阅圭璋所印《词话》，顷重读《词刊》各文。（《近代词人手札墨迹》，"中央研究院"中国文哲研究所2005年版，第480—483页）

夏承焘贺《词学季刊》影印书（1985年5月4日）：上海书店顷承施蛰存教授函示，三十年代龙榆生先生主编之《词学季刊》，即将在沪影印出版，闻讯不胜欣慰。予与龙君交往，早在半世纪之前。忆一九二九年冬，予在浙江严州中学任教，已着手为《唐宋词人年谱》，成飞卿、梦窗等数种。是年十月中旬，李雁晴兄转来龙君手书，既厚存问，欲与予缔交；又谓亦有意为词人年谱，欲与予分工合作。当即作复，有云"客居僻左，无师友之助，兼之见闻不廖，如得先生上下其议论，共学之乐，乃无艺矣"。

一九三〇年，予任教杭州西子湖畔之之江大学，龙君任教沪上暨南大学。予每返温省亲，过沪，必往暨南新村晤龙君，而平时函札往还，在朋旧中亦最为频密。不惟探讨词学，商酌著作，抑且砥砺志行，时有直谅之言。自《词学季刊》创刊以来，每期印出，必有龙先生词论弁其端，而以予之词人年谱继其后。自始至终，几成定格。一九三六年，寇警日亟，《词学季刊》被迫停刊。嗣后数年，杭沪相继沦陷，予入故乡雁荡山，从此与龙君南北暌隔，直至"文革"期间龙君逝世，遂不复再面矣。值兹《词学季刊》重印之时，缅怀故交，不胜怅惘。〔此函原件来自网络，见本书前插页。《夏承焘日记全编》第十二册："（一九八五年五月一日）施蛰存来信，谓上海影印《词学季刊》，嘱予为短文记与龙榆生交情及《词学季刊》事。"（第7426页）"（一九八五年五月四日）发施蛰存复，附去为《词学季刊》重印所写贺词。"（第7427页）按，此贺函共有三稿，文字稍有不同。〕

学术贡献

一、瞿禅对词学之贡献

唐圭璋

唐圭璋（1901—1990），字季特，江苏南京人。中国当代词学家、文史学家、教育家、词人，民盟成员。毕业于国立东南大学中文系。曾任南京第一女中、钟英中学、安徽中学教师，南京大学、东北师范大学中文系教授、南京师范大学中文系教授，南京师范大学中文系古代文学专业博士研究生导师，兼国务院古籍整理出版规划小组顾问，中国韵文学会会长，中华诗词学会名誉会长，《词学》主编，南京市人民代表，江苏省政协委员。著作有《全宋词》《全金元词》《词话丛编》《唐宋词鉴赏辞典》《宋词三百首笺注》《南唐二主词汇笺》《宋词四考》《元人小令格律》《词苑丛谈校注》《宋词纪事》《词学论丛》等。

夏承焘（瞿禅）先生为我国著名的词学家，早年治词与我相识。我与瞿禅兄先通信于一九三一年，至一九三四年始会晤于南京，历经半个多世纪，函札往还，过从甚密，共同切磋词学，获益良多。

我国词学发展至晚清，又呈复兴之势，其词坛复兴基础有二：一是大量词学丛书之涌现，如王鹏运《四印斋所刻词》之精刻，朱孝臧《彊村丛书》之精校，还有吴昌绶《双照楼景刊宋元本词》以及陶湘《续刊景宋金元明词》的影印。二是卓越词人辈出，如王鹏运、朱祖谋、况周颐、郑文焯、文廷式等，各树一帜，自臻高妙。瞿禅在此有利的基础上，进一步专攻词学，继往开来，为发扬祖国优秀的文学遗产作出了巨大的贡献。

瞿禅少从林鹍翔前辈学词，创作与研究并重，深得朱祖谋前辈的赞赏。以后积学功深，长期在之江文理学院任教。之江环境优美，生活安定，他孜孜不倦，著述日富。后又转教杭州师范学院及杭州大学，仍不断刻苦钻研，仰攀词学高峰，综其要点，略述如下：

一、词人年谱

瞿禅专为词人做年谱，翻检群书，校核事迹，积岁月而成《唐宋词人年谱》十种十二家，开创词人年谱之先例。所著有唐五代韦端己、温飞卿、冯正中、南唐二主年谱，宋代有张子野、二晏、贺方回、周草窗、姜白石、吴梦窗等。书中无李清照、周邦彦、辛弃疾者，因俞正燮有《易安居士事辑》、王国维有《清真先生遗事》、邓广铭有《辛稼轩年谱》及《稼轩词编年笺注》等，故不赘及。此十编年谱，详尽无遗，为研究词学者提供极其宝贵的丰富资料。

二、词籍笺注

瞿禅既为词人做年谱，又悉心于词集校注，先后出版过《姜白石词编年笺校》、陈亮《龙川词》笺注和张炎《词源》注等。瞿禅对词之乐律研究，致力最勤，故其校笺姜白石词，尤为精当。其阐明白石之说，声字合曲律，因而益通姜白石之词，成一家之言。大凡一首词之典故、评语、交游、版本等都有详细记载，为学词者作出极好的榜样。

三、词学知识

瞿禅致力于词学研究,还热心于词学知识的普及工作。从五十年代起,他为适应广大读者欣赏唐宋词的需要,陆陆续续地写了不少评介性的文章,后来还出版过《唐宋词欣赏》《怎样读唐宋词》《词准》和《词学知识》一类普及词学读物,为广大群众指出学词门径,激发起读者的学词兴趣。他自己的词集《夏承焘词集》以及《月轮山词论集》等,更有益于读者。

四、治词日记

瞿禅有《天风阁学词日记》,今存日记从一九一六年正月初一日始,数十年来,虽历经沧桑,然日记未尝一日中断,诚为可贵。所写日记,除有读书、撰述、诗词创作、友好过从、函札磋商等事迹外,还提出了治词的宏伟广阔的课题,为个人努力方向,奋进目标,同时也为治词学者开辟了生疏的渠道,拓宽了研究领域。如一九三五年日记云:"拟扩充词逯范畴为词学典,四十以前拟成词学史、词学志、词学典、词学谱表四书。词学典用辞典体裁。"此虽为瞿禅未竟之业,然亦是今后词学研究发展之奋斗目标。

五、开设研究班

瞿禅在五十年代招收研究生,后又专门开办过词学研究班,大力培育词学人材,此在国内尚属创举。他所讲授的词学范围极广,对词学进行深入的探讨。当然瞿禅所提出的词学研究课题很多,还有待于后人继续努力。我希望老中青词学工作者能携手同进,为发展词学作出更大的贡献,为祖国争光。

最后我想说一下，我在编纂《全宋词》《全金元词》和《词话丛编》的过程中，曾得到瞿禅兄的大力帮助，热心指导，亲切鼓励，这也是我终身难忘的。几十年来，我们一直相互切磋，结下深厚情谊。六十年代我曾借给他《道藏》中金元道士词作为瞿禅兄所著《词谱骈枝》的参考，该书补清初万树《词律》及《钦定词谱》之遗，迄今未见刊行。

（《夏承焘教授纪念集》，中国文联出版公司1988年版）

二、一代词宗今往矣
——记夏瞿禅（承焘）词学

王季思

王季思（1906—1996），学名王起，字季思，以字行，室名玉轮轩，浙江永嘉人。1924年考入南京东南大学中文系，受教于曲学大师吴梅。历任浙江大学龙泉分校、之江大学文学院教授。中华人民共和国成立后担任中山大学教授。王季思是中国著名的戏曲史论家、文学史家。著作有《西厢五剧注》《集评校注西厢记》《桃花扇注》《中国十大古典悲剧集》《中国十大古典喜剧集》《元杂剧选》《元散曲选》《中国戏曲选》《全元曲选》《王轮轩戏曲新论》《王季思学术论著自选集》等。1962年，和游国恩先生等一起主编《中国文学史》，成为六十年来影响最大的文学史教材。

夏瞿禅先生逝世时，我电告吴无闻夫人，说他"一代词宗，芳流海外；等身著作，光照人间。人生到此，可以无憾"。又写了一首《金缕曲》词，抒写我的哀思。我从二十年代初期就认识瞿禅先生，直到他逝世前不久，还在病榻前见他一面。想起这六十多年的交游，影事历历，不时在脑海里浮现。不及时写出，不仅个人遗憾，也将影响后人对他的了解。就零星琐碎地记下我们之间的交游，纾释我对他的怀念。

夏先生老家在永嘉（今温州市）谢池巷，邻近东山，有飞霞洞、春草池、永嘉词人祠堂等胜迹。春草池相传是南朝诗人谢灵运梦中得"池塘生春草"句的遗址。先生别号"谢邻"，表示对这位山水诗人的倾慕。他诗词多写永嘉山水的灵秀，龙湫雁荡的雄奇。晚年长期养疴京华，还形之梦寐，跟他青少年时期的生活环境和历史影响有关。温州从南宋以来，名流辈出，形成永嘉学派、四灵诗派。清代的孙衣言、孙诒让父子，黄绍箕、黄绍第兄弟，文采风流，照映一代。后来黄氏蓉绥阁藏书移藏永嘉籀园图书馆。瞿禅三十岁以前曾移住籀园附近，几乎翻遍蓉绥阁藏书，打下了深厚的历史文化基础。

瞿禅出身贫寒，童年时读过私塾，塾师是黄筱泉先生。郑振铎当时跟他同学。他一九七八年写的《减字木兰花》词，有"峥嵘头角，犹记儿时初放学。池草飞霞，梦路还应绕永嘉"之句，表示对这位塾师和郑振铎的深沉怀念。一位塾师门下，出了这样两位卓有成就的文学家，那是很不寻常的。

瞿禅小学毕业后考进浙江省立第十师范。师范生有官费津贴，就读的多清贫子弟，作风比较朴素。瞿禅一生不嗜酒，不抽烟，连茶也少喝，长期保持俭朴的作风，跟少时过惯清贫生活有关。记得在龙泉浙大分校共事时，我一夜酒醉归寝，还高吟李白"天生我才必有用，千金散尽还复来"自解。瞿禅引宋贤语相劝，说"凡人内重则外轻（意说一个人重视了学问品德的修养，就会轻视物质生活的享受），苟内轻外重，将无所不至"。至今记忆犹新。

瞿禅在师范学校读书时，就以词笔见赏于瑞安张震轩先生。在同级同学中，他和李仲骞最投契。他们都爱读王渔洋、黄仲则、龚定庵诗，都爱看《随园诗话》，诗风也接近。李仲骞是我邻村人，经常到我家里来看书，偶然也把瞿禅与他写的诗念给我父亲听。"昨夜东风今夜雨,催人愁思到花残"(瞿禅句),"桃花落后梨花落,不信春愁如许多"(仲骞句);我在童年时就念熟了他们这些风流自赏的句子。瞿禅、仲骞后来都在大学里教诗词课,并继续写诗填词,跟他们在这时打下的基础有关。但当时"五四"运动已经开始,新文学旧文学,新体诗旧体诗,正在先进学者之间展开争论。他们旧文学有根底,对新文学运动的反应就比较淡薄。

师范毕业后,瞿禅先生在永嘉瞿溪小学任教。"我年十八客瞿溪,正是希真学语时",记下了他少年的踪迹。潘希真是瞿禅后来在之江大学任教时的学生,我最近还看见她在台湾发表的怀念瞿禅的文章。在瞿溪小学过了一年,他改在梧埏小学任校长。我中学毕业后曾在梧埏小学教书,那时他已离开两年,有些高年级学生还记起他在国文课读韩愈《祭十二郎文》的声调铿锵和讲《聊斋志异·张诚》篇的动人情景。梧埏盛产柑橘鱼虾,又离瞿禅家近。小学经瞿禅整顿,渐有起色。瞿禅本不想离开,由于一些地方绅士的横加干涉,被迫辞职,经友人介绍到西北去,在西安中学任教,后又兼任西北大学中文系讲师。这一人生道路上的转折对瞿禅后来事业的影响极大。瞿禅在龙泉不止一次对我说:"小人千方百计诬陷君子,到头来恰好成全了君子。"似乎也在说明这一点。

民国初年,温州成立了两个文学团体:慎社和瓯社。慎社写诗,瓯社填词。其中有老一辈的乡里名家,也有新一代的诗词作手。他们有时结伴访胜,有时分韵题诗。瞿禅和我姐夫陈仲陶都参加了这两个社的活动,以诗词创作为老一辈学者所赞赏。瓯社是吴兴林鹍翔在温州做道台时倡举的。林鹍翔曾从著名词人朱古微学词。朱古微当时与另一著名词人况周颐都流寓在上海。瓯社社员的词稿经林鹍翔筛选后又寄给朱、况二先生评定寄回。瞿禅后来专力于词的创作和词学的研究，和这一段文学活动有关。我比瞿禅、仲陶年轻六七岁，在诗词创作上赶不上他们的趟，但从仲陶那里知道他们的活动情况，还看到一些经朱、况二老圈圈点点的社课卷子，总觉得不是味。特别是他们有一次到永嘉江心屿凭吊文天祥的诗碑，有些老辈就借南宋的亡国表现他们对清朝的怀恋，引起一些激进青年的反感。今天看来，朱、况二老对词书的整理和词学的研究是作出了贡献的。在指出他们词创作中的遗老气的同时，还应该看到这一点。我当时年少气盛，不免一笔抹杀，不像瞿禅对他们的虔敬态度。后来我在诗词创作和古典文学研究上既接受瞿禅的影响，又形成和他不同的趋向，从这里就已见苗头。

西北的五年壮游，使瞿禅在人生道路和词诗创作上都开辟了一个新境界。温州背山面海，鱼米丰饶，从清初耿精忠叛乱被平定后，一直没有经过大变乱。自然环境的温馨，文化传统的深厚，使故乡知识分子不大愿意到外地谋生。因此有"温不出""十鹿九回头"（温州一名鹿城）等谚语。瞿禅到西北后，汉唐故都的雄伟，华岳莲峰的高寒，打开他的眼界。军阀内战给人民、民族带来的灾难，改变了他的诗笔和词风。我先从仲陶处看到他"一丸吞海日，九点数齐烟""足下千行来白雁，马头一线挂黄河"等登高望远之作，已引起内心的向往。后来又从仲陶处读到他下面的两首词：

吟鞭西指，满眼兴亡事。一派商声笳外起，阵阵关河兵气。马头十丈尘沙，江南无数风花。塞雁得无离恨，年年队队天涯。（《清平乐·鸿门道中》）

鼓角严城夜向阑，楼头眉月自弯弯。梦魂险路辕轩曲，草木军声寒战山。　　投死易，度生难。有谁忍泪问凋残。纸灰未扫军书到，阵阵哀鸿绕古关。（《鹧鸪天·郑州阻兵》）

格调悲凉慷慨，反映了军阀混战给北方人民带来的灾难，沉痛刺骨。比之他少年时旖旎风光、惆怅自怜的词风,是两种截然不同的境界。

我与瞿禅交游最密的时期是在浙江大学龙泉分校共事的三年。分校设在浙南龙泉的坊下,是方山丛里的一条小沟沟。战时物资供应困难,教师待遇菲薄,生活相当艰苦。我们住在一座竹竿松皮搭盖的集体宿舍,令人不能入睡。照明只有桐油灯,夜读稍迟,次晨起来,满鼻孔都是烟灰。当时中文系教师同住在集体宿舍的,除瞿禅和我外,还有嘉善徐声越、如皋任心叔、寿县孙养癯。他们家乡早已沦陷,永嘉地处沿海,敌人随时可能登陆。为了抗战的胜利,我们力图以爱国思想教育学生,在诗词创作里反映国民党统治区的黑暗、腐败现象。思想上的同仇敌忾,使我们休戚相关;学问上的志趣相投,又常得文字商量之乐,物质生活虽艰苦,精神上还是愉快的。我们习惯于称坊下为"芳野",称那座集体宿舍为"风雨龙吟楼",多少表现我们的共同情趣。

我和瞿禅一度同住一间小房子,白天对桌,夜里对床。他治词,我治曲,相约作读书笔记,有创作也互相交换看。我曾经把自己的近诗请他修改。他说我的诗明白如话,农夫妇女一读就能上口,但没有为读者留有余地,也是一病。过了几天,他把改稿还给我,还在稿后题了两首诗:

> 窗明日暖几新篇,斫鼻搜肠枉可怜。出手肯从元祐后,用心要到建安前。

> "不识字人知好诗",冯公此语耐寻思。试从江郑重翻手,倘定风骚觌面时。

"斫鼻搜肠枉可怜",是他的自谦之词。冯公是当时无锡国专的冯振心教授。江、郑是晚清宋诗派作家江弢叔和郑子尹。我读过江、郑二家诗,多少受过他们的影响。但他们都在功名失意时归隐田园,寄情山水。在民族战争的艰苦年代,我没有他们的心情。我当时想从唐人乐府和民间歌谣的结合上探索一条诗词创作的道路,因此也不想再在晚清诗家里兜圈子。

瞿禅早年爱南宋的姜白石、梦窗词,晚清的水云、莲生词,抗战初期,他寓居沪上,痛心祖国河山的沦陷,目击志士的奋起杀敌,流民的倒毙街头,有些平时高谈阔论以名节自许的朋友,这时竟梳妆打扮投向汪精卫的怀抱。现实形势的教育激发了他的爱国热情,也改变了他的词风。不独迈越莲生、水云,即白石、梦窗集中也无此激越苍凉之作。我当时读到他下面的这首词,不禁为之击节。

词流百辈,望惊尘喘汗。回首高寒一轮满。料海山,今夕伴唱钧天,笑下界,无限筝繁筑乱。 竹枝三两曲,出峡铜琶,打作新腔满江汉。忍听大河声,四野哀鸿,盼天外,斗横参转。但羽觥,黄楼几时归,怕腰笛重吹,梦游都换。(《洞仙歌·庚辰腊月,东坡生日,与诸老会饮,归和坡韵》)

这首词借东坡的出峡铜琶,反衬那些不顾两河沦陷,四野哀鸿的无病呻吟之作,指斥得多么有力啊。他同时写的《水龙吟》词,借肥皂泡的凭风轻举,顷刻幻灭,《木兰花慢》词借杏花的匀脂抹粉,强嫁东风,讽刺上海无耻文人投身汪伪组织,也深为同辈所赞赏。但我总觉得他用典过多,含意稍晦,有些地方不易为读者所领悟。

瞿禅性格内向,有时半日兀坐,如泥塑人。名心淡泊,对个人毁誉不大计较。但在国家民族存亡、社会风气隆污等重大问题上,胸中了了,毫不含糊。日寇侵占永嘉时,尝夜起论形势,他说敌人玩火必自焚,汉奸投敌,正如飞蛾扑火,也绝无好下场;中华民族经过这场战火的洗礼,必将获得新生。当时前方部队往往遇敌即退,后方官吏贪污成风,不少人对抗战前途失去信心,甚至说"中国不亡,是无天理"。他能有此定见,很不容易。

我青少年时期爱好体育运动,在竞技场上养成好胜习气,每以小事与人争执,说"是可忍孰不可忍"。瞿禅曾劝我说:"当于忍无可忍之处,常存若无其事之心,才能专心志学,不以杂务分心。"我们性格差异较大,却正好互相补充,因此相处很融洽。我佩服他的温厚宽容,他称道我的虎虎有生气。有一次我灯下靠在椅子上睡着了,他用粉笔把我投射在板壁上的影子描下来,还题了"睡虎图"三个字。第二天学生到房里一见就认出来。从此"王老虎"就在浙大分校师生中被叫开了。

瞿禅生活有规律,早晨见光就起,晚上十时就上床。我往往坐到深夜,未免影响他的睡眠。一天深夜,他从帐子里探出头来说:"季思,你还没睡?做学问靠命长,不靠拼命。"他还不止一次对我说:"无论什么事业,要准备付出一生心血才会有成就。"他在词学上取得如此辉煌成就,体现他这种坚持勿失,百折不回的事业心。

我们当时也经常谈起诗词创作与文艺欣赏问题,有时谈得很细致,很具体。现就当时残存日记,转录一节于下:

> 寝前与瞿禅论诗。瞿禅谓:"一诗中如能以阳刚而兼阴柔,常愈显其美。如'誓扫匈奴不顾身,五千貂锦丧胡尘'二句,何等悲壮。承以'可怜无定河边骨,犹是春闺梦里人'二句,却极其凄婉。又如放翁诗:'商略今朝须痛饮,细腰宫畔过重阳。''痛饮'之下承以'细腰宫',亦别饶韵致。"予谓:"此只是修辞中相反相成的反衬一法。凡诗文中疏密相间、浓淡相映处,皆是也。然主题仍只是一面,'誓扫匈奴'二句,亦只在愈显下二句之凄婉耳。"

解放后瞿禅以"肝肠如火,色笑如花"论辛弃疾词,我以"柔情如水,烈骨如钢"论《辞郎洲》剧中女主角陈璧娘的形象,仍是沿着这条思路发展的。

一九四四年夏,日寇窜据永嘉,从永嘉到龙泉的通路被打断。我到瑞安龙川的浙东第三临时中学任教,瞿禅避处雁荡山中,彼此音问断绝。直到抗战胜利,龙泉分校迁回杭州,与从贵州遵义迁回的浙大本部合并,我们才重回杭州,跟声越、心叔都住在湖滨的罗苑,颇极一时文酒从游之乐。然而好景不常,国民党反动派正在挑起内战。我与浙大部分教师为反内战发起罢教,为营救被捕的浙大温籍学生奔走。声越从我个人前途考虑,每劝我勿多事。瞿禅不仅在精神上支持我,有时在行动上也跟我一致。这是十分难得的。但这时他写的词如"不去待何年。春心陌路边。看流红逝水连天。欲挽高枝商暂住,风共雨,正茫然"(《唐多令》),"六桥携酒约,盼得春来,第一番风遽如此。分付试妆人,慢画眉峰,怕明日还无晴意"(《洞仙歌》),仍如此温婉含蓄,没有一点火气。跟我的《湖上吟》《乌云涨》《赋得梅花接老爷》等诗词以嘻笑怒骂、淋漓痛快为能事的作品大异其趣。我深知彼此不同的性格与笔路,不但没有强人从我,往往还从对方特异的风格中看到自己的不足。这一点,跟我们比较接近的朋友,有时也觉得诧异。

一九四八年中秋前夕,我和瞿禅同舟赴沪。舵楼对月,天海晶莹,凉快无比。念及国事蜩螗,民生凋敝,又百感交集。瞿禅先填了一首《洞仙歌》:

中年哀乐,乍茫茫对此。不待言愁便心死。乱鸥边,看变一片涛头,壶峤外,几度红桑换世。 舵楼呼酒去,吸尽青天,梦踏蛟宫似平地。镜影问姮娥,不见山河,但叠雪层冰无际。笑绮阁秋人赋相思,也解道今宵,月华如水。

我当时和了他一首:

　　　舵楼高卧,任凉风翻被,残照苍然唤人起。断霞边,依约百舰遭逢,鏖战罢,烟焰烧空未已。　鱼龙飞舞处,转眼无痕,不见鲛人泪如水。海客采珠回,踏浪相看,正雪满一壶天地。甚倚树吴刚尚无眠,怕修到神仙,仍难忘世。

在抗日战争、解放战争期间,我和声越、瞿禅时有唱和。我诗逊声越,词让瞿禅,但在追步之中也不无寸进。此后天各一方,彼此唱和的机会就很少了。

全国解放后,瞿禅留杭州,我在广州中山大学任教,见面不易,但仍时有通讯,商量学术问题,交换诗词创作。我们长期经过旧社会的颠沛流离,对解放后的新中国怀有好感。但又觉得用旧体诗表现新现实,困难很大,因此都在探索一条新的诗词创作道路。瞿禅在这方面花了很大气力,成就也更显著。他的《玉楼春·在北京天安门看焰火》《玉楼春·陈毅同志枉顾沪寓谈词学》《内蒙古杂诗》等,都为爱好诗词的同辈所叹服。现转录于下,以见他在诗词中创造的新意境。

　　　归来枕席余奇彩,龙喷鲸呿呈百态。欲招千载汉唐人,同俯一城歌吹海。　天心月胁行无碍,一夜神游周九塞。明朝虹背和翁吟,防有风雷生謦欬。(《北京看节日焰火,次日乘飞机南归,歌和一浮、无量两翁》)

　　　君家姓氏能惊座,吟上层楼谁敢和?辛陈望气已心降,温李传歌防胆破。　渡江往事灯前过,十万旌旗红似火。海疆小丑敢跳梁,囊底阎罗头一颗。(《陈毅同志枉顾沪寓谈词》)

　　　千林艳杏拥重关,出塞哀歌放手删。唤起文姬应羡我,春风词笔写阴山。

　　　兵气都随冰雪融,九边笙笛漾春风。藏僧笑指阶前树,岁岁

花枝尽向东。(《内蒙古杂诗》一、二)

"文化大革命"期间,我们都受到人所难以想象的冲击,彼此都无音信。广州一度传说瞿禅已从杭州被揪到温州批斗,伤病不起。我想起他在龙泉教我的"忍字诀",估计他会熬过这一关。瞿禅在杭州也传闻我已病逝,为我写了挽联,后来才知是讹传。一九七四年夏,我从北京南归,迂道杭州去看他,商量在词曲研究上的合作问题。我回到广州时接到他的信说:

> 前承对《词问》(按即《论词绝句》)提许多珍贵意见,感谢不尽。顷删剔十二三,嘱无闻作注解初稿成。无闻屡鼓励弟写《词史》,弟拟写《词史札丛》一稿,每条数百字或数千字,期三年成之。朋辈中唯兄可写《词曲史》。此事可共商榷者,海内友好,惟兄与半塘,倘得聚首一堂,真梦寐以之!(一九七四年十月卅一日信)

后来他移家北京,还来信说:"拟明春为西南之游,兄如有兴,甚盼同往。"我寄悼他的《金缕曲》词:"闻道锦江春正好,想吟魂长绕巴东路。"抒写了他一生的遗憾。

一九七八年后,瞿禅记忆力逐渐衰退,近几年来,连有些老朋友都不认识了。我每次到北京开会,总要去看他。只要说起"王老虎",他就清醒了些,能点头示意或作简单的对答。今年全国政协会后,我约在龙泉浙大分校的学生杜梦鱼一起去探望,他已双眸紧闭,卧床不起。我说:"王老虎来看你了。"他微微张眼,似有反应。这是我留给他的最后一句话,也是这一代词宗留给我的最后一个印象。

瞿禅在龙泉曾跟我谈起他的初恋,对方是他邻居少女。他放学回来常见她在门口等他,她是嘉善人。在她跟妹子一起回嘉善时,瞿禅正好同轮到上海。她叫妹子约瞿禅到她房舱里话别,后来就没有再见面。瞿禅当时吟咏为她写的《菩萨蛮》一词:"酒边记得相逢地。人间更没重逢事。辛苦说相思,年年笛一枝",还不无感慨。可是他后来编的词集,在这首词后自注:"此首假托情词,谴责失节朋友。"看来对这段因缘的不终,仍怀余憾。

瞿禅前夫人游氏,没有生养。瞿禅在词里也"山妻""孱妻"地提到她,看来似乎缺乏爱情基础。瞿禅一心从事学问,对她没有过高要求,可以理解。但偶然也有所流露。他在龙泉时准备替陆放翁作年谱,读了他的全集,说放翁的《沈园》诗、《钗头凤》词感情如此深挚,写到他妻子的只"学书妻问生疏字"一句,言外似乎流露对封建婚姻的不满。

七十年代初期,游夫人逝世,瞿禅家无主妇,成了孤独老人,而就食者却纷至沓来。有一次,我到杭州看他,见客人坐满一桌。饭后客散,我问他是些什么人,他只摇摇头。瞿禅后来不愿回杭州,多少跟这点有关。

瞿禅真正的美满家庭生活,是跟无闻夫人结婚开始的。无闻是他在谢池巷同住的好友吴天五的妹妹,瞿禅看她从小成长,后来又是瞿禅在无锡国学专科学校兼课时的学生。解放后她曾任上海《文汇报》驻京记者,我在北大编教材时曾见过她。她国学有基础,长期记者的生活又锻炼了她的文笔。瞿禅和她结婚时写信告诉我,我回信为他们祝福,以为她不仅是他生活上的好伴侣,还将是他学问上的好帮手。他们结婚后,无闻的身影就多次在瞿禅的词里出现。"一点浮云人似旧。唤下长庚斟大斗。双江阁上梦词仙,人虽瘦。眉仍秀。玉镜冰心同耐久。"(《天仙子》)"到处天风海雨,相逢鹤侣鸥群。药烟能说意殷勤。五车身后事,百辈眼前恩。"(《临江仙》)记下了这一对晚年夫妇的恩爱生活。一九七八年我到北京朝阳门内寓庐去看瞿禅,瞿禅出门送我。无闻说他忘了带手杖。我说:"你就是瞿禅的手杖,还带什么!"他们夫妇笑得多美啊!后来瞿禅的著作陆续整理出版,无闻就起了一个最得力的助手作用。然而就是这种正常的夫妇生活,在杭州也有一些流言蜚语。今天看来,这是多少无聊啊!

一九八六年七月十五日

(《夏承焘教授纪念集》,中国文联出版公司 1988 年版)

三、论瞿翁词学
——卧疾致编者书

程千帆

程千帆（1913—2000），原名逢会，改名会昌，字伯昊，别号闲堂，祖籍湖南宁乡，后迁居长沙。1928年入金陵中学，1936年毕业于金陵大学。历任金陵大学、四川大学副教授。1945年起，担任武汉大学中文系副教授、教授。1957年被错划为右派，并被勒令退休。1978年被聘为南京大学中文系教授，此后，在南京大学工作20余年。程千帆先生是中国著名古代文史学家和教育家，在古代文学、校雠学、历史学等方面都有精深的造诣和杰出的成就。著作有《校雠广义》《史通笺记》《文论十笺》《程氏汉语文学通史》《两宋文学史》《唐代进士行卷与文学》《闲堂文薮》《古诗考索》《被开拓的诗世界》等。

九日损书奉悉。瞿翁一代词宗，遽尔溘逝，虽寿考终命，学有传人，仍为声党一大损失，良足悲咤。《词学》辟专栏纪念之，宜也，窃谓此老之于词学有不可及者三：用力专且久，自少至老，数十年如一日，平生旁搜博考，悉资以治词，比之陈兰甫之偶考声律，王观堂之少作词话而毕生精力初不在此者大相径庭，一也。以清儒治群经子史之法治词，举凡校勘、目录、版本、笺注、考证之术，无不采用，以视半塘、大鹤、彊村所为，远为精确。前修未密，后出转精，当世学林，殆无与抗手者,二也。精于词学者,或不工于作词;工于词者又往往不以词学之研究为意,故考订词章,每难兼擅,而翁独能兼之,三也。其为词取径甚广,出入南北宋,晚年尤思以苏辛之笔,赞扬鸿业,而终近白石之清刚,此则性分所关,所谓"三分人事七分天"也。弟于此老解放后始得陪接,偶检《天风阁日记》,始知三十年代已荷存注,言念凤昔,怅惘何已!心脏宿疾复发,又值酷暑,卧床口占数语奉报。

《词学》第六辑,第 254 页

附录:程千帆《唐宋词人年谱序》

自清季临桂王氏、归安朱氏昌明词学,昔贤校勘笺疏之术但以施诸经子史籍,少降亦仅及诗文而止者,乃始施之于词。然夷考作家行实,以供学者知人论世之助者,自海宁王氏《清真先生遗事》外,亦不数观。盖旧史传人,例尚简约。诸家逸事散在短书者,又往往传闻异辞,互相乖牾,或至不可究诘。苟非以通赡之才,兼断制之识,则于字句之辨订,事义之研讨,虽若不无创获,及其经年纬月,条分件系,若绳贯而珠联,使读者千载以下,与古作者如相与晤言一室之内,固犹有所谢短焉。永嘉夏先生瞿禅,博综儒玄,雅擅才艺,尤邃于倚声之学,既承诸老之业,而思补其所未备,因创为唐宋词人年谱十种,所传自温尉以次,凡二代之词林钜子,行谊可得而详者,胥有成书。自属草迨今二十余载,旁搜远绍,匡谬决疑,遂使谱主交游经历,朗若列眉,为后之论次词史者辟其疆理,俾得恣采伐渔猎其中,凯徒备博闻之资而已,力勤而功亦伟矣!抑余读先生书,重有感者,昔顾亭林著《日知录》,自譬铸钱而采铜于山,因叹买旧钱强名之曰废铜以充铸者之非。今之以旧钱充铸者多矣,得先生书而熟玩之,其亦自惩而有所愤发欤！然则词人十谱之作，嘉惠学林者，又不独在词史一端，可断言也。

一九五四年十月，晚学程千帆谨序。

四、永嘉今日见盟旗
——记夏承焘先生

顾学颉

顾学颉（1913—1999），字肇仓，号卡坎，别署坎斋。国立北平师范大学毕业，历任国立西北大学、西北师院、湖北师院讲师、副教授、教授，人民文学出版社高级编辑。1957年被错划为右派。著作有《元人杂剧选》《元曲释词》《顾学颉文学论集》《坎斋诗词录》《海峡两岸著名学者：师友录》，整理古籍《醒世恒言》《今古奇观》《随园诗话》《白居易集》等。

那是农历丁巳年（1977年）新春，长期阴霾、令人窒息的天气，略见开朗之际。人们庆幸大难（自然界的唐山大地震和人为的"文化大革命"）不死，居然"活"下来了之后的第一个春节。朋友们都怀着既高兴又有几分悲凉的心情，互相走门串户，寻亲访友，问问彼此的情况，倾吐各自的满肚子苦水。一见面，就像水库开了闸门，有着倾泄不尽的苦闷，争着向对方宣泄。但彼此都心有余悸，话也只能"哀而不伤"，"怨而不怒"，说到六七分而止，怕的是万一再来一个"文化大革命"余震，吃不消！

我也是抱着这种心情，去拜访了唐山地震后曾在一个胡同里一同度过几天震后余惊生活的夏瞿禅先生。说起来，我们已是几十年的老朋友了（他比我长十多岁，算是忘年交吧）。那时他住在朝内大街一栋楼房面积不大的单元房里。一见面，自然十分高兴，互相庆贺，又互相慰叹。十年浩劫中，我作为"牛鬼蛇神"中的一员，遭际可想而知，不必多谈。即使像夏先生这样一生谨慎、专门治学的老学者，遭到的灾难，也很难令人想像。"文化大革命"中的例行公事，如：滥加头衔，在他头上"反动权威"是免不了的；其他什么封书、抄家、批斗之类，或多或少也总要沾点光的。然而夏老却胸怀坦然，一笔带过，不以为意。但在他极其谨小慎微的言谈中，还是可以领会出他的一些难言之痛的。

后来谈到前些时，他和朋友们到京郊各名胜处游览，大失所望，没有什么好看好玩的风景，远不如南方。那几天北京正值寒潮来临，刮大风，我打趣说：北京有"风"无"景"。他和夫人吴闻听了大笑。

谈了一阵之后，他拿出一本头年避地震在长沙时朋友们为他油印的词集《瞿髯词》，并亲笔签名送给我。他作的词，平时看到一些；他论词的主张，我也略知一二。为了答谢他的盛情，于是索笔即席填《浣溪沙》一首送他；并推崇他为当代词坛盟主（词的末句，即本文的标题）。他看了，连声说："不敢，不敢！"词云：

健老逢春不自持，登山临水有襟期。为歌明盛谱新词。

芳躅辛陈辞慷慨，衙官秦柳语喃呢。永嘉今日见盟旗。

"永嘉"二字，原为"剡州"。他看了，说：我是永嘉人。于是改成"永嘉"。我回家又用宣纸写成小条幅送给他。

话再说回去。

我和夏先生信函交往，是1954年开始的。在此之前，约在1941—1942年，我在兰州西北师范学院（即北师大在抗日战争时期迁往西北后的改名）教词曲课（1946年离开），开始撰写了一篇温庭筠《〈感旧陈情五十韵献淮南李仆射〉诗旧注辨误》，载西北师院《学术季刊》上（抗战胜利后，又载《武汉日报》文学副刊上）。之后，又连续写了有关温庭筠事迹的考证文章及温庭筠传论等。其中《新、旧唐书温庭筠传订补》一文较长，在1947年《国文月刊》上发表。到1954年，我早已在人民文学出版社工作。一天忽然接到夏先生自杭州来信，说：他编著《唐宋词人年谱》已有多年，现将完成、出版。其中温庭筠年谱，拟部分采用我的文章，征求同意。并问还有无其他有关温的著作。我复信同意，并说还有《温庭筠传论》稿，因未完稿，故未发表。后又把《传论》稿寄去。他著的上述《年谱》，经过多次修订、补充，终于1955年由上海古籍出版社出版。十个年谱共收十二人（二主、二晏），《温飞卿系年》列为卷首。全文40余页，夏先生虚怀若谷，不嫌谫陋，采录拙文，约占三分之一的篇幅。最有意思的是：有不少论证，竟彼此暗合。因为夏先生的原著过去并未发表；我的文章虽发表过一部分，但时值抗日战争，我在兰州任教，偏处一隅，交通不便，信息不灵，夏先生当然没看见我的文章。可是后来一对照，许多论点不谋而合。从这一点讲，不能不说是知音了。

《年谱》出版后，学术界颇为震惊，推为佳作。何其芳同志时任科学院文学所长，也颇为关心，他请出版社的领导同志转告我：夏著第一篇转录了顾的许多段文章，应该请顾写一篇评介该书的文章，在报刊上发表推介一下。我不好拂他的盛意，便写文在《光明日报》上刊出，上海方面也转载了。文中介绍了几点该书的优点，和考证词人事迹的艰辛，从而使人认识到夏先生所用功力之深，成书之难，也略为提到某些不足之处。

不料，好景不长。1957年反右的风暴一起，我首当其冲，被划为右派（之后许多年，已彻底改正）。于是，由人株连到书，由我波及到古人和友人的著作。夏先生为了避免"殃及池鱼",可能采取别人的意见,把原放在首位的《温谱》,让它屈居全书的倒数第三位。书中原来称我为"顾学颉先生",也不得不改称"顾肇仓君"了。我看到改版后的书,不禁深有感触,深为惭愧,自己不慎遭殃,连累朋友、书和古人!他们也跟着受灾!温飞卿活着倒霉一辈子,没料到死后千年,也受牵连遭不白之冤!堪称奇闻。

书出版后和"反右"之前一段时间里,我们经常有信件来往,商讨一些词人的事迹,并为他找一些资料。他来京开会,我们常见面晤谈。不过,没有多少可提的事;尤其1957年后,我怕连累朋友,主动和他们疏远,他们当然也怀有戒心。中间又有史无前例的"文化大革命",把人们几乎都变成了鬼。

1976年,我住在春松胡同,是平房,四周没有高层建筑。大约是地震的第二天,他和夫人吴闻由王伯祥先生的公子王湜华陪同,到我家看望我们。原来他们夫妇避震暂住在王家,与我家相距仅数百步。大难之余,寄居在朋友家,精神上、生活上当然有许多不便、不安。我们也只能互相劝慰,希望大家能平安渡过难关。之后,接连余震不断。我们力劝他到南方暂避。他听了大家的劝告,才离开北京到长沙。我们也到了郑州亲戚家避难。

我在"文化大革命"中,春松胡同的住宅被强占。1981年秋,中央领导同志亲自批示落实政策,我由被侵占剩下的一间屋里,迁居到团结湖新寓。不久,听说夏老也在团结湖买了两套新房,他在马路东边稍南,我在西边略北,相距不过千米,我知道了很高兴,赶紧去看望他。他们见了我,也格外高兴,谈了很久。临告辞时,他夫人说:很抱歉!夏老现在行动不便,不能回访了。这时,夏老已确见衰老,神智有些不太清楚,语言重三复四,几次问我:"你比我大还是小?

你是抗大的吧？"不过看上去，精神还旺盛，也没患什么大病，我心里感到一些安慰。又过几年，他八十五岁生日，中国韵文学会、中华书局、浙江政协等单位在全国政协礼堂为他举行了"夏承焘先生从事著述及教育工作六十五周年兼八十五寿诞"庆祝会，济济一堂，气氛十分热烈。那天我用大红纸写了一副对联送去：

璞玉浑金寿者相，红牙铁板词人心。

因为夏老个子虽不很高（中等以上），但外貌魁梧，满面虬髯，很像一位北方学者。所以说他是"璞玉浑金"。他看了，笑着只点头。可惜没过一年，他就不幸去世了！

夏先生是一位当代的词学大师，著作甚富，著有《唐宋词人年谱》《唐宋词论丛》《姜白石词集（校辑）》《唐宋词选》《龙川词编年校笺》《词林系年》《瞿髯词论集》《瞿髯词》等十余种，先后出版。

他对于传统词家的豪放、婉约两大派系，倾向于前者。豪放派一向以苏、辛并举，但夏先生于苏词常有微辞，说："苏轼受《庄子》、佛家影响很深，其诗文常用豪放笔调来表达颓废的感情，如《念奴娇·赤壁怀古》和《赤壁赋》等就是显例。"对辛弃疾则推崇备至，说："爱国思想是他一生创作的基调。他与苏轼并称'苏辛'，但他的思想感情远较苏轼丰富伟大。他融会经史子集，创造出多样的风格，词的成就是前无古人的。"对于婉约派的代表人物吴文英的词，说："其词字面工丽，音律和谐，但喜用典故，词意晦涩。"张炎评吴词"如七宝楼台，拆碎下来，不成片段"，是说吴词用典过多，词意隐晦，但"形式极美"（夏语）。朱彊村与夏谈及张炎这段话时，提出相反的看法。朱说："七宝楼台，谁要他拆碎下来看！"但夏先生还是说："吴文英词为'七宝楼台'，徒有华美的形式而已，应用李白'一拳椎碎黄鹤楼'的精神，来椎碎这七宝楼台。"夏先生论词及本人所作，都以爱国主义精神为出发点，故对秦柳派的婉约绮丽，姜夔提出的"清空"，清代浙派词人的"清丽"，都颇不以为然。夏先生本人的词作风格，大体上看，还是近于苏辛一派；尤其与后者，无论思想、气韵、风格，都有一脉相承之处。不过，夏先生一生治词，词学的功夫深；《天风阁学词日记》所载，可见其治学（词）之勤、之艰辛（这里从略），因而所作，词才常被词学学力所掩。用事（典）有时太多，不免影响或妨碍了气势的流转，词意的晓畅和韵味的深远。其弊与吴文英颇有些近似，但内容迥然不同，是应该分别看待的。这些门外之谈，夏先生在九泉之下，或不以谬妄见责乎？

(《瞭望新闻周刊》1994年，第45期)

五、高楼风雨感斯文

马茂元

马茂元（1918—1989），字懋园，安徽桐城人，桐城派殿军马其昶之孙。当代著名文艺理论家，在古典文学研究领域享有崇高威望。是我国著名的楚辞、唐诗研究专家，在海内外享有盛誉。曾任上海师范大学文学研究所教授。著有《古诗十九首初探》《唐才子传笺证》《晚照楼论文集》等，编有《楚辞选》《唐诗选》《中国历代文学作品选》等。

夏老离开人世了。噩耗传来，我因沉疴在身，只能怀着沉痛的心情，在电视屏幕前向遗体默哀告别。"九原可作随会，四海论交忆孔融"，前尘若梦，往事如烟，回首生平，不禁百端交感。

一九六一年五月至翌年一月，我参加郭绍虞先生主编的《中国历代文论选》编写工作，和钱仲联老师同住南京路国际饭店十三楼十四号，隔壁十二号房间住的就是夏老和郭老。这之前，在一九五六年的春天和夏天,我赴京出席高师会议和参加编制高师古典文学教学大纲，曾两度和夏老同住一个招待所，他那笃实谦和、平易近人的作风，留给我的印象很深，然而最令人难以忘怀的则是同编《文论选》这二百多天的朝朝暮暮。我们不但工作、生活在一起，就连看电影、听戏，也往往结伴同往。每天早晨一起床，就同上二十三楼小餐厅进餐，然后回房间工作。有时倦了，便到隔壁房间串门子，或闲谈，或向两位前辈先生请教。郭老和夏老都是驰誉中外的专家学者，两人在学术上各有千秋，气质和风度也互相差异。郭老厚重端凝，夏老潇洒飘逸，同住一房，相映成趣；然而襟怀之宽广，待人之诚恳，两位先生则又是完全相同的。

每天五点晚餐，饭后，我们照例围坐在一个圆桌前，品茗夜话，约到八点，才各自散去，埋头看书写稿。我们谈话的内容，真是漫无边际，从学术论争、文苑轶闻，到身边琐事，想到哪里，谈到哪里。夏老说起话来，总是笑容可掬，声调不紧不慢，庄谐杂出，妙趣横生。记得有一次，我们把《文论选》初稿抽印一部分，散发有关方面征求意见，晚上谈到这件事，我说："不知外面评价如何？"可能夏老察觉到我神色有点紧张，笑着说："你不用担心，我们是国际水平。"我说："这是中国文论，有什么国际水平？"夏老说："我们住的国际饭店，写的文章自然是国际水平嘛。"这话把大家逗乐了。郭老重听，并没听清，也随着笑之，笑得很不自然。我提高嗓子，把夏老的话复述了一遍，他爽朗地大笑起来，整个房间都沉浸在欢乐的气氛中。

夏老治学严肃认真，而虚怀乐取、不耻下问的精神，尤为难得。记得有一次，他特地和我讨论岳飞《满江红》一词的真伪问题。他问我贺兰山在唐人诗中出现过几次，我就记忆所及，作了答复。他又说："看来是没有把贺兰山指向东北的了，但在金源境内，是不是另有一个贺兰山？"我说："没有查过。即使有，也不足为据，因为它并不著名。诗词中的地名，不仅有个方位问题，还有个典型性的问题。"夏老笑着说："你这话很有道理，和我想到一块去了。但对只知考证而不懂诗词的先生们来说，可就难以领会了。"类似的谈话还很多，这里姑举一例而已。从这些地方，使我真正看到了"泰山不厌微尘，故能成其大；河海不择细流，故能成其深"。夏老之所以被推为一代词宗，在词学的创作和研究上取得精深博大的成就，决不是偶然的。

在阶级斗争雨横风狂的岁月里，我们能够在百尺高楼之上，无所拘忌地送抱推襟，极谭艺论文之乐，确是不可多得。我们曾经照过一张照片，郭老题为"论文四友"，夏老填制新词，仲联老师也有和作，都写在上面。这是多么值得珍视的具有历史文献价值的纪念品啊！可是到那史无前例的黑暗时期，却被当作"罪证"给抄毁了。

尔后我曾应夏老的邀请，到杭大讲过学。我的女儿马群考取杭大研究班，在夏老的指导下攻读宋词，得承教泽。截至六六年夏间为止，我和夏老的联系从未间断过。

七九年春，我去北京，特地从远郊赶到东四看望夏老。劫后相逢，恍如隔世。夏老真的老了！体态龙钟，自不待说，使我触目惊心的是他那深邃澄清的炯炯双眸，已经变得滞钝无光；过去有条不紊，娓娓动人的清谈，现在说起话来，却有些颠三倒四。他拉着我的手问长问短，还是那样的关切。他说自己的记忆力衰退了。但又说"文化大革命"前的人和事，都还记得，"文化大革命"后的一切，全都忘掉了。听了这话，不禁为之黯然神伤，因为我是懂得它的深刻的内涵的。

这些年来，夏老每有著作出版，总是亲笔题字寄赠。他确实没有忘记我，可是我因健康条件的限制，几次想去北京都没有去成，因而那次和夏老的会见，就成为永诀了。

石火电光，百年一瞬，人的生命是短暂的；而人类的精神文明，人们所从事的学术文化事业，薪尽火传，则在开拓中不断向前发展，永不停息的。"李杜文章在，光焰万丈长。"夏老已作古人，但他在词坛上所放射的光辉，将永远灿烂辉煌。

(《词学》第六辑，华东师范大学出版社1988年版)

六、瞿禅先生二三事

陈贻焮

陈贻焮（1924—2000），字一新，湖南新宁人。北京大学中文系教授、中国古代文学博士生导师。著作有《王维诗选》《唐诗论丛》《孟浩然诗选》《杜甫评传》《论诗杂著》《梅棣盦诗词集》等。

一九六三年春天，游国恩先生邀请夏先生来北大讲学，我才有机会第一次见到了这位我仰慕已久的前辈先生。夏先生讲课，声音洪亮，神态安详，无论讲他在词学上的创获，还是赏析一首词，都能做到深入浅出，情趣盎然，使学生如坐春风，受益匪浅。当时我还有点别的事，我总要挤出时间来听课，以补我对词学学习的不足。

不久夏先生南归，接着是社教、"文化大革命"，我就同夏先生失去联系了。七七年夏天，昭琛先生告诉我，夏先生已来北京，住在朝内朝阳楼。我听了高兴得很，就骑着自行车赶忙去看他和无闻夫人。劫后重逢，快慰可想。我见夏先生气色很好，还像以前一样的豪爽乐观，只是留起了胡须，看起来老了一些。他总不提"文化大革命"中所受的委屈，我也不便多问。闲谈了一阵，我就带着两位老人对我的深情厚谊，和送我的一册《瞿髯词》，返回了西郊。几天以后，我收到夏先生寄我的一幅墨宝，上面写着他送陈毅元帅的《玉楼春》："君家姓氏能惊座，吟上层楼谁敢和！……"我欢喜地跳了起来，随即教儿子送到荣宝斋裱了，挂在室内，朝夕欣赏。七八年秋天，夏先生同无闻夫人一同光临镜春园敝寓。一进门夏先生就看见了这个条幅，端详了半晌，说："还好！还好！"显得很满意。

一天吃晚饭时，夏先生问我妻子："你叫庆粤，是广东生的吧？"庆粤说，她生在广州，后来随父母去上海，长到十岁才回老家湖南的。夏先生问："你在上海住在哪里？"我告诉他，我岳父是作《花间集评注》的李冰若先生，当年他在暨南大学当教授，他们住在上海真茹校园里。夏先生听了忙说："冰若先生，我认得！只是不太熟。我和龙榆生先生倒是老朋友，常去他家玩。"庆粤说当时他们家就住在龙家隔壁。夏先生听了很高兴，就很肯定地对庆粤说："你小的时候，我一定见过你。"还要我为他作证。那时我还不认得庆粤，她在上海，我在湖南乡下，没法出来作证，只好笑而不答。吴先生说："你同庆粤见没见过面，要问你自己，怎么问陈先生？"他听了哈哈大笑。由此可见夏先生的风趣和词人联想的丰富。

住了三天，夏先生要回去了，我得抓紧时间请教："承您看得起，这几天还抽空看了我的诗词习作，请您指点！"没料到夏先生只严肃地对我说："你再不要写诗了！"我吓了一跳，问为什么。他反问我："你知道我在杭大为什么要在万人大会上挨斗呢？"我说不知道，他不无自豪地说："就因为我的词填得太好啊！"我听后如释重担，原来夏先生在幽默地夸奖我呢。照这样说，恐怕我的诗再作也作不到够在万人大会上挨斗的水平了。我又请他对我的治学提些指导意见。他只说他自己对杜甫没学好。我知道夏先生对杜甫是很有研究的，这么说，不过是为我指明奋斗目标罢了。我学习杜甫也有一二十年了，只是见古今研究杜诗的太多，自愧才疏学浅，没勇气动笔罢了。由于夏先生的提醒，想到我也不算年轻了，必须下定决心，乘时奋进。于是，就在第二年三月开始写起《杜甫评传》来了。夏先生的一句话，是我写作这部拙著的契机。夏先生看到了上卷的出版；可惜等正在排印的中卷、下卷出来，再也不能请他老人家过目了。想到这里，我感到十分悲痛。

（《词学》第六辑，华东师范大学出版社1988年版）

七、一件难忘的小事
——缅怀夏承焘先生

傅璇琮

傅璇琮（1933—2016），浙江宁波人。1951年考入清华大学中文系，后因全国院系调整，转入北京大学中文系，1955年毕业留校任助教。因在政治运动中遭受错误批判，被调至中华书局接受改造。历任中华书局总编辑、编审，国务院古籍整理出版规划小组秘书长、副组长，清华大学中文系兼职教授、中国社科院文学研究所兼职研究员、中央文史馆馆员。兼任中国唐代文学学会会长。2008年起为清华大学中文系教授、博士生导师，清华大学古典文献研究中心主任。著作有《唐代诗人丛考》《唐代科举与文学》《唐诗论学丛稿》《李德裕年谱》《唐人选唐诗新编》《河岳英灵集研究》《杨万里范成大资料汇编》《黄庭坚和江西诗派研究资料汇编》《唐五代人物传记资料综合索引》《宋人绝句选》《李德裕文集校笺》《唐人选唐诗新编》《濡沫集》《唐五代文学编年史》《当代学者自选文库·傅璇琮卷》等，主编《唐才子传校笺》《全宋诗》等。

词坛耆宿夏承焘先生于1986年5月去世，至今已二十周年，最近我见到商务印书馆重印的夏先生代表著作《唐宋词人年谱》，翻阅全书，更致深情，故特撰此小文，以志缅怀之情。

《唐宋词人年谱》初版于1956年冬,自晚唐韦庄起,至南宋吴梦窗,共撰年谱十种十二家。夏先生于1954年11月前作序,谓撰此十种年谱,前后共历三十年,可见当时学术前辈对学术事业的执着。后此书又由上海古籍出版社(当时名中华书局上海编辑部)于1961年12月出版修订本,书末特增附学者投书讨论的材料,取名为《承教录》,作者自记云:"此书问世一年,屡荷四方读者惠书督诲……皆未尝奉手请教,乃承费日为细校再过,各举谬误之处,盛意尤可感激。"又谓:"他日续有承教,将依次登录,一字之赐,皆吾师也。"

我于1955年北京大学中文系毕业后,留校任助教,为浦江清先生讲课之中国文学史宋元明清段做协助工作,因此《唐宋词人年谱》于1956年冬印出后,我就下工夫读过。后自1958年夏起我在中华书局做编辑,于1962年间见到《唐宋词人年谱》修订本,读到夏先生的《承教录》前记,联系宋人叶梦得所云"古之君子不难予攻人之失,而难予正己之是非",更感到夏先生做学问的君子之风。

后历经十余年,特别是"文化大革命"十年,学术停滞,《唐宋词人年谱》则于1979年5月又出版新修订本。可能由于当时我工作较忙,未注意此修订本的出版,却于80年代前期,在一次中国韵文学会议期间,时任北京新闻学院教授的周笃文先生对我说:"你与夏承焘先生是有交往吧?"我说没有,也从未见过面。他说不可能,说近两年出版的《唐宋词人年谱》,书后《承教录》,就挂有"傅璇琮先生"之名,列有几条材料,并说:"夏先生于《承教录》中说到,都是著名老学者,当时我们看到后,还以为你也是六七十岁老人了。"他说了这几句,当时我和在场的几位友人都笑了起来,不过我还是说没有见到,也忘记有此事。

后我特地到中华书局图书馆借阅这次新修订本,果然见到《承教录》有我所提供的材料（《唐宋词人年谱》页527—529），即李昭玘《乐静集》中代北宋词人贺铸（方回）所作书信三封，是书中《贺方回年谱》所未收的。夏承焘先生还特于此三条资料后写几句跋语，云："以上所引昭玘《乐静集》有关贺方回三文，皆北京中华书局傅璇琮先生见告者，应入《贺谱》元祐六年，以李清臣、范百禄、苏轼荐入文资条下，并增补后交游考。"〔按：李昭玘，《宋史》卷三四七有传，清《四库全书总目》卷一五五集部别集类著录其《乐静集》三十卷，《四库总目提要》称其"北宋之末，翘然为一作者"。李昭玘为北宋后期人，与贺（方回）同时且友好，其集中载有代贺所作三封信，是请人为其举荐者，对研究贺铸之行迹及心态颇有参考价值。〕

这使我想起当时的情况。我于1958年夏由商务印书馆转至中华书局，在文学编辑室。20世纪50年代中期，唐代文学研究前辈陈友琴先生曾编有《白居易诗评述汇编》，在科学出版社出版。后他又有所增补，想出一新版，但当时科学出版社出于分工考虑，不再接受，于是陈先生于1959年与中华书局接洽。当时中华书局文学编辑室主任徐调孚先生既是老编辑专家（解放前就在上海开明书店工作），又是学者（曾为王国维《人间词话》作注，又曾翻译过外国儿童文学作品），他很有学术眼光，立刻对陈友琴先生这部书稿表示接受，并叫我做责任编辑；后孔凡礼、齐治平两位先生又合作编撰《陆游诗评述汇编》，也经陈友琴先生介绍，送到中华书局来，当时徐调孚先生也予以接受，也让我做责编。我在审读、加工过程中，就产生一种想法，即不限于一个作家，可有系统地辑集资料，以便于对古典文学作系统性、历史性的探索，因此提出一个方案，即由中华书局出面组织，搞一套"中国古典文学研究资料汇编"。领导当时即同意我的建议，于是把陈友琴、孔凡礼几部书定名为"中国古典文学研究资料汇编"之

《白居易卷》《陆游卷》，后来相继约编《陶渊明卷》《柳宗元卷》《红楼梦卷》等。我当时由于政治原因，不能撰写文章发表，就利用业余时间编了两部书，即《黄庭坚和江西诗派卷》《杨万里范成大卷》。李昭玘《乐静集》就是我在辑集黄庭坚与江西诗派资料时，较广泛地披览宋人文集所得的。当时在中华书局文学室工作的还有王仲闻老先生，他是王国维次子，20世纪60年代前期集中为唐圭璋先生《全宋词》做校订工作，他本人对唐宋词也深有研究。当时我与他在一个办公室，就时常交换意见，就把《乐静集》中为贺铸代作的三封书信告诉他，他说值得参考，叫我录出，事后就由他寄给夏承焘先生。不过他寄予夏先生，并未与我说过，我后来也想不起来，因此80年代前期周笃文先生向我谈及此事，我真是不清楚。

《唐宋词人年谱》之《承教录》，所辑确为老辈学者，如王欣夫、周汝昌、胡道静、詹安泰及日本学者清水茂等，而我写录《乐静集》几条材料，交给王仲闻先生时，还只是《黄庭坚和江西诗派卷》刚编就，即1962年、1963年间，不过三十岁，且只是一个普通编辑，而夏承焘先生却在后来修订重印时，就将我所录与其他几位老先生的意见一起补入。我现在重阅《唐宋词人年谱》，回忆当时情景，真有恍如隔世之感。夏先生对后辈的循循善诱，又能采其片善，正体现了他虚怀若谷的风范，真使我永志于心。

夏承焘先生于70年代中期来北京住，我与他见过面，他也曾写给我几封信，待我以后检出时再作文志念。

2006年6月

(《学林漫录》第十六辑，中华书局2007年版)

八、访词学家夏承焘先生

杨牧之

杨牧之(1942—),吉林怀德人。1966年毕业于北京大学中文系。历任中华书局编辑、副编审、编审。后任新闻出版署图书司司长、副署长。兼任全国古籍整理出版规划领导小组常务副组长、中国书刊发行业协会会长。并担任《中国大百科全书》执行总主编。著作有《论编辑的素养》《古籍整理与出版专家论古籍整理与出版》《新中国古籍整理图书总目录》《编辑艺术》《出版论稿》等。

进了夏先生的起居室,迎面就是一幅《老松图》。这是刘海粟先生今年春天画给夏先生祝贺他八十寿辰的。一棵老松,虽然不像青松翠柏那样郁郁葱葱,但枝枝如铁,傲然挺立,却给人以力量。

当我把刚刚出版的《月轮山词论集》样书送给他时,他很激动,摘下眼镜,细致地端详着书的封面,说:"想不到我这本书还能出版。"此时此刻,老先生的感情是不难理解的。这本《月轮山词论集》的出版的确不容易。书里的大多数文章早在一九六六年就排出清样,准备付印了。恰到这时,"文化大革命"开始了,这本书当然也在"横扫"之列。十年,是那么漫长,又是那么短暂。想不到历史竟然这么快地就把人们尽情地嘲弄了一番,车轮又以排山倒海之势,滚滚向前了。

夏先生是我国当代著名的词学研究家,他有关词学的著作有十几种，最脍炙人口的有《唐宋词人年谱》《唐宋词论丛》《姜白石词编年笺校》等。他从二十岁起就献身于教育事业，历任几个大学的词学教授。正如他最早的学生、现已七十来岁的王权先生诗中所说："亲栽桃李三千树，管领风骚六十年。"

夏先生为什么会有这样杰出的成就，他在研究诗词的过程中有什么快乐或苦恼？我见夏先生兴致正高，便冒昧地发问了。

衣带渐宽终不悔

夏先生说："我爱好词学，得感谢我的老师。"说着，讲了一个有趣的往事。有一次老师在课堂上给他们讲唐人朱庆余的《宫中词》，其中有两句："含情欲说宫中事，鹦鹉前头不敢言。"那时夏先生只有十四岁，兴之所至，便填了一首《如梦令》。词中有这样两句："鹦鹉，鹦鹉，知否梦中言语？"意思是说，尽管你会学舌，可是我梦中说的话你总学不了吧？教国文的张震轩老师看到后，在这两句词的下面，用朱笔浓浓地画了几个圈，夏先生说："我拿到笔记本，高兴极了！其实只不过多画了几个圈。可是，小孩子多么看重这几个圈呀，它给了我极大的鼓励。从那以后，我填词的兴趣更浓了，一有时间就背诵东坡词，还工工整整地抄了全部《白香词谱》，慢慢地走上了研究词学的道路。"讲到这里，夏先生流露出对他的老师的无限怀念之情。

夏先生感激他的老师，感激点燃他心中知识之火的启蒙者，但夏先生之所以能成为词学专家，主要还是因为他自己的勤奋刻苦。

一九〇〇年，夏先生出生于浙江省温州市一个普通的商人家庭。夏先生说，他自己并没有什么特殊的禀赋，他的秘诀就在于苦干。他说，"笨"从本，"笨"是根本。一个人生来本来什么也不会，这没有什么可怕，可怕的是自己不学习，不苦干。

一九一八年，夏先生在温州师范学校毕业。他先在温州作小学校长，又在北京当报纸副刊编辑，后来到西安，在西北大学教授诗词。五六年间从东南到西北，历尽艰辛，但接触了社会，开阔了眼界，他的诗词写得更加深刻了。

一九二一年，从北京去西安，旅途中夏先生作《清平乐》：

> 吟鞭西指，满眼兴亡事。一派商声笳外起，阵阵关河兵气。马头十丈尘沙，江南无数风花。塞雁得无离恨，年年队队天涯。

揭露了军阀混战给人民造成的灾难，饱含了对国家兴亡的忧虑。

一九二三年，诗人作《登长城》，诗中说：

> 不知临绝顶，四顾忽茫然。地受长河曲，天围大漠圆。一丸吞海日，九点数齐烟。归拭龙泉剑，谁知此少年。

抒发了青年人的豪情壮志。

一九二六年，夏先生又回到江南，在浙江建德第九中学教书。建德是个美丽的地方，严子陵钓台就在这里。第九中学原来是严州府的书院，里边有一个很大的书库，一直封闭着，没人利用。夏先生讲到这里，顿时兴奋起来，他说："我多亏了那个书库，它帮助我打下了学问的基础。"

夏先生到第九中学后，带着学生把书库整理好，每天上完课，就钻进书库读书。在那里，他阅读了大量的有关唐宋词人行迹的笔记小说，披沙拣金，往往见宝。后来的《唐宋词人年谱》以及姜白石研究资料，都是在这里积累起来的。

一九三〇年，夏先生开始在之江大学任教。他住在钱塘江边的秦望山上，小楼一角，俯临六和塔的月轮山。"诗思比江长"（《望江南·自题月轮楼》），在这期间，夏先生创作了许多美丽的诗词，也写作了大量的词学研究文章。

"你发表的第一篇文章是哪一篇?"

"我记得是《白石歌曲旁谱辨》。"

说到这里,夏先生讲了一个有趣的故事。夏先生刚刚开始研究词学时,并没有打算著书立说,文章写好后就放到书架上。有一次,顾颉刚先生到之江,在书架上发现了《白石歌曲旁谱辨》,关于"旁谱"的知识已经没有多少人懂了,夏先生的文章深入浅出,纹清络楚,顾先生十分欣赏,便把它带回北京。不久,《燕大学报》就登了出来。夏先生说:"不久,《燕大学报》给我寄来稿费,我记得很清楚,是一百个银元。我从银行把钱取回来,同事们都十分惊讶,有的人说,真没想到一篇文章会有这么多稿费……"

坐在一旁的夏先生的夫人吴无闻同志笑着说:"其实真不容易,老先生有一首诗,'江湖秋浩荡,魂梦夜飞沉',说他自己作学问作得梦寐以求,常常整夜难眠。"

岁月流逝。六十年代是夏先生意气风发,瓜果累累的季节。一九六一年写了《李清照词的艺术特色》《龙川词编年校笺》(与牟家宽合作),一九六二年写了《辛弃疾》(与游心水合作)、《读词常识》,一九六三年写了《词源注》,成果与日俱增。当时,夏先生写了一首《望江南》,抒发了自己的情怀:

支筇去,万象塔山前。解道夕阳无限好,衔山异彩忽弥天。
相顾几华颠。

这首词写的是一九六三年他去莫干山旅行的情况。同行几位都是"华颠"老汉了,但大家老当益壮,志在千里。古人说,夕阳无限好,只是近黄昏。夏先生说,即便是夕阳,也要放出弥天异彩来。从莫干山回来,暑气未退,夏先生便着手修改《词林系年》《词例》等稿。正当此时,史无前例的运动开始了。

青山遮不住，毕竟东流去

夏先生越谈越健，吴无闻同志笑着问我："你知道《瞿髯论词绝句》前言中'禁足居西湖'是什么意思吗？"没等我回答，夏先生便哈哈大笑起来："禁足，不得随便行动也。那是我在'文化大革命'中蹲'牛棚'的收获啊！"

夏先生见我莫名其妙，又接着说："杭州大学的'文化大革命'是从'林夏战役'开始的。林，就是杭大校长林淡秋同志，他是党内资产阶级的代表；夏就是我了，我是党外资产阶级反动学术权威……"

"回忆是最美好的"，这话不无道理，即便是十分痛苦的往事，经过岁月的变迁，也会使人从中抽象出一些动人的东西来。

一九六六年六月二日，杭州大学校门口贴出了一幅大标语："绞死牛鬼蛇神夏承焘！"下面抄录了一首诗：

> 敢想容易敢说难，说错原来不等闲。
> 一顶帽子飞头上，搬它不动重如山。

杭大的师生都很熟悉，这是夏先生一九五八年写的一首打油诗，批评某位同志不让人讲话。这次重抄出来，大字报的作者给戴上了一顶大得吓人的帽子："一首恶毒攻击教育革命的黑诗。"夏先生惊得目瞪口呆，但他还是掏出笔记本，一字一句地抄了下来，准备向革命群众交代。

当晚，大会批斗林淡秋。夏先生与其他"牛鬼蛇神"奉命陪斗。尽管在书斋里作了一辈子学问，夏先生还是明白，先党内后党外，打倒了林淡秋，下一个就该轮到他了。回到家里，他亲自书写了一幅大标语："打倒夏承焘！"然后，端端正正地贴在自家的门墙上。他想，应该表这样一个态吧？

夏先生一生治词，最崇拜苏东坡。这时候，苏东坡的达观思想帮助他解脱了困境。夏先生说：东坡贬官到海南，并不感到痛苦，所谓"日啖荔枝三百颗，不辞长作岭南人"，相反倒心满意足；秦观则不同，才到郴州，就抑郁而死。于是，夏先生默念着苏东坡"也无风雨也无晴"的诗句，平静地继续着他的学者生活。然而，一个更大的罪名又压了下来：夏承焘里通外国！

"你怎么还有这个罪名呢？"我被"里通外国"弄糊涂了。

"就是因为这篇文章。"说着，他打开《月轮山词论集》，指给我看《岳飞〈满江红〉词考辨》一文。我还是不得要领，便说："里边泄露了什么机密吗？"

"哈哈……"，夏先生爽朗地笑了。

吴无闻同志说："他一个书呆子知道什么机密，原因也很简单，就是因为这篇文章是在日本的刊物《中国文学报》上发表的。"

《中国文学报》是日本京都大学的一个学术刊物，日本的著名教授、"中国学"专家吉川幸次郎先生、清水茂先生都曾经参与编辑工作。五六十年代他们和夏先生时有书信往来，互相交流研究心得。一九五三年，夏先生在信中谈到韦庄的《又玄集》，说在中国，这本书只见著录书名，却找不到完整的书。清水茂先生热情地把日本保存的版本整部书影印出来，寄赠给夏先生。夏先生交出版社出版。这样，韦庄的《又玄集》，经日本友人的帮忙，又回到了它的祖国。

为了表示感谢，夏先生把据清水茂先生寄来的版本影印出版的《又玄集》，回赠给日本朋友，同时，将自己的论文《岳飞〈满江红〉词考辨》寄给日本同行，请他们指正。

其实《岳飞〈满江红〉词考辨》是一篇考证性文章。几百年来，人们都认为"怒发冲冠，凭栏处，潇潇雨歇"是岳飞之作。"壮志饥餐胡虏肉，笑谈渴饮匈奴血"，慷慨激昂，鼓舞了多少仁人志士抗敌救国。但夏先生说，对词的"科学鉴定"与词的"历史意义"不应该混淆起来。他认为这首词不是岳飞的作品，理由是：一、这首词最早见于明代，从不见于宋元人记载；二、岳飞的儿子和孙子两代搜访父祖遗稿，不遗余力，历经三十余年，而不曾见到脍炙人口的《满江红》；三、从地理常识上说，"驾长车踏破贺兰山缺"，贺兰山在今西北甘肃、河套之西，南宋时属西夏，而不属于金，岳飞要直捣的是金国上京黄龙府，黄龙府在今天的吉林境内，南辕北辙，怎么能把《满江红》同岳飞联系在一起呢？夏先生颇为兴奋地把自己研究心得贡献给读者，就正于方家，哪里料到却招来一场横祸！

事情很清楚，这是中日两国学者以文会友互相切磋的友好关系；这种交往，只会促进两国的文化交流和两国学者的友好情谊。而且，中日两国学者这种友好的往来，源远流长，早在一千多年前的唐朝，就已经开始了。日本的遣唐使晁衡回国，误传噩耗，伟大诗人李白曾写诗悼念："日本晁卿辞帝都，征帆一片绕蓬壶。明月不归沉碧海，白云愁色满苍梧。"为什么我们连一千多年前的古人都不如呢？但是，那时候，这些如白日青天一样的事实有谁听？跟外国人通信来往就是"里通外国"，不必多说！

"'林夏战役'把您斗得够可以的吧？"

"算我幸运，大会批斗没有轮上。刚要斗我，全国大串联开始了。红卫兵杀向全国，他们顾不过来斗我了，就把我们关了起来。书不让看，报不让读，不许随便走动，这不就是'禁足居西湖'吗？冬日夜长，没法打发日子，我就开始作诗。但毕竟是铁窗风光，哪里考虑得齐全呢？这就是我在前言中说'仓卒未写定'的意思。"

"这真是'林夏战役战果辉煌'啊！"在座的几个人都哈哈大笑

起来。

谈到"里通外国",夏先生回忆起往事。抗战时期,夏先生避地上海,眼看汪精卫政权卖国投敌,充当了可耻的汉奸,他作词谴责。在《鹧鸪天》(一九三九年作)下阕中,他写道:

持涕泪,谢芳菲。冤禽心与力终违。
衔山填海成何事,只劝风花作队飞。

"冤禽",就是影射汪精卫。《述异记》中说:"炎帝女溺海,化精卫,一名冤禽。"夏先生批判汪精卫逆历史潮流而动,必将身败名裂。

夏先生一个旧友投奔了汪精卫,他给夏先生写信说:"希望你赶快来,汪先生是知道你的。"

夏先生回信说:"你说投奔汪精卫是为了糊口,那你就在南京吃你的饭算了,不许你再开别的口。"他还作词表达自己的决心。在《玲珑四犯·过旧友寓庐感事》(一九四〇年上海作)中,他写道:

待东窗、换了颓阳,才许袖罗重把。

你要和我见面吗?等着东窗见到夕阳时再说吧,表达了诀绝之意。"东窗见到夕阳",这同古代民歌中所说的"白日参辰现,北斗回南面。水面上秤砣浮,直待黄河彻底枯"都是同样不能实现的。

我们的话题又扯到去年春天吉川幸次郎、清水茂二位先生来中国访问的事。那次夏先生因故未能同他们见面,后来日本友人曾来信表示遗憾。于是吴无闻同志找出清水茂先生的信,信一开头就写道:"看到先生大著《瞿髯论词绝句》,十分高兴。西泠尚传樊榭遗风,兴致极富,金堡为乾隆所嫉,今读高作,乃知其由。唯乾隆与金并提者有屈翁山,论词未及,颇可惜也。……"又说:"吉川师(指吉川幸次郎,吉川为清水茂的老师)比获微恙,暂时不能奉书,托茂道谢。"

看到两国学者互相鼓励，共同研讨，友谊与日俱增，我想到宋朝大词人辛弃疾的词句："青山遮不住，毕竟东流去。"诬陷、诽谤、造谣中伤，怎么能改变历史发展的必然趋势呢？

还有一个"新的开始"

一九七五年，夏先生离开居住了几十年的西子湖畔，来到了北京。他给自己住的地方起名"朝阳楼"，以示胸怀。

一九七六年，周总理、朱委员长、毛主席相继去世，夏先生是何等的悲痛啊！此刻，他颇动感情地谈起他们对中国人民所作出的伟大贡献，对知识分子的关怀。夏先生说，中国有句古话，叫作"士为知己者死"，党就是我们的"知己"，我们怎么能不努力干！

夏老谈起了陈毅副总理和他的一段交往，一九六三年，政协在北京开会，夏先生作为特邀代表，出席了会议。会议期间，陈老总特地到代表们下榻的民族饭店看望夏先生，谈话热烈而欢快。当时夏先生曾写了《玉楼春·陈毅同志枉顾沪寓谈词》，记下了相互切磋论词之乐：

> 君家姓氏能惊座，吟上层楼谁敢和。辛陈望气已心降，温李传歌防胆破。　　渡江往事灯前过，十万旌旗红似火。海疆小丑敢跳梁，囊底阎罗头一颗。

上阕写对陈老总豪迈诗章的倾倒，下阕抒发了对陈老总彪炳功业的敬仰。

陈老总亲自到民族饭店看问之后，又请夏先生、马一浮、熊十力、沈尹默夫妇、傅抱石六位，在政协礼堂盛宴。夏先生说，席间十分欢快，陈老总曾约定从此以后年年为此文酒会。

一九七五年，夏先生又过政协礼堂，想起陈老总对他的深切关怀，想起十二年前的盛会，想起陈老总相约"年年为此文酒会"，如今陈老总已经辞世，当年出席宴会的六个人仅剩他和尹默夫人，物是人非，不禁神伤。但夏先生依然豪情满怀，高唱"西山爽气，依旧秋光红与紫。招手鸾凰，他日来寻六客堂"（《减字木兰花》，作于一九七五年）。江山不改，历史前进，美好的事物，为社会做出贡献的人，总是要被人们怀念与景仰的。谈到这里，夏先生轻轻地舒了一口气。从他所住的朝阳楼的东窗望出去，太阳渐渐升高了，屋子里还剩下的一点阳光，正照在夏先生的书案上，越积越高的书稿，横七竖八的参考书，可以看出主人的勤奋。不由得我又被墙上刘海粟先生的《老松图》吸引了过去……

夏先生呷了一口茶，说："我今年八十岁了，如果掉过来，十八就好了，有那么多事情要做，时间来不及了。"其实，夏先生正在兼程而行。正如他在新近出版的《月轮山词论集》的前言中所说："今天，就我个人来说，已经'垂垂老矣'，因而更加恳切地希望得到读者的帮助和指正，使我还有一个'新的开始'。"一位八十岁的老人还在努力争取"一个新的开始"，要为时代做出新的贡献，我们这些后生又该怎样做呢？此刻，当这篇访问记即将结束时，这个问题又冒了出来，它好像在对面望着我，你怎样争取一个新的开始呢？

（《人物》1980年第4期）

学术传承

一、汲取到清澈百丈的源头活水

吴熊和

吴熊和（1934—2012），上海人。1955年毕业于华东师范大学中文系。1957年考入浙江师范学院（后为杭州大学，现为浙江大学文学院）中国古典文学研究生班，师从夏承焘先生，毕业后留校任教。历任浙江大学中文系教授、博士生导师、中文系主任。兼任中国古代文学学会副会长，中国李清照、辛弃疾学会副会长，《文学遗产》编委等。吴熊和先生是"一代词宗"夏承焘先生的学术传人，在唐宋词学、词学文献学、明清之际词派研究、域外词学研究等方面取得了卓越的成就。吴熊和先生在学术上以专驭博，卓然自立，构建了独具特色的词学研究体系，奠定了在当代词学史上的崇高地位。著作有《唐宋词通论》《词学全书笺校》《张先集编年笺注》《唐宋词汇评：两宋卷》《传统文化：经典宋词》《唐宋词精华》《读词常识》等。

夏先生离开我们整整一个月了，我们深深沉浸在悲痛之中。我们教研室多数同志，受到夏先生长期的教育熏陶；夏先生的道德学问，我们有幸得到亲炙。因此在悲痛之余，心头不断重温夏先生对我们的谆谆教诲。夏先生为人犹如光风霁月。我们向他求教问学，就像汲取到了清澈百丈的源头活水。他给我们这批刚刚播种正待出土的禾苗，带来了阳光、清风和生生不息的活泼生机。夏先生论词重词品，论人重人品，人品先于词品。夏先生教育我们的，也首先是学行一致的品格志向的陶冶，作为日后为人为学之本。我们常常从夏先生无所拘束的随意漫谈中，听到他深含哲理的议论，领受到有关人生的启迪。这里可以举两个例子。夏先生喜欢看戏，有一出戏，剧中人物一个是王者，冠冕俨然，高坐台中，但终场无所作为，神色索然；一个身份平凡，但一出场满台生辉，精彩的演出吸引了人们的目光，谁也不去注意那个高高在上的人物了。夏先生要我们从这个戏得到应有的启示，就是人们在生活中，应该是"争角色而不争名位"。"名位"是虚器，"角色"则贵在实干。夏先生说的"争角色"，就是要为人民、为祖国作出更大的业绩。夏先生一生淡于荣利，他有一首《鹧鸪天》词说："若能杯水如名淡，应信村茶比酒香。"但夏先生为了繁荣祖国的教育文化事业，始终孜孜不倦，尽心尽力，贡献了自己的宝贵一生，表现了一个爱国学者的高尚风格。夏先生的这个教诲，永远是我们追求的目标。夏先生又向我们谈起他的游山经历。他游黄山，登了天都峰，又上莲花峰。起初在山脚下，抬头一望，莲花峰高耸天外，对自己的脚力能否登上云端，还缺乏自信。但夏先生盯住面前的一级级石阶，脚踏实地，一步一步踏踏实实地往上走，于不知不觉之间，登上了顶峰。他以"不知凌绝顶，回顾忽茫然"这两句诗来形容自己登上高峰绝顶时的心境。夏先生的登山经历，也就是夏先生治学的道路。夏先生以登高为喻，告诫我们无论在人生的道路上还是在求知的道路上，除了树立应有的奋斗目标，更需要有一步一个脚印的实干精神，勇于攀登的进取精神。不过我们尽管领受了夏先生的教诲，但都习于因循，上进很慢，愧对夏先生。而每一步务求踏实稳当，则一直用以自勉。

夏先生从三十年代起，主持东南词学讲席近半个世纪。夏先生的词学研究有不少超越前人的地方。夏先生对经学、小学具有深厚的根底,早年研究过宋明理学,继而致力于宋史。因四百九十六卷的《宋史》在二十四史中最为芜杂,他一度有过加以整理和重编的打算。之后才转而专攻词学。因此夏先生能在广阔的历史文化背景上研究词学,并以他的通博和明识,大大开拓和革新了传统词学。这是一些就词论词的研究者所不能望其项背的。由于夏先生的卓越贡献,今天的词学已扩展到对词乐、词律、词史和词的体性的全面研究,成为兼涉史学、文学和声学三个领域的一个独特的学科。解放以来,夏先生在杭州大学亲自系统地传授词学,培养人才,奖掖后进,不遗余力。我们作为杭大的教师和夏先生的学生,一定要遵循夏先生的教诲,依靠许多前辈学者的指导,把夏先生的学术成果和优良学风继承下来,发扬光大,使夏先生从事的学术研究在杭大后继有人,不断推进。这是我们对"一代宗师"夏先生最好的纪念,也是夏先生生前期望于杭大,斯望于后人的。

在沉痛悼念夏先生逝世一月之际,我们谨以此区区心愿,敬告于夏先生灵前,并将以今后的努力所得,告慰夏先生于天上人间。

(《夏承焘教授纪念集》,中国文联出版公司 1988 年版)

附录:

追怀瞿禅师

吴熊和

浙江美院夏子颐教授示以珍藏瞿禅师手书诗词长卷,拜诵再三,

低徊无已。紫霞仙去,已逾一纪,仰望云山,谨题四绝于后:

  铜琶铁板久无音,赖有清商白石吟。

  江左词星惊殒落,旧时月色更冥冥。

师壮岁专治白石词,尝谓白石清刚一派,与婉约、豪放鼎足而三。

  独开史局谱花间,紫色蛙声放手删。

  留得严陵清操在,春江长绕月轮山。

唐宋十种词人年谱,初成于严州,定稿于钱塘江畔月轮山。以年谱体例考订词人行实,年经月纬,条分缕系,承史家之专长以治词史,唐宋词始得有序论次,得观通变。

  壮游两戒兴无俦,一线黄河落马头。

  毕竟家山三宿恋,天风归去伴龙湫。

师壮岁客游西北,苏仲翔推"马头一线落黄河"为此行名句。晚年居北京朝阳门外,题所居为天风楼。"与君今日无他顾,白首同归雁荡山",虽晚年所赋,实为一生宿愿。

  几生修到住西湖,独有词心接大苏。

  八卷人传新浙派,而今不让小长芦。

浙江所刊《夏承焘集》八卷,平生著述,大都汇集于此。小长芦钓师,朱彝尊号。

(《词学》第16辑,华东师范大学出版社2005年版)

  不傍门户不开宗,胸次浩如万壑松。

  月夜雁峰千仞上,白云深处有吟踪。

师在杭书斋常悬一联:若到龙湫难落墨,不游雁荡是虚生。晚岁在京,与吴闻夫人诗云:与君今日无他愿,白首同归雁荡山。今虽仙去，当犹恋恋于雁山林泉水石间也。

  温韦诸家考信难，词人十谱笔如磐。

  浙东史学开新派，班马也应颔首难。

唐宋词人年谱十种，如词史奠基，近世文史名著也。以史学治词学，始于王国维《清真先生遗事》，师则继之为集大成者。

  丰神高朗破裘屩，并世名家指顾间。

  南北一灯长不灭，天风阁与月轮山。

天风阁，师晚年北京所居；月轮山，杭州所居。

吴熊和　2012 年 4 月 5 日

（《夏承焘研究》第 2 辑，线装书局 2017 年版）

二、春风风人，夏雨雨人
——追忆夏承焘老师的教育箴言

陆 坚

陆坚（1936— ），江苏南通人。1964年杭州大学唐宋文学专业研究生毕业，从夏承焘教授学习。毕业后留校任教。担任浙江大学文学院教授、博士生导师，曾任中文系主任、教务处处长。兼任中国词学会理事、中国韵文学会理事、中国苏轼研究学会常务理事、中国山水旅游文学研究学会副会长、教育部高等学校中国语言文学学科教学指导委员会委员。著作有《中国典籍在日本的流传与影响》《日本俳句与中国诗歌：关于松尾芭蕉文学比较研究》《芳草集》《中国咏物诗选》《陆游诗词赏析集》《中国古代文学精解》等。

夏承焘教授是一位享誉海内外的词学大师，同时也是一位桃李满天下的教育名家。作为教育名家，夏老师在教育教学过程中发表的许多警拔秀异的妙语隽句，充满着理趣睿智，开人心胸，耐人思忖。

1961年夏天，我于杭州大学中文系本科毕业后考取研究生，师从夏老师研习唐宋文学。接到录取通知书后，我即去登门拜访夏老师，向他汇报我四年大学学习中，可能有一年多的时间搞"运动"，忙"批判"，学工学农，上山出海，真正读书的时间恐怕不足三年，基础差，根底薄。夏老师听了哈哈大笑地说："你是大学毕业生了，我还没读过大学呢！"接着又说："做学问，没有什么窍门，就是要学会吃苦耐劳！"然后还风趣地打比方："我一生没有孩子，我把培养孩子的精力都用在做学问上了。一个人如果能以培养孩子的那种吃苦耐劳的心力和精神，都用于做学问，学问一定能做好！反过来说，以做学问的心力和精神培养孩子，不一定能培养好。还是吃苦耐劳地做学问保险！"

这是我考取研究生后，夏老师给我上的第一课，也是我终生难忘的一课！夏老师出身于温州一个贫寒的商人家庭。据说，他的上代累世都以小商小贩谋生，是为士大夫之流歧视的市井小民。他父亲经营布业（实为卖布商贩），资本不厚，而家里人口较多，常有人不敷出的窘况。他曾亲眼看见母亲病在床上，因为没有钱，无法去买药。他还多次亲眼看见长辈遭受的讨债之苦，特别是每到过年，讨债者几乎不绝于门。为避免讨债的不祥之兆，年夜饭往往不得不拖到半夜之后才能吃。

到了成人之后，家中当年的生活困窘状况，夏老师还常常浮现于眼前，形之于梦中，甚至有时还从梦中惊醒！

为了摆脱贫苦的困境，夏老师的父亲很想培养儿子成为"读书人"，但又无力供给两个儿子同时读书，很长时间心中踌躇不定，十分为难，常找友人商量。据说夏老师两三岁时头上生了异疮，昼夜哭闹不停，有一位姓金的长辈，抱他朝门外走，他见到门两边的对联，即破涕为笑，而且盯着对联上的字，目不转睛。这位长辈感到很惊奇，就对他父母讲："这么小的孩子，就欢喜看字，将来必定会读书！"他父亲听了乐滋滋。夏老师六七岁时，父辈又有一位老友来他家，问他："你喜欢读书吗？"他立即答道："我喜欢读书！我要读书！长大后做一个顶顶有学问的人！"这位长辈见他有大志，便拉他到面前仔细端详他。忽然发现他右耳轮廓中比常人多一个弯弯，觉得此子有点异相，便开玩笑地说："耳为聪，有奇相就一定聪明。你好好读书吧！"他父亲听了更是高兴。就凭这句戏言，使他父亲决定让他读书，而他哥哥（即夏怡生先生）则自愿放弃求学，随同父亲小本经商。此后，每当回忆起这件事，夏老师总是感慨不已："如果不是哥哥牺牲学业，我哪能安心读书做学问！"这种回忆就像一条无形的鞭子策励他奋发努力，不敢懈怠。在当时的历史条件下，既无家学渊源，也非官宦缙绅之后，又无经济实力，更没有社会背景，而要做一个"顶顶有学问的人"，就只能靠自学。于是夏老师坚定地走上一条艰难而坎坷的自学成才之路。

他数十年如一日，潜心词学，继往开来，成就卓著；他谦抑宽厚，润物无声，低调为人；他得到社会的广泛赞誉和学界的高度推崇，蜚声海内外，"赢得生前身后名"。

夏老师生前，曾由全国八个单位联合发起，于1984年12月5日在北京全国政协礼堂隆重举行了"夏承焘教授从事学术与教育工作六十五周年庆祝会"。与会的党政军领导同志、学者、教授、新闻界、文艺界人士，都高度颂扬了夏老师一贯表现出来的爱国热情和高风亮节，在学术和教育工作上的杰出贡献。外国学者称赞夏老师学术上的成就"不但是中国的也是世界的"，"是会永远不朽的，永远光辉的"。中央电视台在次日新闻联播节目中对庆祝会做了报道，新华社发了消息。

夏老师逝后，于1986年5月21日上午在北京八宝山革命公墓礼堂举行了遗体告别仪式。党和国家领导人习仲勋、乔石、胡乔木、邓力群、张劲夫、张爱萍、赵朴初、叶圣陶等以及中央国家机关一些部委和文化界、学术界人士送了花圈。全国人大常委会副委员长周谷城、全国政协副主席杨静仁等有关方面的负责人等向夏老师遗体默哀致敬。当日新华社发了长达一千五百多字的详细消息。

习仲勋同志称夏老师为"一代词宗"。胡乔木同志称夏老师为"文坛先进，词学宗师"。

夏老师赢得如此崇高的"生前身后名"，这在当时文化界、学术界、教育界，似未多见。

夏老师从教六十多年，先后在小学、中学、大学任教。在大学里讲授过"中国韵文选""专家诗""专家词""唐宋诗选"、《诗经》、《左传》、《国策》、《庄子》、《楚辞》、《史记》、《文心雕龙》、《文赋》、《文史通义》、"诗选""词选""曲选""普通文选""文学史""书法"等十多门课程。担任过小学校长，中学教导主任，大学教研室主任、系主任、研究室（所）主任等职务，积累了丰富的教育教学经验，培养了一批又一批专业人才。

夏老师待人谦恭慈祥的作风，诲人不倦的精神和精辟生动的讲课，一直深受学生的崇敬和欢迎。听他的课是一种艺术的享受和文化素养的升华，课堂上常常爆发出会意的欢笑，或热烈的掌声。特别是他那些闪耀着哲思长辉的教育箴言，慧解叠出，历久长新，令人警醒，启人心智。

"督子十过，不如奖子一长"

夏老师认为，好学生不是责骂出来的，而是鼓励出来的。他常以自己亲身的经历说明在教育教学过程中，表扬比批评更重要，尤其有两件事使他永记心怀，也影响了他一生的成长。

第一件事，是在读小学时学写诗词。有一天在一位同学处看到一本《词谱》，兴之所至，就按照《词谱》试作了一首《如梦令》，最后两句是:"鹦鹉,鹦鹉,知否梦中言语?"(意思是,鹦鹉很会说话,可是我梦中所说的话,总该学不了吧?)这是借用唐人朱庆余《宫中词》"含情欲说宫中事,鹦鹉前头不敢言"的意思。把原句化开来活用,更显得活泼又含蓄。语文老师看到很为赞赏,就在这两句词旁边用朱笔浓浓地画了几个红圈圈,这给他极为深刻的印象,使他受到巨大的鼓舞。从那以后,填词的兴趣更浓了,一有时间就背诵东坡词,还工工正正地把《白香词谱》全部抄录下来。几十年来,他眼前仍常常浮现着语文老师给他加的那密密的朱笔红圈圈,甚至认为这与他走上写词和治词的道路有一定的关系。

另一件事,是夏老师十四岁那年,报考孙诒让创办的温州师范学校。当时报名者有两千多人,但只能录取四十人。他以第七名的好成绩被录取,最主要的原因是他的作文写得好。作文题目是《学然后知不足,教然后知困》,他自己也觉得文章做得比较满意。四五十年后,他还清晰地记得在答卷里写的主要内容:"凡是自以为学问已经足够了的,那是没有学过的人;说教学没有困难的,那是没有做过教学工作的人。"考进温州师范后,不仅免学杂费,每月还可有一点零用钱,夏老师都省下来,带回家补贴家用。所以那一场大考,使夏老师历久铭心。当年那种无声的鼓励,就在他心中埋下了爱好文学、勤奋学习的种子。

在平时的教学中,夏老师很少当面直接表扬一个学生。他每次讲好课后,总会留有足够时间叫学生提问题,有时叫学生先讲,他后讲,然后再讨论。对于学生好的意见好的见解,总是要学生多讲一遍,让大家印象深刻一点。有时在课后,在随便交谈中,发现学生有好的看法,他总是记下来,在适当的场合让其他学生也知道。

"南面教之，北面师之"

夏老师从来不摆权威的架势，也不抗颜为师，与学生平等相处，不刁难学生，把学生视为朋友，虚心听取学生的意见。对于学生在写文章、作诗词或谈学业中所表现出来的优点或进步，总是热情鼓励和表扬，希望学生能青出于蓝而胜于蓝，教导学生要有超越前辈的志气和闯劲。他曾说："第一流的教师教出来的学生往往是第二流的，而第二流的教师反而能教出第一流的学生来。"他希望学生不要产生对老师的迷信心理，鼓励学生充分发挥学习主动性、创造性和超越性。他还认为不是名师出高徒，而是高徒出名师。著名翻译家朱生豪先生是夏老师在之江大学任教时的学生，在一篇日记中，夏老师曾这样写道："朱生豪唐诗短论七则，多发前人未发之论，爽利无比，聪明才力，在余师友之间，不当以学生视之。"夏老师经常对学生说："现在是我教你们，以后你们要教我；若不能教我，就不是我的好学生。"有一次，有一位学生请夏老师写字，他虚怀若谷地写了八个字："南面教之，北面师之。"〔古代以坐北朝南为尊位，后有"南面称师"之说；晚辈之位称"北面"（面朝北），后谓行弟子敬师之礼为"北面"。这句意思是，既做学生的老师，也以学生为老师。〕语言学家任铭善（字心叔）先生，也是夏老师在之江大学任教时的学生，他们亦师亦友，相携相勉，夏老师说："我们之间关系就是切磋学问，就是南面教之、北面师之。"在老一辈学者中，夏老师是守正图变、务实求新的一位。解放后，他力图用新观点新方法写作学术论文，他认为任的思想敏捷，接受新事物快，较早读马列主义书籍，讲授过政治课程，所以他常常把写好的学术论文先让任看了提意见，然后再发出去。在一首《为心叔画荷》诗中，夏老师写道："事事输君到画花，墨团羞对玉槎丫。"他还撰写过一副寿联祝贺任铭善先生四十岁诞辰:"念尔嘉名,取人向善,与人为善;是余至乐,南面教之,北面师之。"

"案头书少,腹中书多"

有一天,夏老师到我寝室来,见我桌上堆满了书,便问:"这么多书都摆在面前,哪一本是你天天读的?"我一时未能言对。夏老师说:"书当然读得越多越好,但对于搞研究工作的人来说,还要学会读书,善于读书。有的书要天天读,有的书要常常读,有的书只要泛泛读。天天读的书要摆在桌上,放在眼前,反复读,认真读,读懂、读通、读熟、读透,这是'看家本领'的书;常常读的书,是促进读好'看家本领'的书,不一定天天放在眼前读。比如,主攻目标是杜甫,首先必须读懂读透杜甫诗集,要天天读,反复读;同时也要读李白诗、白居易诗、《全唐诗》、宋诗,还要读《唐书》等,常读这些书,就能有助于理解杜甫诗,辗转增益,促进专精。"那时我们有一门课程是《资治通鉴》,我桌上也放着好几本平装本《资治通鉴》,夏老师拿起一本翻翻说:"如从事杜诗研究,不是写作相关论文,这类书泛泛读就行了。"

夏老师认为,在具体研究工作中,既要多读书,又要力忌贪多不精。一般地说,世界上的书是读不完的;但对于专业工作者来说,就是走进很大很大的图书馆也觉得书太少。读书一定要分主次,不能没有轻重,泛览无归。他曾说过,有些老先生,读了许多书,知识很渊博,令人佩服,但终生没有专业,没有成果,那也是很可惜的。所谓"案头书少,腹中书多",是互为因果的关系。一个人一生能真正读懂读透一两本书,也是很不容易的。要把案头极少的、天天读的书读好,自然腹中的书也会多起来;如果案头书多,东翻翻、西看看,就不能专精，腹中的书也就不能多起来。

"只读不记，如雨落大海，珍珠抛地"

俗话说："眼见千遍，不如手记一遍。""最淡的墨水也胜过最好的记忆。"革命老人徐特立说过一句名言："不动笔墨不看书。"夏老师很同意这些看法，他也非常重视读书做笔记。他认为读书时动笔写笔记，长期坚持下去，就能使书中知识深深留在脑海里，需要的时候，它们就会纷纷涌向笔端，听候调遣。如果不记，很快就会忘记。正如苏东坡有首西湖诗中所说："作诗火急追亡逋，清景一失后难摹。"纪昀《阅微草堂笔记》中也说："或得一联一句，率而成篇，境过即忘，亦不复追索。"因此，读书若不即作笔记，就如雨落大海，没有踪迹，也像珍珠抛地，宝物散失。

夏老师曾说，做学问一有感触，必须立即写下。有时他半夜偶然想到什么，或梦中做到什么，常常马上开灯记录下来。他一生中写了很多很多笔记。

夏老师根据自己的体会，把做读书笔记概括为三字诀：小、少、了。所谓"小"，是指笔记的载体要小。早年夏老师用大本子做读书笔记，结果不易整理，不易携带，后来改用小本子、小纸片，可装在口袋里，随时随地可记，常常是一事写一张，好比现在的卡片，便于整理和检索。所谓"少"，是指笔记的内容要精。读书笔记不是摘录，而是要通过自己的思考，经过咀嚼，然后才落笔。如果不经过消化，一味抄书，抄得再多，也是徒劳。顾炎武著作《日知录》，自比在山中采铜，往往数月只有几条，可见其精炼之功。夏老师所说的"少"，也指每条读书笔记字数少。随着阅读范围的扩大，条数自然也会多起来。孤立的一小条也许看不出学问，许多条汇集起来，就能成一个专题，甚至可扩充为一篇论文。所谓"了"，是指笔记的目的，要有助于解决研究工作的实际问题。夏老师举了清代骈文家胡天游的例子，据说他临死时，家人从他枕头边发现一个字纸篓，里面一大堆小字条，都是记的冷僻典故，他每天临睡时都会把这些字条温习一遍。这样的工夫不能说不勤，但这样的做法在今天看来没有什么意义，只是炫博矜奇而已。我们做读书笔记，即使记一个典故，也必须记那些在头脑中会发展的东西，能起"发酵"作用的知识。如果不动脑筋作笔记，就是天天记，也难有多少心得，那只能叫作"书抄"，叫作"知识的流水账"，严格地说不是"读书笔记"。有人说"读一书，写一文，了一事"，夏老师认为这也是很有道理的。

还值得特别提及的是，夏老师自十多岁开始写日记，至八十七岁逝世，七十年没有间断过。其所记内容包括读书、撰述、游览、诗词创作、友好过从、函札商磋等一生治学心得和学术活动。有六七十册，约两百万字以上。从某种角度看，这即是他七十年的治学史。这在当代学术界恐也所见不多。

"记得绿罗裙，处处怜芳草"

夏老师常说，前人主张为学要"优游浸润"，做学问要用"文火"，不能专用"猛火"。宋朝时，学生跟先生时常在水边林下边散步边谈论学问。夏老师喜欢晚饭前散步，也喜欢在散步时谈论治学。有一天我陪他从道古桥散步到黄龙洞，返回时穿过曙光路后，他和我讲起爱因斯坦的故事，说有一天爱因斯坦推着婴儿车散步，走到交通路口，突然想起相对论中的一个问题，立即掏出随身携带的纸笔，站在路口就写了起来，以至差点儿把自己的孩子都忘了。接着，夏老师轻声吟诵了五代词人牛希济一首《生查子》词中的两句："记得绿罗裙，处处怜芳草。"夏老师问我：为什么这两句广为传诵？我随即说：联想巧妙，把分别时爱人穿的绿色罗裙与常见的绿茵芳草联系起来，因而别后见绿草，就想到爱人。这比直写思念，更含蓄幽默，也更深一层。夏老师对我的率而所答并不满意，也没批评。他站到路边仔细说道："你这样的解说，自然不错，但只是通常的说法。对于搞专业研究的人来说，还应该有更广泛一些的感悟和联想。我们平时都要多思考一两个专业问题，要学会带着问题听课、看书报、与人交谈、观察事物。这样脑子里就像有一块吸铁石，遇到相关知识就能吸住，而不是让知识像水从管子里白白流掉，这未尝不可比为'记得绿罗裙，处处怜芳草'。"

几个星期后，夏老师又和我讲了一个与此相关的故事。清代学者戴震说过，第一流的老师教不出第一流的学生，而二三流的老师却可教出一流的学生。夏老师对于这句话，总是感到不好理解，思考了好几年，也记了不少笔记。有一次在北京开会，夏老师与一位安徽朋友闲聊，那朋友谈到江永、戴震师生治学风度，夏老师听了顿觉眼前一亮。江永是一位乡村的穷教师，教书很注重学生的独立思考和师生间的相互辩论。戴震做江永学生时，在学术上有不少自己的见解，江老师从不以"权威"自居，他们的学术思想十分活跃，戴震论音韵的观点不同于老师江永。后来戴震的学生段玉裁注音韵表又不同于老师戴震。师生们在学术观点上各有各的长处，一代代向前发展。这是乾嘉时代皖派学术的好风气。所以，老师不以第一流"权威"自居，不以自己学术的框框限制学生，学生的成就才会超过老师。而慕名拜"权威"或大人先生们做老师的，他就不敢在老师面前标新立异，不敢向老师提意见，那"权威"们的权威越大，学术就难得创新发展！

"十件事做到七分好，不如把一件事做到十分好"

在我们做研究生期间，夏老师只要不外出，几乎每天都到研究室上班。我们几乎每天都能见到夏老师，有时就坐在他身旁听他吟诗，帮他找书，看他写文章。有时他文章写了一半就让我们看看。除了讲课之外，夏老师平时问我们最多的是："最近在看什么书？""思考什么问题？""写什么文章？""学术界有什么新动态？"他不希望我们今天看这本书，明天又去读另一本书，今天觉得这个题目好写，明天又转过去写另一篇文章。他反复告诫我们：人的精力是有限的，而世界上的知识无穷，一个人能做好一种学问就很不容易。研究目标一定要明确，注意力一定要集中，要持之以恒，不能见异思迁。他不止一次意味深长地说："十件事做到七分好，不如把一件事做到十分好。"至今我还记得他所举的一些生动例子。

比如，他说近代扬州有位读书人叫李详，少时家贫，买不起书，就整天读一部《文选》，每天贴一页在桌子上，深思钻研，反复琢磨，结果熟读成诵，打下了很好的基础，触类旁通，脑子里好像有许多钩子，一遇到相关的知识，就自然而然地联系起来了，后来就成了有名的《文选》专家。

再如，夏老师常常讲起前苏联汉学家艾德林教授。他花了二十年左右的时间，坚持不懈研究中国古代文学。特别对陶渊明和白居易都有独到的见解，对诗人写作每一首诗的目的、环境、背景很注意。为了深入研究和精确翻译陶诗，他特意到中国进行实地考察，专程访问了陶渊明故乡和陶渊明做官的地方，还寻得了陶渊明墓。艾德林教授在陶渊明家乡遇到一个小孩，问他姓什么，答说"姓陶"，他听了很高兴，并将此事告诉了夏老师。夏老师当即写了两句诗："道逢姓陶人,使我心悠然。"艾德林教授看了拍手大笑说:"白居易!白居易!"这使人惊叹艾德林教授对白诗的熟习程度!夏老师深有感触地对我们说:"像艾德林教授这样专心致志地深入研究,对于我们这些中国古代文学研究者来说,不能不深感惭愧!"他还举了袁枚诗句"苔花如米小,也学牡丹开"说:做学问的精神也应该如此,即使研究一个小题目,也要以全副精力去对待它,把它做得很好,十分好。

悠悠往事,历历在目。作为大学教授,夏承焘老师五十多年一直工作在浙江大学(先后任教于之江大学、浙江大学龙泉分校、浙江大学、浙江师范学院、杭州大学),在正常情况下,他总是在教学第一线讲课,他认为做教师是平生最大快事,教书有无穷滋味。作为"一代词宗",他出版的二十余种、四百多万字的学术著作(很多遗稿有的已经散失,有的亟待整理),都是在坚持教学工作的同时完成的。作为教育家,他在教学和科研过程中感悟出的教育箴言,是他治教治学经验的高度概括,虽然时过境迁,但犹殷殷在耳,今天读来仍似春风风人,夏雨雨人。

2016年12月6日

(本文是陆坚老师应编者所约撰写的文章,载于《夏承焘学案》附录,浙江大学出版社2018年版)

三、忆夏承焘师

蔡义江

蔡义江(1934—),浙江宁波人。1954年毕业于杭州大学中文系,从夏承焘教授学习。毕业后留校任教,任中文系教授。1978年借调北京,筹创《红楼梦学刊》,成立中国红学会。1986年,调任民革中央常委、宣传部部长,创办团结出版社,兼任社长、总编辑。兼任中国红楼梦学会副会长、中国古典文学普及研究会副会长。著作有《红楼梦诗词曲赋评注》《论红楼梦佚稿》《红楼梦校注》《蔡义江论红楼梦》《红楼梦丛书全编》《稼轩长短句编年》《辛弃疾年谱》《清代文学概论》《宋词三百首》。

尚余德业在人间,桃李栽成去不还。
少小从游今老矣,梦魂犹绕月轮山。

我的母校之江大学(杭州大学前身)很美,她坐落在钱塘江畔的月轮山上,那里莺转深林,溪喧幽壑,座中观海日,枕上看江潮,令我难忘。在那里我度过了我的大学生生活,走上从事中国古典文学教学和科研的岗位。其间,使我得益最多、对我影响最大的是恩师夏承焘(字瞿禅)先生。

新中国成立后不久,我被保送入学,一进校,我就听说:"中文系最有名的是夏承焘教授,他讲课时总是满堂笑声,外系的学生都来旁听，连过道上窗台上都坐满了人。可惜我们第一学期没有他的课。"我们那时课时不多，自修课占了一半以上，为了早日得名师"真传"，我就把夏先生所教的各年级的课，全抄在课程表上，上完正课，就去别的年级旁听，断断续续，东听一点，西听一点。夏先生发现了，就在课堂上问道："坐在角落里的那位小同学，你是新来的一年级学生吧？叫什么名字？你听得懂我讲的课吗？"我一一作了回答，并说："讲音韵的，有的不太懂，其余都听得懂，很有兴趣。"后来，系里安排夏先生为我们开"中国文学"（韵文部分）和"唐宋诗词"课，同学们别提多高兴啦。

夏先生上课从不照讲稿念，也不按什么程式来一套开场白，没有长篇大论，说话很从容，笑咪咪的，一点也不急。一开始就接触问题的实质，并且总能立即引起学生的兴趣，抓住他们的注意力。要讲的几点意思，总是表达得非常简明浅显，但又深入透彻。说理不多，而能出语惊人。他最喜欢举许多例子来说明道理，以加深学生的印象。在这方面，他讲课就像思想本身那么活跃，信手拈来，触类旁通。讲一首诗词，忽而提到荷马史诗《伊利亚特》如何写海伦的美，或者雨果、莫泊桑小说出人意料的结局，又联想到前一天晚上自己读某本书中的几句话，或学校里刚放映的一部电影的某个细节。有时，讲一二句诗，甚至一二个字，便用了一节课的时间，然而因为举一反三，同学们由此而获得的启示，却远非只对某首作品本身的理解可比。凡夏先生讲过的诗词，根本毋须再复习，早就在听讲的过程中自然而然地记住了，会背了。其中要点，不记笔记也不会忘记。有些人因钦佩夏先生而想学他的讲课风格，由于没有他那样的根基修养和明确的目的性，而只从表面形式上进行模仿，反而成了效颦，结果流于信口开河，东拉西扯，漫无边际地"跑野马"。

夏先生讲课，最善于用启发式。一次，他讲到艺术上相辅相成、对立统一的道理时，列举了许多例子。如说，要写喜，偏写悲，举了"喜心翻到极，呜咽泪沾襟"；为写乐，反说愁，举了"荷花娇欲语，愁杀荡舟人"；本写心情急切，却说胆怯害怕，举了"近乡情更怯，不敢问来人"；要说人死了，再也见不到了，却偏偏说还有三个地方能见到，那就是"梦中地下更来生"，等等。然后，他说，我有一天晚上，读一本戏曲，其中有两句写鬼的，于是在黑板上写了"鬼灯一闪，露出□□面"几个字，要学生猜猜看，空着的两字是什么字。同学们有的说是"狰狞"，有的说是"青蓝"，猜了一会，都不是的。然后他才写了"桃花"二字，并且说"桃花面"本应是最漂亮、最可爱的，故有"人面桃花相映红"的诗，可是在黑夜里鬼灯下见到，你们怕不怕？同学们想，鬼灯下的"桃花面"果然比所谓青面獠牙更令人毛骨悚然，一下子都乐了。他兴致来了，又讲了一个故事：有许多文人凑在一起喝酒，行酒令作诗，要以"红"字押韵，作一句。一个人作了一句花红的诗，一个人作了枫叶红的诗，还有作晚霞红、猎火红的。最后一个人想了想，作了一句诗说："柳絮飞来片片红。"大家都笑他作错了，哪有柳絮是红的？要罚酒。"同学们，你们说他该不该罚？"大家知道必有奥妙，不敢回答。一位同学低声地说："不该罚。"夏先生就问他为什么不该罚。他说不上来。夏先生笑着说，是不该罚。那个作诗的人也不服气，说："你们不知道我的诗前面还有一句呢，连起来是'斜阳返照桃花坞，柳絮飞来片片红'。……"教室里立即又腾起了一片笑声、赞赏声。夏先生说："你们作诗，不要作花红、火红的诗，就要去作'柳絮红'一类的诗。"

夏先生对学生在学习过程中所表现出来的优点或进步，总是热情地表扬，鼓励他们要有超越前辈的志气。他曾经说："第一流的教师教出来的学生往往是第二流的,而第二流的教师反而能教出第一流的学生来。"他解说道:"因为第一流教师,学生太崇拜了,就容易迷信,以为老师说的都是对的,不敢有别的想法,这样,学得再好,也总是比老师差一等。"俄国思想家别林斯基说过:"学生如果把教师当作范本而不是敌手,他就永远也不能青出于蓝。"说的都是学生不要迷信老师,要充分发挥学习的主动性和创造性,夏先生用其个性独特的语言来表达,耐人寻味,又令人难忘。另一方面,夏先生也常常教育学生要尊重别人,虚怀若谷地听取各种不同意见。他曾作了一首语重心长的诗赠给学生,其中说:"我爱青年似青竹,凌霄气概肯虚心。"真正把传授知识和传授做人的道理很好地给合在一起。

说到虚心,夏先生真是我的榜样。我当学生时,常去夏先生家里串门,坐下来,我听他说,他也听我说。后来留系当助教,跟着夏先生学唐宋诗词,去他家的机会就更多了。夏先生手边有一本小笔记本,在谈天中,他时而拿起来写上几句,不论是我转述读过的书、文章中的话,耳闻别人的谈吐,还是我自己的想法、意见,只要夏先生觉得有点意思的,他都会记下来。老师听学生谈话而记笔记的,不但从未遇到过,实也闻所未闻。一次,学生向他请墨宝,他谦逊地写道:"南面教之,北面师之。"意谓既做学生的老师,也以学生为老师。现在想起来,夏先生之所以有那样大的成就,受到人们普遍的崇敬,这必定是一个重要的原因。

夏先生常把自己治学的切身体会、经验向学生介绍,也曾发表过《我的治学经验》等文章,为青年学生指明路径。记得有些学者在谈到"博"与"专"的关系时,意见颇有分歧,有的主张先"专"后"博";有的主张先"博"后"专";还有的主张"专"与"博"相互制约,相互促进,不应分出先后。听了有点茫然无所适从。夏先生并不纠缠这样的争论，他只告诉我们说："心头书要多，案头书要少。"还进一步说："只有能做到案头书少，才可能达到心头书多。"夏先生说"案头书要少"是力戒学生读书心不静，性子浮躁，见异思迁，没有定力。今天想读这本书，读不了几页，就丢开了；明天又换另一本，从没有认真地从头至尾读完一本书，夏先生并不反对很快地随便浏览、不求甚解地略读一些书，他认为这样的读书也有必要，但只能作为一种辅助手段，更主要的还应该是对研究的对象能静下心来，下真功夫。比如你想研究一位诗人或者一部小说，就应该首先把主要精力放在细心地阅读原著上。在相同的时间内，也许别人已经看了十本、二十本论这位诗人的书，而你因为慢慢地读，边读边想，细心的体会，结果连他的集子也还没有读完。在夏先生看来，你的得益很可能比别人大得多。因为你是"采铜于山"，并非搜罗现成的废铜烂铁。书，从案头到心头，全靠扎扎实实地积少成多。夏先生的活，实在也是针对许多青年学生的通病而发的。写到这里，我想了前几年在杭大的一件事：一位选了"史记研究"为毕业论文题的研究生，花了许多时间精力，收集了所有论《史记》的专著、文章来读，由此而写成了一篇洋洋洒洒数万字的论文。但他的指导老师只勉强给了他一个"及格"，并加了批语，大意说："别人谈到的见解，你的文章里都有；别人没有谈到的，你的文章里也没有。"我想，如果这位研究生能听到夏先生的忠告，也许不会犯这个错误。

夏先生品评诗词的眼光很高，他常常把他的见解深入浅出地告诉学生。比如他说："有些诗一读，你就觉得诗原来这么简单，诗中的想法自己也有，为什么被李白、王维先写去了呢，好像自己也能轻易地就写出来，这样的诗往往是第一流的；有些诗一读，你就觉得高不可攀，以为自己一辈子也别想写出来，这样的诗反而可能是第二、第三流的。其实，那些看似容易的并不容易，所谓'看如容易实艰辛'。诗，最好写到'人人心头所有，人人笔下所无'。艺术上的单纯常常不是低级而是高级，是真正的上乘功夫。"有人将一部诗词选的书稿请夏先生审改，夏先生只对入选诗词作删减，说"选诗要严，不怕漏，只怕滥。好诗漏选多少都没有关系，因为选者所好所见不同，所取也必定不同。但平庸的诗、不好的诗却一首也不应该入选，选了就表示你不知诗的好坏。所以宁缺毋滥。"这些教导都使我受益匪浅。

夏先生自己是写旧体诗词的高手，但他并不强求学生也都要学作旧体诗词。不过，他认为有志于研究古典诗词的人倒有必要学学作诗填词，因为只有通过实践，体验作诗的甘苦，才能更深切地领会古人的创作。因而，对学作旧体诗词的学生，他总是耐心指导，多方鼓励，并不厌其烦地为他们改诗。一次，我把自己学步所作的诗都抄在本子上，拿给夏先生看。夏先生一首首认真看下去，写不好的，他只笑笑，不说什么；认为还有点像样的，便给加上了圈，有时还改上几个字。记得有一首五绝，被圈了双圈，诗说："信步循林薄，春花处处寻。流泉声似咽，始觉入山深。"但即便是这首二十字的小诗，"循林薄"三字，还是先生改的。原先我好像写了"行幽谷"什么的。先生说："诗写幽深，精华不应预先泄露，改一下，就有层次了。"夏先生曾有位最得意的学生，是他温州同乡，叫潘希真，即大名鼎鼎的琦君，琦君在台湾是名列榜首的、最受欢迎的女作家，被誉为"台湾文坛闪亮的恒星"，现留居美国。两年前，她给我的一封信中谈到她学生时代读《红楼梦》和夏先生为她改诗的情况说：

记得大二时，与一位要好同学一同躺着看《红楼梦》，比赛背书，背回目，我总是输；书中情节，则二人都了如指掌，如数家珍。我曾口占打油云："红楼一读一沾巾，底事干卿强效颦？

夜夜联床同说梦，世间尔我是痴人。"瞿师（夏先生）改为"世间儿女几痴人"。他说，迷红书岂止我与那同学？那时，我们把瞿师比作贾母，中文系同学各代表一人物，现在回想起来，十分有趣，转眼已是四十多年前的事了。

夏先生性情旷达，我从来没有见过他有发怒或发愁的时候，遇见任何事，对任何人，从不高声厉色地说话，却会呵呵大笑。平时谈吐，充满诙谐幽默，特别喜欢讲笑话。凡做过他学生的，记忆中必定有夏先生讲的笑话。不用思索，就可举出几个来。一个笑话说：有一个人生性吝啬，买一把扇子用了十年还是新的。人家问怎么用的。他拿起扇子作竖掌状，说："就这样，只摇头，不摇扇子。"还有一个笑话说：有一个人老婆很凶，他对人家说："我见到茶壶就害怕。"人家不明其意，他解说道："茶壶使他想起老婆骂他时的样子。"说着以一手叉腰，伸一手戟指作骂人状。"文化大革命"一开始，红卫兵贴出大字报要"打倒牛鬼蛇神夏承焘"。有人把消息传给夏先生，让他有个心理准备。谁知夏先生听了后，只是笑笑说："真的吗？蛇神不像，我不是蛇神，我大概是牛鬼吧。"夏先生很赞赏苏轼在仕途中备受打击，多次被贬谪到僻远地区而不改变其乐观的处世态度，他自己那种处世不惊的修养，或许多少也受到过东坡的影响。

夏先生的生活非常俭朴，没有烟酒嗜好，也不讲究吃穿。我进校第一次见到他是在一次有学生代表参加的中文系教师会议上。他进会议室时穿着一套很旧的白布对襟衫，一双布鞋，我竟误以为他是来冲开水的工友。若干年后，因为先生要去北京或外地开会，还常常要会见外宾，才在别人劝说下做了一套呢衣服。我与夏先生熟悉后，有几次上他家时正好他在吃饭，饭菜都特别简单。一天，他只捧着一碗面在吃，我说："夏先生，吃什么呢？"他说："肉丝面。"可我见到的只有面，哪有什么肉丝。我知道，这位被后来誉为"当代词宗"的夏先生，在五十年代里，就有《唐宋词人年谱》《唐宋词论丛》《姜白石词编年笺校》《怎样读唐宋词》《唐宋词选》等多种重要专著出版，还在报上连续发表唐宋词欣赏的文章，稿费收入自然不少。但许多人都不明白为什么夏先生的生活仍节俭如此。据我所知，夏先生的钱大部分都为词学研究作了贡献，或资助了出版，或在他逝世后留作了"夏承焘词学奖金"，以奖掖后进。"若能杯水如名淡，应信村茶比酒香。"夏先生在他《鹧鸪天》词中写下的这两句话，正可作为他清净淡泊的生活志趣的写照。

夏先生逝世已经六年了，我这个学生也已经超过当年夏先生教我们时的年龄了。他的音容笑貌至今仍清晰地留在我的记忆中。

月轮山令我梦萦魂牵，因为月轮山不仅风景秀美，而且同时也是夏先生生前最喜欢的地方。夏先生给我们上课时，曾在黑板上写过自己填的几首《望江南》小令，都以"之江好"开头，还记得其中一首说："之江好，面面面江窗。千万点帆过矮枕，十三层塔管斜阳，清昼在山长。"愉悦之情，溢于言表。他还把自己论词的集子名之为《月轮山词论集》。据师母无闻说，夏老生前表示，他希望自己死后能埋骨于月轮山。师母准备遵其遗愿，终因风景区不宜再建坟墓，只得改变打算，将墓建在浙江另一风景优美的千岛湖。我以为此事不足遗憾，夏先生自己早在月轮山上建起了一座丰碑，这块碑也会永远矗立在每一个曾经受教于恩师的学生的心头。

（《文史知识》1992年第8期）

四、读瞿禅师词后

任铭善

任铭善（1912—1967），字心叔，江苏如皋人。1935年毕业于之江大学国文系，师从钟泰、徐昂、夏承焘诸位国学大家。历任之江大学讲师，浙江大学文学院副教授、教授。1952年高等院校院系调整，任浙江师范学院教务长、中文系教授，后任杭州大学中文系教授。"反右"时被打成"极右"。此后身处逆境，又患重病，仍勤奋治学。"文化大革命"爆发之次年，郁郁以终。任铭善先生从事古文献、古代汉语、现代汉语的研究和教学，著作有《礼记目录后案》《汉语语音史要略》《古汉语通论》《无受室文存》等。

予十余时赴杭州，始拜见瞿禅师。闻师与座人论词曰：人谓梦窗如七宝楼台，拆碎不成片断。朱古微前辈曰：七宝楼台，原不可拆碎看。时古微先生犹在也。予方好为《说文》《广韵》，未尝读梦窗词，不知七宝楼台为何语，然颇因之以悟读书学文之法。

其后间读师论词诸作，又于侍坐颇得见其草稿，考作者，究韵律，爬梳整齐，如程易畴、王怀祖治经小学之术，乃稍求其所作词读之，有碧山、遗山之音，而寄托隐奥，猝不易解，师为一一疏释，每相与叹唶。予未尝学为词，至是亦渐知好之，而尤好师之所作也。

夷祸既作，予自湖上别师后一年，又相聚海上。意绪甚恶，益读词，偶有所得，以语师，辄为莞尔。而师有所作，必俾予先读，盖其音尤抑遏往复不可已。于时海上词事甚盛，辨四声，订律吕，张徽帜，斯斯然为攻斥附和之举。师独不之与，以为今日欲兴此事，宜不破词体，不诬词体，不为空疏绮靡无益之语。以予观之，自张皋文、周止庵以来，惟师为能尊高词体也。

师所为《词例》，最为巨制。又为《宋词事系》，取《毛诗序》"以一人之事系一国之本"以为名，盖其心固有愤激难言者在，不徒为词作也。

今年春，予归如皋，师亦返温州，欲相约游闽北，乃予复来上海而浙变作，道阻不得行，师于是得遂龙湫雁荡之想，而予亦浩然有家居之志矣。

逸群以手录师所为词二卷示予，命识数语。予久耽辟襀细碎之学，于师所作，无能妄赞。因书平昔从游之迹以归之。予亦尝抄师词，僻居闲处之际，将深读而详玩之。感发兴起，依声永言，将徐俟澄清之日，追随而请质焉尔。

三十一年（一九四二）六月二十三日。

（《夏承焘教授纪念集》，中国文联出版公司 1988 年版）

五、在夏瞿禅承焘先生身边的岁月

雪 克

雪克（1927—2023），原名陆道先，山东济南人。1948年考入华东大学文学院，1949年后随军南下，参加革命。1952年调至浙江师范学院，后至杭州大学工作，历任中文系古典文学教研室助教、讲师、副教授。1983年调整到杭州大学古籍研究所，担任教授，整理研究先秦两汉文献。著作有《十三经注疏校记》《籀庼遗著辑存》《尚书骈枝》《周书斠补》《九旗古谊述》等。

一

先生，浙江温州人。忠厚长者，向无机心，不通政治，穆穆然，温温然，一学人也。

夏公不通政治，此举三例。

一是1958年"大跃进"时，北京大学中文系五五级学生鼓干劲，争上游，又红又专，组班子集体编撰的《中国文学史》公开出版，广受关注。一时间，复旦、北师大学子均有跟进成果。此风很快刮到了浙师院，中文系学生奋起效仿，提出了"超北大"的响亮口号，一鼓作气也赶出了一部。系古典组教师谁人不知，"大跃进"乃党中央三面红旗的组成部分，是当时最大政治，切不可以纯学术观点对待这一新生事物。说到原作得失，或附和，或委婉，莫不适可而止。唯我夏公直言不讳，评价不高，竟脱口说出了"超北大变成了抄北大"，当即遭到了学生的回击，终于被拔了白旗。

一是同教研室蔡义江兄告我，也是"大跃进"时，公问曰："义江，三面红旗我知其二，国旗、党旗是也，唯第三面是军旗还是团旗，实不能定。"答曰："全错。"公愕然。

一是1963年学期结束前，政治形势由于广州会议的召开，一度宽松，中宣部副部长周扬报告引用夏公诗作"敢想容易敢说难，说错原来非等闲。一顶帽子飞上头，拿它不动重如山"，意在调整知识分子政策。一时间，无论教研室政治学习会，还是私下交谈，都显轻松，同仁间又露笑脸。夏公这时早把思想改造、"反右"、拔白旗、"灭资兴无"的挨批、检讨的经历，丢在了脑后，未免又"放肆"起来。可好景不长，"千万不要忘记阶级斗争"的号角吹响，夏公对此，竟浑然不觉。

古典文学教研室老教授多，瞿禅公外，计有王驾吾焕镳、胡宛春士莹和平湖陆维钊诸公，济济一堂，向来是系甚至全校政治气候的风向标。开学后，第一次教研室的政治学习，本组教师外，还来了两位政治系（或马列室）的老师，校党委副书记兼中文系总支书记亲临主持，令人肃然，众皆默默。书记点名让我作好记录，要求原话一字不漏。我知不善，不禁惶惶，唯有领命而已。山雨欲来，风已满楼，久经运动，谁不谨言颂圣，唯我夏公仍唱暑期前之老调，毫不收敛。会后，书记嘱我带上记录到夏老家，让他认真审查一遍，不管他在会上原话如何，如想改，尽量改；不要马上带回，可以明天去取。书记的一番话，让我颇费斟酌，心思不定。这些话表面看来，是为批夏搞一份靠得住的材料作依据（经本人改定，难以推到记录之言非其本意身上），但我多年在他领导下工作，颇知他的办学理念和为人。凭这一句"想改尽量改"，似不难看出有些想放夏公一马的意思。怀着这样的心情，见了夏公。本想明确告知又一场批判风雨就在眼前，但实在不敢。问题是夏夫子实在太不懂政治了，他是政协常委，说不定在什么场合以表扬我的话说了出来，那我的下场比他老人家的被批，可就遭厄多多了。最后只能说一句"务必看看最近的报纸"，离开时又补了一句"别忘了啊"。本以为会有效果，谁料到修定之稿，凡改动处，都更直白、更明确、更露骨，让人啼笑皆非，徒唤奈何。后果自是可想而知了。

问题当然严重，可充其量也就是不容声辩的批判而已，对夏公而言，树大招风，这类经历已不止一次，多一次忧患，说不上伤筋动骨。坦然处之，熬一熬也就过去了。比起1957年"反右"期间，为保护自己早年博学多才的弟子任心叔铭善先生免受戴帽之罪，一度深夜失眠，多次劝任向党检查认错，并为其开脱而无果，弄得心力交瘁，公内心的压力与痛苦，恐不可同日而语。

二

这是1963年间的事，离我不担任夏师助手而专职执教于古典组，已有五六年之久了。回顾前尘，我是1956年开始担任助手的，时间不长，不过一年多，是老人家提名把我要来的。可是听夏师的课，早在1952年调到浙师，以及1958年初中止此职，直到难以正常授课前，除了下放劳动，从未间断过。尤其当助手期间，总是堂堂必到，悉心受教。先生深沉好古，早岁即浸淫经史，规循两浙学术，博极群书，精研奥义。执教以来，先后授课《诗经》《楚辞》《左传》《庄子》、"诗选"与"词选"等多门。追源述流，胜义纷纶，时令学子叹为观止。每次登门请益，进室所见，先生不是手持书卷，就是伏案撰作，扬榷风雅，缃缃忘倦。献身学术，感人至深。毕生所嗜，则诗词一途。作为词学宗师，讲诗、说词，更是如数家珍。各派各家，知人论世，从无时尚的时代背景、主体思想、艺术特色以及阶级局限之类的说辞，均为诗话词话式的，点到即止，引人入胜。授课间，常脱离讲稿，即兴发挥。说着说着，突然停顿，唉的一声后，随即妙语如珠，脱口而出，山阴道上，又入胜境。讲说作品，无论《诗》《骚》，乃至唐宋以降，堂堂篇篇，必吟诵玩味，肺腑真情，沁人心田。说到高兴处，不时告示诸生，这句画一个圈，那句两个圈，多则三圈，带给学子们无尽的艺术欣赏和想象的空间。

作为诗人，先生少年取法随园（袁枚）和两当轩（黄仲则），并从林半樱公学为词。20世纪20年代后期，公二十六七岁，与谢玉岑氏同执教于温州十中，结为莫逆之交。青年才俊，诗词唱和，均近于白石，业已声闻早著，为时传诵。谢氏早殁，公终生不忘。后，先生致力梦窗，晚年则出入苏辛。其尊高词体，自出机杼，从不为绮靡之作，《月轮楼词》之清丽温雅，匠心独运，广为学人所尊慕。当然，学人也往往是多样的，各有自己的性情与爱好。夏公从不冬烘，亦时尚。闲暇之时，偶与二三知己饮酒小酌，赋诗唱和，听听戏曲，看电影和汇演外，尤喜跳舞，且乐此不疲。20世纪50年代，社会上一度兴起交谊舞，一次夏公乘兴，在校礼堂跳到夜半仍不肯休，师母在家久等不归，亲身前往，满脸怒容，硬把先生找回了家中。知其事者，一时传为笑谈。

夏师对我，悉心培养，关怀有加。词学极盛于两宋，向重体格与神致。跟先生学词，亲授词诵词法，多承謦欬：强调研究诗词作家，以熟读、背诵各家作品，明音律、辨声调为先，重在基础，进而穷搜广求，细大不捐，综贯博考，勤于思辨，不拘于先贤之成说与时论，贵在个人之见解。先生重吟诵，曾为我详释吟诵节奏，一应本于原作情感，缓急、起伏之间，切忌雷同。诸如说辛词《破阵子》（醉里挑灯看剑），上篇写醉说梦，激扬奋发以身许国，紧接下片"马作的卢飞快，弓如霹雳弦惊。了却君王天下事，赢得生前身后名"诸句，宜句句急下，一气呵成，不可停顿，以显示作者英雄豪壮之气，而末句五字"可怜白发生"则要拖长音节，一字一吟，方能力压全篇，与作者"老景沧浪，慨叹人生"，浑成一境，自成妙造。亲口咏诵，扣人心弦。其他如论稼轩词的"肝肠如火，色笑如花"种种，至今也深深印在我的脑海中。

谈到治学经验，先生不时强调，切戒浮夸，要下笨功夫，嘱我慎写文章，"说有容易说无难"。当时年轻少知，感受不深，可有一个鲜活的例证很快就发生了。事情是这样的：我与刘肇熙操南先生受教研室委派，于1956年赴金陵参加南京师院举办的文科科研讨论会，有篇探讨最早见于《玉台新咏》的《古诗为焦仲卿妻作》的文章，作者上台报告，通过对该篇几个语词的考辨，认定作品时代不能早于"六朝"。我坐在离南京大学胡光炜小石教授不远处，先生年老耳背，话没听清，经身边助手相告，立即缓缓站了起来，斩钉截铁两个字："不对！"当场朗朗背诵了几篇西汉碑文片段，文章所考几个语词赫然在焉。啥话没说，就坐了回去。无须讨论，这篇论文就被否定了。从此，"易难"之说让我终生难忘。随着马齿日增，读书越多越觉少，同样的课程越开越不敢开。

当助手期间，夏师曾应出版社之约，签订合同，出版倚声赏析之作。为此，每周由先生口述两三首，我记录，据之整理成文，最后经先生改定。日积月累，书稿即将写就，由于形势起了变化，没有印成。

日后，这些单篇先后发表在各类报刊上。撰作这类普及性读物的事，心叔先生并不认同，数次进言劝止，云从先生也不以为然，这是可以理解的，可夏公自有主张，以普及词学为己任，一直不为所动。

在系多年，绛帐春风，受益难以尽述。自惭荒谫愚懒，缺乏形象思维，质木无文，无所建树，空费先生心血。60年代起，为应教学需要，改攻先唐，尤以先秦为主，精力所及多在经子、古史、古文献之间，唐宋诗词之学日渐荒落，早已无从置喙，愧对先生教诲，难再弥补。

三

回顾夏师往事，内心一片祥和，总想避开"文化大革命"，不愿涉及，却老是挥之不去。既然记忆清晰，仅就个人所历所见，也说上几句吧。"文化大革命"对夏公而言，可谓苦难多多，几遭灭顶。万幸，总算挺了过来。运动来势汹汹，高深莫测，小将外，谁不惶惶。可开始批斗时，在杭大中文系，还是有人敢笑的。记得1966年的秋季，"文化大革命"号角已经吹响，萧山有场文艺汇演。主其事者，邀请中文系教师莅临，夏公亦与焉，坐大客车前往。事被批判，所有教师，无论老青、党团员或群众，全部台上站定，一位学生开口就是："锣鼓声声，跳下一车牛鬼蛇神！"不分青红，一律成鬼，禁不住受批者一片笑声。又一位批得更绝："什么教授、权威，一堆狗屎堆！"他把"屎"误读为"米"，又一次哄堂。从此，"狗屎（米）堆"三字成了牛棚中同仁的自嘲语。

"文化大革命"初始，是省委领导的，对杭大很快就定下了打倒原学校副校长林淡秋（时已调任省委宣传部副部长）和中文系夏承焘教授的"林夏战役"，树了两个活靶子。二人立即陷入了全校师生共讨之人民战争的汪洋大海之中。几次批斗大会后，林困禁在杭大宿舍家中，小规模批斗、游斗、示众外，难得外出。直到造反派夺权后，才回到宣传部，与几位部领导关在了一起。夏公则几经周折，终被关进系之牛棚，大会小会，批斗连连。夏、姜（亮夫）二公，年近古稀，衰病缠身，劳动改造仍难获免，被命在校内挑担施肥浇地。一位血压不时高得吓人，一位双目视力低下几近失明，都无从迈步，蒙兵管小将施恩，改为两人一前一后合抬半桶，一步三摇，粪尿溅身，状不忍睹。在牛棚，学毛选，念语录，熟读甚至背诵老三篇，写汇报，作检查，挨批斗，自是常课。一次红卫兵进棚，指定夏公背诵"毛主席四个伟大"，老人家哪里背得出。呆了半天，终于憋出了一句"伟大的毛主席"，想不到一个耳光，打了个既清脆又响亮。可他始终也想不明白，自己为啥挨了这一巴掌。有个阶段，集中学习《敦促杜聿明等投降书》，目的是让棚中人交代反党言行，认罪伏诛。唯我夏公最为当真，反复思考，终于"深深体会到"自己实实在在就是共产党的俘虏。话说得越真诚，听的人越其妙莫名，一位终生教书育人、桃李满寰宇的教授，手无寸铁，从未与党和解放军为敌，怎么竟成了解放者的俘虏？这算哪门子的"体会"，而且还是"深深"的呢！

说到挂牌游斗，校园内已无印象，记忆清晰的是一次头戴高帽、胸挂黑牌招摇于三街六市。监管者为照顾老人和体弱者，批准彼等集中乘公交车，余众由大右派陈公企霞领头，敲着锣，不时高呼几声"我是牛鬼"，途经保俶路，沿湖畔，直奔市中心解放路十字路口南侧。一座高台业已搭就，上面方桌叠方桌，直到高顶单桌一张，上再加凳子一个。"牛鬼"一个个先后爬上，东西南北各鞠一躬，低头认罪，配以高音喇叭，揭发罪行。年轻人尚可勉强，对老衰者而言，真是危哉险矣。印象中夏、姜、王驾公诸老，蒙准未上高层，人身安全尚称无虑。可轮到老病号系副主任孔成九却难获免。不敢仰视，只能默默祷告。万一他唱了"伐子都",这位1938年参加工作的曲阜孔老夫子后裔,就真的是有来无回了。上帝保佑,大家都平安回到了学校。

终于熬到"文化大革命"后期,牛棚散伙,所有"牛鬼"大都回家不再劳动。想不到在中文系甚至全校几乎只剩下夏公和陈公企霞两位,或者还有我不知道的个别人,处境没有任何改变。陈的事,省里也做不了主,要等北京,那时江青还在风头上,谁都懂得。可夏公呢,一个七十多岁的老人,每天要跑一站路,到系的公共场所扫地,搞清洁卫生,风雨无阻,让人实在难以理解。禁不住跑去问系里负责人——"你问我,我问谁?你也不想想,这样的名教授,是系里能做主的吗?!"自知他说得不错,可仍难解谜团,不死心。过后又当面问了校领导,回答同样无解:"学校无权,这是上面的意思。"话说到这个份上,谁敢再问"上面",对普通群众而言也就到头了。以窃之见,校领导或者另有什么人其实知道而不想明说,那就不可强求,只能闷在肚子里。话虽如此,难免与二三友好私下议论,均以为问题应在于原省委决定的"林夏战役",需要等待省里新的批示文件。

过后不久,1975年间,夏公申请离杭去京定居并获准成行。居京两年后,粉碎"四人帮",大地回春,举国欢乐,1978年底终于告别妾身未分明的处境,等到了杭大党委为先生发文正式平反昭雪。晚年又逢盛世,旧交新知,社会贤达,宾客盈门。吟咏唱和,促膝谈心,广受尊崇。1986年5月2日以心肌梗塞住院,11日病危,期间,林乎加、贺敬之、吕志先、叶至善、王顾明等多位同志到病房探视问候。抢救无效,遽归道山,在京八宝山殡仪馆礼堂举行隆重的遗体告别仪式,四百多位各界人士参加告别,习仲勋、乔石、胡乔木、邓力群、张劲夫、张爱萍、赵朴初、叶圣陶等敬献花圈。先生的词学贡献得到了高度评价,享尽哀荣。

先生晚年居京十多载，心系故土，素有回杭意愿，平反后，学校不止一次派专人商谈均无果。1983年后窃因公赴京，校领导亲口嘱咐我以学校代表身份，再行探望争取，并谓原住房等诸多问题，尽量提出，全可妥善解决。见到先生，悲喜交加，恍如隔世。那时先生思路已不甚清晰，然其怀恋故土之情仍不能已，问长问短，话不外此。可有心无力，难以成行，也就只能徒唤奈何了。

先生生前虽未能再回杭垣，幸者遗愿实现，骨灰归葬于浙江淳安千岛湖青山丛林之间。享年八十有七，名扬中外的"一代词宗"，永远安息在湖光山色之中。笔者有缘，曾会同浙师院三位中文系首届研究生班老毕业生樊维刚、姜海峰、何均地，于1995年10月间赴千岛湖扫墓祭奠，距恩师仙逝已近十年矣。

(《掌故》第2集，中华书局2017年版)

六、瞿禅师治学三教

陈翔华

陈翔华(1934—)，浙江苍南人。1961年于杭州大学中文系毕业，1964年于杭州大学古典文学专业研究生毕业，师从夏承焘先生学习。历任人民日报社编辑、记者、文艺评论组组长。后在北京图书馆，任《文献》杂志主编等。兼任中国公共图书馆古籍文献编辑出版委员会常务副主任委员、编审，中国俗文学学会副会长。著作有《诸葛亮形象史研究》《元刻讲史平话集》《诸葛亮传记集》等，主编《三国志演义古版丛刊》。

一九五七年后，曾侍先师夏瞿禅（承焘）先生坐。其间数年，朝夕闻道，没齿难忘。今追思其中所教治学三语，以寄怀念。

"笨"是做学问的本钱

通常老师教学生要聪明，而瞿禅师却要我们学"笨"。他还诙谐地说："'笨'字从'本'，笨是我治学的本钱。"一部"十三经"除了《尔雅》以外，他都一卷一卷地背过；有一次背得太疲乏，还从椅子上摔下来。后来，花了很多年时间，读了几百部文集和笔记，才铢积寸累地写出了名著《唐宋词人年谱》。其实，他并不是不聪明。早年报考孙诒让创办的温州师范学校时，在二千多人的考生中，他以名列第七的成绩被录取。夏鼐先生生前还曾经告诉我："瞿禅先生久有才名，青年时就被称为永嘉（温州）七子之一。"但是，他从不矜恃。瞿禅师在词学研究上取得了突破性的成就，确实是由于他肯下苦功、"笨"功。他所谓"笨"，我的理解是：一要谦虚、努力，二要坚持不懈。他多次对我们感慨和惋惜有些"聪明"人治学，或者半途而废，或者一事无成。尤其是有感于当时的学风，他赋诗勉励我们"凌霄气概要虚心""能下乃能大"，特别要我们以"笨"作为做学问的本钱。

不让"雨点"落到大海里

读书贵有心得，而心得要及时记下来，瞿禅师常用章学诚的话来教育我们说："读书如不即做笔记，心得犹如雨点落大海便无踪无迹了。"

瞿禅师所见所想的心得笔记，我有幸读过不少。除了日记和书籍上的眉批、旁批外，还写有大量的纸条。这些纸条小至一指宽，写一二行字；大至一页纸，记三五个问题。有粘贴成厚册的（好像是《词例》，未见出版），更多的是零散的。纸条上文字极简练，而内容极丰富，从宇宙谈到人生，从哲理谈到观赏山景……都有很高的价值。当时，我为学习而曾抄下数则。今选录有关美学的二段，以见瞿禅师笔记的一斑：

> 欣赏——生活经验不丰者，不能作亦不能读。汉赋家皆仕，赋未必好；诗人未必经世，但诗好。此所谓经验不重外事而重"内心"。单纯诗人有内心经验甚深者，不可一概鄙薄。
>
> 小说如《红楼》《水浒》，描写人物往往忠邪贤佞不可遽辨，乃愈耐人寻味。以人情论，君子小人之辨，有时只在秋微之间，小人亦有君子心肠，君子未尝无小人念头。文字于此，能入情入理，

乃亲切有味。《儒林外史》刻画太露骨，太过情，便近于《笑林》。

苏东坡诗："作诗火急追亡逋，清景一失后难摹。"瞿禅师要我们用"追亡逋"的手段记笔记。要勤记，但要精简，要经过自己思考才落笔。

文章应从中间写起

一九六二年春，从瞿禅师泛舟于西子湖上。忽然，他问我们："文章究竟应从什么地方写起？"大家为之一怔。然后，他亲切地指出："应当从中间部分写起。"通常文章，是从头写到尾的；为此，我们不能无惑。瞿禅师回答说：前人把文章的中间部分称作"猪肚"，说明容量大、内容丰富，其实并不完全贴切，而中间部分还是全篇论说最精彩的地方。写文章要先把这部分想清楚，才能动笔。首先集中全力把中间部分写好了，写得很精彩，再连缀头尾，润色通篇文字，就可避免内容贫乏或四平八稳的毛病。他还说：某名作家创作剧本，也是先从中间写起的。

瞿禅师还和我们谈过其他许多治学问题，而不止于这三则。这些教导曾使我闻之一新耳目，而将终生受益。现在，瞿禅师已经离开我们仙去了。痛定之后，抚今思昔，不禁泫然，更加思念这位辛勤培育我的恩师！

（《词学》第6辑，华东师范大学出版社1988年版）

七、侍读札记（节选）

周笃文

周笃文（1934— ），字晓川，湖南汨罗人。历任中国新闻学院教授，中外文化研究所所长。兼任中国韵文学会常务理事、中华诗词学会副会长兼秘书长、中华诗词编著中心总编辑。周笃文先生早年曾师从词学名家夏承焘、张伯驹诸先生，于宋词研究、敦煌文献及医学古籍、文字训诂之学有专门研究。著作有《宋词》《宋百家词选》《金元明清词》《华夏之歌》《经典宋词百家解说》《珍藏本宋词》《影珠书屋吟稿》《婉约词典评》《豪放词典评》等。

今年适逢夏承焘先生诞辰120周年，我作为夏老的门人，有许多回忆：承焘先生自1975年初秋来京，到1986年辞世，余得侍汤药、亲承教诲者十有一年，兹将见闻所及，撮述于下。虽断锦片玉，亦可管窥蠡测，略见高深耳。

夏老为一代词宗，夙所钦仰。犹记1959年高校大拔白旗时，老辈学者都噤若寒蝉。一日于《光明日报》副刊读夏老赠同游诸同学诗："云栖高处记幽寻，一语相开胜苦吟。我爱青年似青竹，凌云气概要虚心。"十分震撼，特别是后两句：一片规箴爱护之心，如醍醐灌顶，有顿开茅塞之感。因而动了抠衣求教之念头。但天南地北，谈何容易。

上世纪六七十年代得陪丛碧师杖履，因缘际会与杭大周采泉先生有一日之雅，遂得通款于瞿师。当获知老人处境艰困，病体支离，乃谋为北上治病之举，定于1975年7月末北上。8月1日吴闻师母陪老人到京，下午即奉丛碧师命前往探视，并安排名医诊治与入院治疗之事。因得常接咳唾，忝为弟子之列，亲承薰沐十有余年。获教实深，终身难忘。

犹记初叩朝阳门寓楼，谈到读"赠陪游诸同学诗"时，老人只是说这是旧诗改作成的：将"数子能为浩荡吟"改为"一语相开胜苦吟"。我说就这一句见出了老师随机示法的大智慧。改"肯虚心"为"要虚心"尤见深心。老人为之莞然一笑，说："马马虎虎吧。"

当我说到自己读书恒少心得，难有长进时，瞿师现身说法，示以"少、小、了"三字诀。即案头的书要少，心头的书要多。最好每天能读未见之书，但不宜庞杂。此之谓"少"。"小"，即随身准备一个小本子，凡有闻见有益之事物语言，随时记下，积累多了都是学问。三是"了"，对读书的疑难，事理的奥窍，要深入钻研，不留疑义。

先生主张乐读，他说《论语·学而》："学而时习之，不亦说乎，有朋自远方来，不亦乐乎，人不知而不愠，不亦君子乎。"强调悦乐，是很重要的。他接着又说，光乐还不够，作学问要下笨功夫。"笨"字从本。笨功夫是做人、做学问的基础，决不可忽略。夏老说他既乏家学，亦无名师。能有所进步，靠日积月累下苦功，但他不赞成熬夜。而王季思先生在浙大，爱开夜车，白天难免打盹。夏先生就其投影，勾勒成形，题曰《睡虎图》。并劝告说："作学问不靠拼命，而要靠长命。"

1929年5月1日记云：夜瀹茗读《词林纪事》，拟选豪放词一二百首，命适君抄之自诵，能增意气不少。9月12日云：灯下读清真诗，觉风云月露，亦甚厌人矣。欲词之不亡，不可不另辟一境界。

正是基于此种考虑，同年秋季先生精心创作了《浪淘沙·过七里泷》这首旷世杰作：

> 万象挂空明，秋欲三更，短篷摇梦过江城。可惜层楼无铁笛，负我诗成。　　杯酒劝长庚，高咏谁听。当头河汉任纵横。一雁不飞钟未动，只有滩声。

此词将月下泛舟的奇绝秋光，与词人高复绝尘的意识融为一片。星辰万象，随口吟出。老人在逝世前嘱咐吴闻师母和我们说："我过老时你们不要哭，在耳边哼这首词就可以了。"老师这种风月同天的宇宙意识，着实令人无比感佩。

1976年老人在写赠给我的一首《玉楼春·赠周晓川》云：

> 楚兰满握殷勤授，犹记楼灯红似酒。临觞一笑勿沉吟，插帽双花期耐久。东风百尺江潭柳，岁岁华予词几首。雕虫千古亦才难，莫纳屠鲸横海手。

关爱鼓励之情，感深入骨。夏老的词风力尚雄健。如《玉楼春·北京看节日焰火，次日乘机南归，歌和一浮、无量两翁》：

> 归来枕席余奇彩，龙喷鲸呿呈百态。欲招千载汉唐人，共俯一城歌吹海。　　天心月胁行无碍，一夜神游周九塞。明朝虹背和翁吟，应有风雷生謦欬。

不愧奇气拿云，想落天外之杰作。又如其《水调歌头·亮夫告我，秋光之美，世界名胜奥区，无及我国西湖者。今年九月，自杭赴沪，夜车中作此词。时施华德先生自柏林来书，即以此为报》：

> 秋水不能画，西子有明眸。醉人千顷波碧，临镜欲横流。待续坡翁俊语，宜雨宜晴而后，谁识更宜秋。三月碧桃水，切莫酿春愁。　　攀斗柄，探月窟，壮哉游。故人相望何处，万里海西头。争似断桥吹笛，携得波光仙子，招手落双鸥。让汝广寒阙，

容我占湖楼。

此作雄奇韶秀,异境天开。将一种高旷奇妙的人文情怀,发展到了极致。在词人看来西湖的文学趣味之奇妙,是丝毫不亚于探天访月的科技创造的。这不正是庄惠濠上之辩的翻版吗?东坡而后,仅见斯人。

夏先生在1976年写的《平韵满江红》追忆五十年前旧游。结尾几句是:"两界他年同蜡屐,二灵如画是家山。好归邀,造化小儿嬉,糖担间。"把神奇雁荡山水比作造化小儿的糖担间的小物件。活用了明人的游记之语,纳须弥于芥子,化大为小,便显得亲切、灵妙之至。好的诗词应具有纵向的历史感与横向的地域感,以及交叉的现实感。如何沟通时空,是诗人必须处理好的问题。1980年鉴真大师塑像返国。赵朴老请耿鉴庭先生邀约一批诗家进行创作,夏老作《减字木兰花》:

轻舟浮渡,六度功成临彼土。愿力无边,招手冯夷看海天。

行医讲律,盏盏明灯明暗室。杖锡千家,环海都开友谊花。

当我问道"招手"的命意,老人说诗词不宜太实,要虚灵一点,增加想象的空间。我也在先生的督导下写了一首《临江仙》:

一棹沧波东渡,天华法雨纷纷。扶桑赤县证前因。心灯开别派,仁术济劳民。　弹指一声今古,山花涧水长新。万家空巷礼金身。清凉看故国,唇齿结芳邻。

"弹指"就是从"招手"脱化而出的,前面夏词提到的"欲招千载汉唐人"以及"携得波光仙子,招手落双鸥"都有一种沟通时空的化实为虚的作用。

先生诲人不倦,使我受益匪浅,深受感动。1975年来京后,夏老作《临江仙》词相赠:

乙卯秋卧病北京,承诸友关注殷勤,调护周至,乃得转危为安。吴闻嘱写"五车""百辈"旧句为赠：

七十六年弹指，三千里外吟身。高秋携杖叩京门。山河朝绚日，灯火夜连云。　　到处天风海水，相逢鹤侣鸥群。药烟能说意殷勤。五车身外事，百辈眼前恩。

词写得极好，气象光昌，感情挚笃。我在先生的鼓励下，试和一首。下片是："化雨春风无远近，漫云逸足驽群。贤风佳气见精神。驰驱渐宿愿，亭毒荷深恩。"先生接到我的寄稿后，写信给我："承示大作，本应函复，旋念函札不能达意，颇思与君当面详谈，聊尽鄙陋之见。何时得暇，请枉顾一叙。承焘晨七时。"一清早就亲自作复，令我感动。见了之后，先生为一一点正。还谆谆教导说作词用字要熨帖稳当，不要突兀生硬。子书上的字，经书上的字不宜滥用。也有用的，比如辛弃疾，有其才学胆识化得开，才能可用。"亭毒"，见《老子》，很生硬。"贤风"之类也可再改。

在先生的启发下我一一作了修改。对于略有长进之作，先生则鼓励有加。如1976年写的《山乡杂咏》十首，中有"开窗好放闲云入，替酿诗情到梦边""一枕清风凉入梦，身骑蝴蝶到荷花"。夏老则评曰："绝句十首，风华郁茂。诵坡词咏周郎'雄姿英发'句，曷胜企贺……年来一切承兄关怀，与吴闻同深感荷"云云。如此等等，令我感奋不已。

1976年春间，夏先生在京养病。伯驹先生喜得良友，倡为诗钟之集。2月13日写信让我约夏老共同主持，说："此次诗钟欢迎夏老同作。于10日内交卷，以便抄寄评选，于游大觉寺日同观。"并附上《平韵满江红》词："残照金台，凤池梦，重逢禊三……莫匆匆，归去望西湖，思挂帆。"词极好，很有感情。

夏老病中得书，高兴地对我说："诗钟虽是文字游戏，但可磨练诗人骡括事物的能力，可增长才情，是一项基本功。"并说他20岁时作过"李城"二唱"行李尚余诗可压，愁城只有酒能攻"，评为压卷之作。

在二老鼓励下，我作了十来首送呈夏老。隔日得复："手书今到，诗钟一纸兹奉还。略动数字，不知当否，请教。十八日下午得暇，望过寒舍一叙。瞿髯　三月十六日。"我的信是三月十四日发的，隔一天老先生就批复了，并约下改天来叙。可说是当急件处理。

诗钟九题·晓川作（选八）瞿师改定：

《烤鸭·张丽华》胫短独能羞上客，鬟长只以绾黄奴。（叔宝字黄奴）改：胫短犹堪过白酒。

《张家口·杨太真》管钥九城通马市，兴衰百代话霓裳。改：笙歌百代话霓裳。

《隋炀帝·木笔》孤村流水天然句，小院书空二月花。（本草：木笔二月花）改：孤村流水千秋句。

《书画录·小周后》珊瑚铁网千秋宝，金缕香鞋一代情。改：金缕香鞋一夜情。又改为：铁网珊瑚无价宝，香鞋金缕可怜情。

《李后主·糖尿病》焉得金茎消痼疾，枉将春水喻愁怀。改：承露金茎消痼疾，满江春水比深愁。

《李师师·蘼芜砚》熏幄吹笙神女梦，散珠横绮绛云诗。改：散珠试笔绛云诗。

《陈后主·脂砚》旧恨新仇凭木石，春兰秋菊话兴亡。改：真将血泪评哀史，可有心肝醉后庭。

《白干酒·唐明皇》肯共麴君消夜永，要凭羯鼓唤春回。改：好共麴君消夜永，欲凭羯鼓唤春回。

此次诗钟之举当代名家都寄来作品，洵为一时之胜。君坦先生更

余兴未央,还寄来一组诗钟绝句。如云:"七字推敲创格诗,探骊犹笑八叉迟。双鬟赌唱旗亭句,多少猩屏绣折枝。"又作嵌以贱名之折枝二首:"笃耨香添金鸭火,文光花尽玉虬枝。""清夜闹钟方待晓,流光阅水自成川。"内嵌"笃文"与"晓川"诸字,雍容雅逸,颇得到夏公之佳评。

正是在老辈的指引与扶持下,我得略窥诗艺之门,并以之作为终生服膺的目标。

(《中华诗词》2021年第1期)

八、三十年点滴念师恩

琦　君

琦君（1917—2006），原名潘希真，浙江温州人。台湾当代著名女作家、散文家。早年毕业于之江大学中文系，师从词学家夏承焘。1949年赴台湾，历任台湾中国文化学院、中央大学中文系教授。著作有《永是有情人》《水是故乡甜》《万水千山师友情》《三更有梦书当枕》《桂花雨》《细雨灯花落》《读书与生活》四十余种。

八十七高龄的恩师夏承焘教授在北京仙逝已逾半年，到今天我才为文追念。实由于前尘似梦，思绪如麻，竟然整理不出一个头绪来。如今只能琐琐屑屑地追叙，也只好任行文凌乱无章了。

与恩师阔别将四十年，我也曾写过几篇怀念他的文字，但总觉师生之间，有一份"人天永隔"的怅恨。近年来这份怅恨愈来愈浓重。当恩师逝世的消息传来时，我却木木然的，并不觉得怎样悲伤。难道真个是"老去渐见心似石，存亡生死不关情"了吗？

据在天之涯的一位同窗来信说：恩师于近六七年来，记忆力日渐衰退。一九八二年他去拜谒，恩师频频问他："你尊姓？你是从何处来的？"这位弟子感到很悲伤。但我仔细想想，以一位历经浩劫的学人，阅尽人间沧桑，也贡献了一生的学问精力，最后失去记忆，浑然忘我，未始非福。我对恩师既早有人天永隔的感觉，如今确知今生不能再相见。纵然能再相见也不能再相识。岂不正如我当年悼念启蒙师一文中所说的"不见是见,见亦无见"啊!

恩师的道德文章,与他在词学上不朽的贡献,海内外已有多篇文章报道,无庸我赘述。在我记忆中浮现的,都是在杭州、上海求学时代,他对弟子们传道授业的点点滴滴,与师生间平日相处言笑晏晏的情景。卒业后恩师曾嘱写"沪上朋游之乐"一文,而以战乱流离,未能动笔。抗战胜利回到杭州,重谒恩师于西子湖头,他问我此文已脱稿否,我却惭愧地交了白卷。他轻喟一声说:"当时只道是寻常,你还是应当写的。"我愧悔自己总是等闲错过了许多值得怀念的时光。但深幸国土重光,正以为来日方长,"沪上欢聚"一文,定可缓缓写就以报恩师。却以生事劳人,又是迟迟未遑执笔。讵料局势剧变,匆匆渡海到了台湾。与恩师一别变成永诀。如今即使写了,又何能呈阅于恩师之前呢?

我进之江大学,完全是遵从先父之命,要我追随这位他一生心仪的青年学者与词人。我上他《文心雕龙》第一堂课时,却只是满心的好奇。他一袭青衫,潇潇洒洒地走进课堂,笑容满面地说:"今天我们上第一节课,先聊聊天。你们喜欢之江大学吗?"那时同学们彼此之间都还不熟悉,女孩子更胆怯,只低声说"喜欢"。他说:"要大声地说喜欢。我就非常喜欢之江大学。这儿人情款切,学风淳厚,风景幽美。之江是最好的读书环境。一面是秦望山,一面是西湖、钱塘江。据说之江风景占世界所有大学第四位。希望你们用功读书,将来使之江大学的学术地位也能升到世界第四位甚至更高。"

他一口字正腔圆的永嘉官话,同学们听来也许有点特别,我却是非常熟悉。因为父亲说的正是同样的"官话"。尤其是他把"江"与"山"念成同一个韵,给我印象十分深刻。接着他讲解作者刘彦和写

《文心雕龙》的宗旨,并特别强调四六骈文音调之美,组合之严密,便于吟诵,易于记忆。然后用铿锵的乡音,朗吟了一段《神思篇》,问我们好听吗?我觉得那么多典故的深奥句子,经他抑扬顿挫地一朗吟,似乎比自己苦啃时容易得多了。下课以后,与一位最要好的同学一路走向图书馆,一路学着老师的调子唱"形在江海之上,心存魏阙之下",又学着他的口音念"前面有钱塘江,后面有秦望山",却没想到老师正走在我们后面。他笑嘻嘻地说:"多好呀?在厥(这)样的好湖山里,你们要用功读书啊!"

中文系同学不多,大家熟悉以后,恩师常于课余带领我们徜徉于清幽的山水之间。我们请问他为何自号瞿禅,他说因自己长得清瘦、双目瞿瞿。又请他解释禅的道理,他说:"禅并非一定是佛法。禅也在圣贤书中、诗词文章中,更在日常生活中。"后来他教我们读书为人的道理时,在他那平易近人、情趣横溢的比喻中,常常含有禅理,却使我们个个都能心领神会。那一点深深的领悟,常于他对我们颔首微笑中,感觉得出来,而有一份无上的欢慰。因此我们同学之间对他都称瞿师。当面请益时称他"先生"。

瞿师常常边走边吟诗,有的是古人诗,有的是他自己的得意之作。他说:"作诗作文章,第一要培养对万事万物的关注,能关注才会有灵感。诗文看似信手拈来,其实灵感早在酝酿之中。比如'松间数语风吹去,明日寻来尽是诗',看去多么自然,但也得细心去'寻'呀。"他站在高岗之上,就信口吟道:"短发无多休落帽,长风不断任吹衣。"弟子们看着他的长衫,在风中飘飘荡荡,直觉得这位老师,有如神仙中人。大家都说:"先生的境界实在太高,学生们及不到。"他说:"这两句诗并不是出世之想,而是入世的一份定力。人要不强求名利,任何冲击都不致被动摇了。"在九溪十八涧茶亭中坐定,一盏清茗端来，他又吟起词来："短策暂辞奔竞场，同来此地乞清凉。若能杯水如名淡，应信村茶比酒香。　　无一语，答秋光。愁边征雁忽成行。中年只有看山感，西北阑干半夕阳。"这是瞿师的得意之作，也是弟子们背诵得最多最熟的一首词。那时瞿师行年仅三十余，就已到了看山是山的境界。他才能体会"名如杯水""村茶胜酒"的况味。

瞿师又侃侃地与我们谈起他的苦学经过，尤为感人。他并非出身书香门第，父亲只是位小小的布商，家中人口众多，无法供给他兄弟二人同时念书，但又很想培植一个儿子做"读书人"，因而心中踌躇不决。那时他才六七岁。有一天，他父亲一位老友来访，看他耳朵轮廓中多长一个弯弯，觉得此子有点异相，就问他："你喜欢读书吗？"他答道："我要读书，长大后要做一个顶顶有学问的人。"父亲听了好高兴，马上决定给他读书，他哥哥也自愿放弃求学，随父经商。所以他每回想起兄长就非常感激地说："如不是哥哥牺牲学业培植我，我哪得有今天。"手足之情，溢于言表。

他小学毕业后，考进有官费补贴的永嘉省立师范。不但免学费，还可有几文零用钱带回家。在那一段日子里，他把学校图书馆的古典文学书全部读遍。对于诗词尤感兴趣，已能按谱填词，这就是他立志学词之始。师范毕业后，无钱马上念大学，就暂在乡村小学教书。在幽静的乡村里，他作了不少诗、古文与骈文，那时他还不及廿岁。"昨夜东风今夜雨，催人愁思到花残"，是他少年时的得意之作。

他执教的小学，就在我出生的故乡瞿溪小镇。所以到我念大学时，他回想起来，赠我诗云："我年十九客瞿溪，正是希真学语时。"我记得幼年时，他曾来我家拜访过先父，先父就赞叹说："这位年轻人将来一定是大学问家。"希望我能追随他读书，十余年后，他果然已主大学教席。我进之江才半年，先父的挚友刘贞晦伯伯指着我向别人介绍:"这是瞿禅先生的女弟子。"我真是又得意又惶恐,得意的是"女弟子"三字听来多么有学问,惶恐的是自知鲁钝,难以得老师之真传。

瞿师于西北大学归来后,卜居于籀园图书馆附近,几乎翻遍了图书馆全部藏书,打下了历史文化的深厚基础,立定了他一生为人为学的方针。他谦虚地说自己很笨,认为"笨"这个字很有意义,头上顶着竹册,就是教人要用功,用功是人的根本,所以"笨"字从"竹"从"本"。

他说:"念诗词如唱歌曲,可以养性怡情。唐宋八大家几乎个个在政治上都受过许多打击,但没有一个怨气冲天,就是文学之功。这比方在幽美溪山中散步,哪里会对人动仇恨之念呢?你看有没有一个画家,画两个人在清光如水的月亮底下竖眉瞪眼地吵架的?"听得我们都大笑起来。

他又抬头望钱塘江汹涌的波涛,便讲起伍子胥、文种与勾践的故事,不免感慨地说:政治是最最现实、最最残酷的,多少有真知灼见的英雄豪杰,都做了政治斗争的牺牲品。所以读圣贤书,悟得安身立命的志节,也要有明哲保身的智慧。为正义固当万死不辞,但也不应作愚蠢的无谓牺牲。孔子说"君子不立于危墙之下",也就是这个意思。

瞿师在抗战中,眼看河山变色,沉痛地作过几首慷慨歌词。其一是为浙江抗敌后援会作的,其词云:"人无老幼,地无南北,今有我无敌。越山苍茫兮钱塘呜咽。我念我浙江兮,是复仇雪耻之国。"他又作了四首鼓舞士气的军歌,今录其二:"不战亦亡何不战,争此生死线。全中华人戴头前,全世界人刮目看,战,战,战!""火海压头昂头进,一呼千夫奋。左肩正义右自由,挽前一步死无恨。进,进,进!"

他也目睹许多读书人,有的为了生活,不得不屈志事敌,有的却是利欲熏心，认贼作父。他曾作《瑞鹤仙》，以"玉环飞燕"讽汪精卫的"辛苦回风舞"，见得他的心情之沉痛。他对于一个士子的出处进退，评定水准是非常严肃的。

自民国廿六年至卅一年，四所基督教联合大学（沪江、之江、东吴、圣约翰）借英租界慈淑大楼开课。虽然弦歌不绝，但总不免国破家亡，寄人篱下的感触。瞿师在讲授词选时，常提起王碧山咏物词的沉咽，乃是一份欲哭无泪的悲伤。比起可以嚎啕大哭尤为沉痛。他回忆杭州，怀念西湖与之江母校，曾有词云："湖山信美，莫告诉梅花，人间何世。独鹤招来，共临清镜照憔悴。"他看上去笑容满面，可是他内心是憔悴的，忧伤的。

据闻在"文化大革命"那一段天昏地黑的时日里，他就在自己大门前贴上"打倒夏承焘"几个大字，总算得免于难。他之所以运用超人智慧渡过危厄，也就是他深体"君子不立于危崖之下"的深意吧！

瞿师的教诲既宽厚亦严格，真可说得是"夫子温而厉"。他勉励我们必须趁年轻记忆力强时多读书，多作笔记。指示读书笔记的原则是"小、少、了"。即：本子要"小"，一事一页。分门别类地记（有如今日的做卡片），记的要"少"，即记的文字务求精简，不可长篇大论。最重的是"了"，即必须完全领悟，而且有所批评与创见才是"了"。他说："博闻强记并非漫无目的，须就自己兴趣，立定方向目标，不可像老学究似的，装了一肚皮的史学典故，却不能消化。那不是学问，连知识都不能算。"他认为博与约是相成的。由于某种专题研究，就向某方向求博。愈博则愈专，愈专亦愈博。比如作李杜研究，必须读《全唐诗》《全唐文》、宋诗及唐宋名家诗文集。由研究探讨中，又产生新灵感新题目，如此则愈来愈博。这正如胡适之先生说的："为学要如金字塔，要能博大要能高。"但如此的功夫毅力，实在是难以企及。

记得最牢的，是他有一句话："案头书要少，心头书要多。"他说："一般人贪多嚼不烂。满案头的书，却一本也未曾用心细读。如此读书，如何会有成就？"我到今天还是犯了此病，书架上、书桌上、床边，都堆满书，也都是心爱的书，却又何曾细读消化？如今是去日苦多，连"补读平生未读书"的心愿都不敢存了。

瞿师并不勉强我们死背书。他说，读书要懂得方法，要乐读——不要苦读，读到会心之处，书中人会伸手与你相握。也不要去羡慕旁人的"过目不忘"，或"一目十行"，天才不易多得，天才如不加努力，不及平凡人肯努力的有成就。他说自己连十三经都会背，是因为当时读书无人指导，劝我们不必如此浪费时间。他把读书比作交友。一个人要有一二共患难的生死之交，也当有许多性情投契之友，以及泛泛之交。书要有几部精读的赖以安身立命的巨著，也要博览群籍以开拓胸襟。于是他又重复地解释那个"笨"字，认为用功的笨人反倒有成就，自恃才高者反误了一生。

有一位教文字学的任心叔老师，他对学生要求严格，上课时脸上无一丝笑容。他也是瞿师的得意弟子，常常"当仁不让于师"地与瞿师辩论，他认为瞿师对学生太宽容，懒惰学生就会被误了。瞿师微笑地说："如卿言亦复佳。"他又正色说："我讲的是做人的道理，你教的是为学的态度。"他非常钦佩心叔师治学之严谨。自谦不如他，曾作过两句诗："事事输君到画花，墨团羞对玉槎枒。"因心叔师善画梅，瞿师则喜画荷。他赞美心叔的梅花是玉槎枒，自己的茶花是墨团。四年前，辗转得知心叔师已逝世。他教我们文字学与《论》《孟》。将圣贤的微言大义，与西文哲学、佛教思想取予以融会，旁征博引，对我们启迪至多。他瘦骨嶙峋，言笑不苟。顽皮的学生，把一位老态龙钟的声韵学老师比作"枯藤老树昏鸦",把心叔师比作"古道西风瘦马",风趣的瞿师则是"小桥流水平沙"。以心叔师不妥协、嫉恶如仇的性格,真不知在大动乱期间,何以自处?他又焉能不死呢?

幽默轻松、平易近人、谦和慈蔼,是瞿师授课的特色。因此旁系以及别校同学,都常来旁听他的课。他见到外文系同学,就请他们介绍西洋名著给他阅读。也启发他们以研究西方文学的分析技巧,来欣赏我国古典文学。他讲授《左传》《国策》《史记》笔法时,常说史家实在是以小说之笔写史传,其中有许多想象穿插,才能如此动人。他认为写传记要传"真"、传"神"之外,还要传"情",才能打动人心。听得我们个个都眉飞色舞趣味无穷。他常引西洋小说,与《史记》《红楼梦》等作比较,可见他早已有东西文学比较的新观念了。他自叹早岁对新文学运动未太注意,故得赶紧补读,以期对古典文学有更深领会。他就是如此的学不厌,诲不倦。

他如此耐心教导我们,培养我们作诗词的兴趣,是因为他自己有感于老师的启迪至多。他认为老师的一句赞美与鼓励,可以影响人的一生。说着,他在黑板上写了两句词:"鹦鹉,鹦鹉,知否梦中言语?"问我们懂不懂,好不好,我们都说懂,而且非常好,因为它借唐宫词的"含情欲说宫中事,鹦鹉前头不敢言"的意思。他高兴地说:"对呀,把原句化开来活用,才见得活泼又含蓄。"问他是谁作的,他更高兴地说:"是我十几岁时作的第一首《如梦令》,那时老师在我这两句边上密密地加了圈,连声夸我作得好,真使我感激万分,从那时起,我马上下定一生要研究词的决心。"

他又劝我们如将来当老师,不要对学生过分苛求。不要希望人人都是天才。聪明禀赋,人各不同。你在课堂里讲了几十分钟的话,难免有的学生在打瞌睡,有的在想心事,只要有某一二句话,进入某一二人心中，使他一生受用不尽，你就算对得起学生，对得起自己了。

他恳切的神情，令我们好感动。其实瞿师的每一句话，都深深进入我们每个同学心中，终生不忘。在上他的课时，没有一个同学打瞌睡，相信也没有一个同学在想心事的。

他不仅以诗词文章教，更以日常生活教，他教我们要设身处地，宽厚待人。有一回，我们同挤电车，司机态度恶劣，我非常生气。他劝我道："不要生气，替他想想，他的工作多么辛苦单调？而我们乘客只几分钟就下车，各有各的目的，有的会朋友、有的看电影、有的去上课，而他却必须一直站着开车，如此一想你就会原谅他了。"

大学四年，得恩师耳提面命的亲炙，获益无穷。毕业后留校任助教，与家乡音书阻绝，承恩师师母照拂尤多。瞿师对世界战局似有预感。记得有一天我们在先施公司购物遇暴雨，师生在茶室避雨闲谈。他想起杭州西湖雨中的荷花，回家后作了一首诗，后四句云："秋人意绪宜风雨，归梦湖天胜画图。一笑横流容并涉，安知明日我非鱼。"那时太平洋战争尚未爆发，而瞿师竟已有"陆沉"的谶语了。

不久珍珠港事变，日军占领租界，四大学联合校长明思德博士因兼上海工部局局长，被日军囚禁于集中营，四大学解散分别内迁。瞿师、师母与我都先后历尽险阻，回到故乡，一同在永嘉中学执教。瞿师教高二、三，我教初三、高一。上课时，我常为瞿师捧着作文簿，放在他讲台上，再回自己课堂，学生们都拍手表示欢迎，我也有重温在大学任助教，为各位老师改作业的快乐。

瞿师后来的师母无闻女士是我的好友，她是瞿师得意弟子。我们一同住在他谢池巷寓所。两人常上下古今地谈至深夜不寐。那是我们最快乐的一段时光。无闻师母与其兄长天五先生是乐清才子才女。天五先生与瞿师交情至笃，经常诗词唱和，都满怀家国之忧。他常常深夜步月中庭，高声吟辛弃疾"吴钩看了，阑干拍遍"之句，看来他胸中自有难吐的块垒。他赠瞿师的诗，有一首承他写在我纪念册上，特抄于后，以见他的才情与一股郁勃之气："腾腾尘土闭门中，但说龙湫口不空。怪底君心无物竞，只应吾道坐诗穷。片云过海皆残照，新月当楼况好风。莫负明朝试樱笋，一生怀抱几人同。"

瞿师非常欣赏无闻性格豪爽，学殖浓厚。在浙大时，他曾来信勉励我云："无闻有'强哉矫'气度，汝事事依人，未肯独立，此不及无闻处。境遇身体不好，固可原谅耳。汝之不及无闻，犹我之不及心叔，望各自勉力学去。"他的谦冲和对弟子期勉之切，于此可见。

柔庄师母性格内向，且体弱多病。瞿师与她虽非爱情结合，却非常重视夫妻情谊。他早年曾有一首《临江仙》记夫妻间同时重病初愈的心情云："未死相逢余一笑，不须梦语酸辛。几生了得此生因，五车身后事，百辈眼前恩。"他离故乡去龙泉浙大任教后，有一次来信对师母昵称"好妻子"，她淡然一笑说："不要肉麻了。"但那几天她显得特别快乐。

瞿师给我的信中，曾提到要写一篇《婚姻道德论》。我因而想起大学将毕业时，他在黑板上写了两句赠我们大家的对子："要修到神仙眷属，须做得柴米夫妻。"他说："这就是爱情的道德责任。"在读了叔本华哲学后，他又来信说想写一篇《不婚论》，说西方哲人多不婚娶，可以专心学问。似乎他对婚姻的看法，有点矛盾。也似乎隐约中有一段深埋心底的爱情故事，做学生的自不便多问。有一次，他一口气朗诵了放翁的几首沈园诗，且反复地念"年来妄念消除尽，回向蒲龛一炷香"。我定定地望着他问："先生对放翁身世有何感想？"他说："放翁是一位了不起的诗人词人，我很喜爱他。"又吟道："得失荣枯门外事，囊中一卷放翁诗。"对于放翁的爱情故事，他却略过不提。还记得他写过一首《菩萨蛮》给我与一位同学看："酒边记得相逢地，人间却没重逢事。辛苦说相思，年年笛一枝。"问他何所指，他笑而不答。想来他的一段相思债只有不了了之。

瞿师不喜饮，而词中常出现"酒边"二字，如以上引的"酒边记得相逢地"，又如"无穷门外事，有限酒边身""诗情不在酒边楼，浩荡川原爱独游"，都隐隐显示出一份深沉的寂寞。

柔庄师母逝世以后，瞿师一定过了一段独往独来的日子，但自一九七三年与无闻女士结婚后，才女学人的黄昏之恋，使他真正享受到美满的婚姻生活。客岁有一位前辈学人王季思教授，自香港赐寄一篇悼念瞿师的文章，他提到瞿师与无闻女士婚后非常幸福。并有赠夫人的《天仙子》词云："人虽瘦，眉仍秀。玉镜冰心同耐久。"另有一首《临江仙》云："到处天风海雨，相逢鹤侣鸥群。药烟能说意殷勤。五车身后事，百辈眼前恩。"最后二句竟然与几十年前赠柔庄师母的《临江仙》末二句完全相同。足见瞿师是一位非常重夫妻恩情的人。他们婚后，无闻师母不但照顾起他起居饮食，更为他整理著述，使传世之作得以源源出版。对我国学术文化的贡献，她也是付出极大的心力的。

六年前我在台北时，香港友人曾寄来瞿师赠我的一首《减字木兰花》："因风寄语。舌底翻澜偏羡汝。往事如烟，湖水湖船四十年。　吟筇南北，头白京门来卜宅。池草飞霞，梦路应同绕永嘉。"他怀念杭州西湖，也怀念永嘉谢池巷故居。（谢池巷因永嘉太守谢灵运诗"池塘生春草"之句而得名。）

瞿师是一位非常念旧怀乡的人。在王季思教授的文章中，引到瞿师在一九七八年曾有一首《减字木兰花》纪念塾师的，其词云："峥嵘头角，犹记儿时初放学。池草飞霞，梦路还应绕永嘉。"末二句与赠我的词几乎完全相同。可见他思乡心情,与日俱增,因而在给同乡写的词中,不由得一再出现同样的句子。

他晚年因养疴客居北京,但心中一定系念故乡故土。回想他在沪上时,赠我诗中屡屡提到故乡。例如:"人世几番华屋感,秋山满眼谢家诗。""我有客怀谁解得,水心祠下数山青。"在沪上时,他曾作过一首古风:"去年兹淑楼,窗槛与云齐,今年爱文路,井底类蛙栖。下流诚难处,望远亦多悲,谢池三间屋,令我梦庭帏。亲旁一言笑,四座生春晖。嗟或远游子,廿载能几归。"游子情怀,我至今念起来,仍不禁泫然。

两年前,梁实秋教授自港回台,有友人托他带瞿师的《天风阁诗集》转我。里页题有"希真女弟存览,瞿翁赠",字体极似瞿师,但我认得出是无闻师母代笔。想见瞿师健康情形已远不如前了。

客岁承《大成月刊》主编沈苇窗先生与旅居美国的寿德芬教授先后寄赠瞿师的《天风阁学词日记》,捧读后才知瞿师自十余岁即学为日记。七十年中,虽历经兵乱流离,日记未尝一日中断。这份坚持毅力,非常人所能及。日记原已积有六七十册,十年浩劫中,颇多散佚。这一集是由无闻师母协助整理,自民国十七年至廿六年十年的日记。自序中说:"此十年正值作《唐宋词人年谱》及《白石道人歌曲斠律》诸篇,且多有读书、撰述、游览、诗词创作、友好过从、函札磋商等事迹。"此书不但于学术及词学上有莫大贡献,于细心拜读中,尤可以体认一代词宗超凡的思想,真挚的感情,与他一生为人治学的严谨态度。虽是日记,却是一部不朽的著作。

在拜读瞿师的日记与诗词时,我仿佛又回到大学时代,与同学们追随在恩师左右,恭聆他慈和亲切的教诲。他对弟子们的学业、心境、生活、健康,无不时时关怀。记得我离永嘉中学去青田高院工作后,曾一度患严重肠炎,他立刻来书殷切存问,信中说:"不久将与诸同乡买舟东下,如在青田小泊,拟上岸一视希真。望此笺到时,汝已康复如平时,当有病起新诗示我矣。古句云:'维摩一室原多病,赖有天花作道场。'化病室为道场,非聪明彻悟人不能。幸希真细参之。"

师生睽违的一段时日,他总频频赐书嘱我专心学业,勿为人间烦恼蚀其心血。他的片纸只字,我无不一一珍藏,时时捧读,有如亲聆教诲。他赐赠的诗词、格言、书札,虽于战乱流离中,总是随身携带。每到一处,必恭敬地捧出,将诗词悬诸壁间。每于愁怀难遣之时,便以瞿师微带感伤的乡音,低低吟诵,感念师恩,绝不敢妄自菲薄,心情亦渐渐开朗了。

自闻恩师逝世以后,我又一一细读他的每一封函札。深感他的谆谆诲谕,不仅对我个人,即对今日青年的进德修业,都有受用不尽的裨益。但因限于篇幅,只能就其中选录数节于后,以见一代学人,对弟子的关怀勉励:

> 书悉,得安心读书,至慰至慰。《庄子》卒业,可先读《老子》,篇幅不多,须能背诵。四子书仍须日日温习。自觉平生过目万卷,总以《论》《孟》为最味长也。《虞美人》词尚能清空,希再从沉着一路做去。年来悟得此事,断不能但从文字上着力。放翁云"迩来书外有功夫",愿与希真共勉之,体弱易感,时时习劳,乃无上妙药。月来欲以一日一评自课,恨偷懒不能自践其言耳。

> 工作忙否?读书习字最好勿一日间断,汝与无闻前途皆无限量,切勿为世俗事烦恼分心,专力向学,十年以后,不怕无成就也。近有从贞翁学诗学字画梅否?此机会不可错过也。

> 近读奥尔珂德《小妇人》,念希他日如能有此不朽之作,

真吾党之光，以汝之性情身世，可以为此。幸时时体贴人情，观察物态，修养性格，对人要有佛家怜悯心肠，不得著一分憎恨，期以十年，必能有成，目前即着手作札记，随时随处体验，发挥女性温柔敦厚之美德。

　　比来耽阅小说，于迭更司《块肉余生》一书，尤反复沉醉，哀乐不能自主。念汝平生多拂逆，苟不浪费精力，以其天分，亦可勉为此业。流光不居，幸勿为闲烦恼蚀其心血。如有英文原本，甚望重温数过，定能益汝神智，富汝心灵，不但文字之娱而已也。

　　放翁诗云："生死津头正要顽。"此顽字诀甚好。一生恐惧软弱心，便为造化小儿所侮弄。正宜书放翁语置座右。比来生活如何，公余读何书，一事一物皆当作学问看。外物俗念，不能摇动我心。此亦练顽之一道。大雨中燃灯书上，时甲申清明后一日。

　　后山诗："仰看一鸟过，愧负百年身。"涉世数十年，幸未为小人之归，兢兢以此自制其妄念，期与希真共勉之。

恩师读任何中西文学、哲学名著，及古文诗词，每有特别会心之处，必随时手抄数则分示弟子，期望于我的是，能以十年为期，完成一部长篇小说。与恩师别后四十年已悠悠逝去。我竟然因循地只写些短简零篇，长篇迄未动笔。来日苦短，将不知何以慰恩师在天之灵，在重重忏恨中，我只能以短诗一首，向恩师祝告，亦不遑计工拙矣：

　　师恩似海无由报，哭奠天涯路渺茫。

　　杖履追随成一梦，封书难寄泪千行。

据闻恩师于病革之时，多次嘱无闻师母为低声吟唱他早岁所作的一首《浪淘沙·过浙江七里泷》。此词是他少年时代的得意之作，曾多次为弟子们吟诵过，我们都耳熟能详：

　　万象挂空明，秋欲三更，短篷摇梦过江城。可惜层楼无铁笛，负我诗成。　　杯酒劝长庚，高咏谁听。当头河汉却相迎。一雁不飞钟未动，只有滩声。

遥念恩师近年虽患脑神经衰退症，而智者的一颗灵心，必然澄明如天际洗月星辰。况他以毕生心血致力学问，以满怀仁爱，付与人间，以他的佛心佛性，必然往生西方。他临终时听师母为吟他自己少年时得意之作，正如摇着短梦，飘然归去，内心必然因不辜负此生，而感到万分欣慰吧！

（《夏承焘教授纪念集》，中国文联出版公司1988年版）

九、记夏承焘老师一次讲学活动的前前后后

陈美林

陈美林(1932—),江苏南京人。1950年考入浙江大学文学院中国文学系。毕业后从事教学和科研工作。历任南京师范大学文学院资深教授、博士生导师。著作有《李玉和〈清忠谱〉》《吴敬梓研究》《新批〈儒林外史〉》《吴敬梓评传》《吴敬梓和〈儒林外史〉》《儒林外史人物论》《中国章回小说史》《清凉文集》等二十余部。

"一代词宗"夏承焘(瞿禅)老师在20世纪60年代初,往来于上海、南京、苏州做学术讲演,不下十余次。笔者有幸参加了其中一次的接待工作。现据夏师《天风阁学词日记》所记,结合自己的亲历,对那次讲学活动的前前后后略作回顾。

一

夏承焘先生在20世纪30年代后期执教于之江大学,40年代前期起任职于浙江大学。笔者于1950年秋季考入浙江大学文学院中国文学系,古典文学课程主要由夏承焘老师讲授。50年代前期,浙江大学文学院与之江大学文理学院合并成立浙江师范学院,后期又改为杭州大学,90年代又回归新组建的浙江大学。夏师于1961年初夏被借调到上海(时为杭州大学教授),任务是参加编选《中国历代文论选》。

对中国历代文论进行选注,这一课题是由周扬同志提出的。复旦大学郭绍虞先生在给夏师的信中说:"周扬同志过沪,属其组织华东力量四月内编就《中国历代文学理论》初稿,六月底完成。初稿付印,做各大学教材。"郭绍虞先生接受这一任务后,考虑到"上海人力不够",便遵照周扬批示在华东地区,尤其是江浙两省罗致专家参与此项工作,并将拟请专家名单报请上级批准,"高教部已同意邀请"夏师去沪"任宋元部分及明清论词一部分"的编选工作[①]。在接到郭绍虞先生此信后不几天,杭州大学"校长室得上海市委宣传部电话,邀往上海参加作协研究编写古典文学理论批评文选会议"(1961年4月6日),便及时通知夏师。夏师原定次日赴北京参加教育部召开的高等学校文科教材编选计划会议,路过上海时临时在沪小留。当日下午,郭绍虞先生便赶往锦江饭店拜访夏师,"谈编中国古典文学理论批评文选"事,并约定夏师"与陶秋英任宋元部分"(1961年4月8日)编撰者。夏师从北京返杭州不久,即去上海参加此项工作,5月24日就"在上海图书馆写词话论"。

对这项工作,有关领导相当重视。8月3日,华东局宣传部副部长俞铭璜来到专家下榻的国际饭店召开会议,"谓编写时间可勿亟亟。对古人勿浪作批判,应以事实比照事实,勿以概念比照事实"。半月后,国务院陈毅副总理因公赴沪,也抽暇去看望专家组。陈毅总理见到夏师便说读过"《唐宋词人年谱》诸书",并对大家说"编文论工作"很有意义,"此工作甚重要",提醒大家不能"只重政治忽略艺术"(1961年8月21日)。

[①] 《天风阁学词日记》1961年3月29日。凡括号中注明年、月、日者,"引文"均见该日记,不另标明。

除夏师以外，华东地区参加这项工作的尚有江苏的钱仲联、安徽的马茂元。夏师与钱仲联很早就彼此相知，但识面却很迟，直到1940年1月2日，夏师参加唐文治的宴请，与宴者有"国学专修学校同事廿余人。钱仲联新自北流归，渴慕十年，方得握手"。彼时夏师执教于已迁沪的之江大学，任国文系主任，并被太炎文学院和国专聘请兼课。1940年3月，汪伪政府成立于南京，沪地文人在汪逆罗致、利诱之下，有趋附"白门"者，如夏师与钱仲联共同熟人龙榆生即是著名者。夏师于3月31日午社集会时"闻□□（即榆生）将离沪，为之大讶，为家累过重耶，抑羡高爵耶。枕上耿耿不得入睡。他日相见，不知何以劝慰也"。据《龙榆生年谱》，1940年4月2日，江伪政府任命龙榆生为立法委员。夏师见同一日"《中华日报》，果有□君名单"。除龙榆生外，前往"白门"投靠者尚亦有人，夏师记道，"上海熟人颇有为党派离去者"。

在沪上一些文人"落水"之后，夏师连续创作了一些词作，如《玲珑四犯·过旧友寓庐感事》《水龙吟·皂泡》《菩萨蛮·百年作计归来早》《木兰花慢·题嫁杏图》《虞美人·感事》《鹧鸪天·万事兵戈有是非》《临江仙·古津席上……》《虞美人·自杭州避寇过钓台》等，或讥讽或惋惜或感叹，将他们视为"夭斜人物"，"只道青冥易到"，岂知"未容着地，已随零落"（《水龙吟·皂泡》）；并且向他们表示，各人有志，不要招惹自己，"故人出处幸相忘，容我五更伸脚过桐江"（《虞美人·自杭州避寇过钓台》）。

夏师与钱仲联先生于1940年在沪上相聚不久，旋即分开，乃因"钱萼孙（仲联）来南京，任教中央大学"（见《同声月刊》2卷8号《词林近讯》），时在1942年8月。从此未曾见面，直到此次在沪上共同参加编选《中国历代文论选》工作时，方始重新相见。夏师在 1961 年 5 月 26 日记道："钱仲联自苏州来，十九年不见矣。今年五十四，两鬓皤然。"从 1942 年至 1961 年整整十九年。虽然十九年未曾相聚，但夏师对钱先生的生活、出处，还是相当关心的。中华人民共和国成立初期，1950 年 2 月 11 日见到钱仲联托人捎来的两首诗，"念其困窘，无从相助"，当得知东北地区来招聘教师时，夏师于 2 月 13、16 日两次写信给钱仲联，劝其"往东北任教"，"来杭考东北中学教师"。钱仲联未来杭州应聘，夏师依然关心他的出处，后"从常熟女生宓莲芬处，知钱仲联解放前在常熟乡间一师范学校任教务主任，近似在常熟文化宫"（1953 年 3 月 22 日），旋又从友人处得知"仲联在大南中学任教"（1953 年 11 月 5 日）。1956 年 8 月，夏师赴北京参加高校教学大纲讨论会，会议间隙，还"与柳湜部长说钱仲联事"（8 月 17 日）。两个月后，"得仲联函，已调往扬州江苏省文化干部学院师资训练班任教"（10 月 15 日），后又调至南京师范学院中文系，专事编写函授教材。1958 年暑期，江苏师范学院重办中文系，从南京师院选调刘开荣等五位先生去工作，仲联先生也在其中，并写信告诉夏师，"已调至苏州天赐庄江苏师范学院"（9 月 7 日）。这期间，我也被江苏师范学院新任院长刘烈人同志从南京调至苏州。江苏省人民政府任命刘开荣副教授为中文系副主任（正职缺），学院则任命钱仲联先生与笔者为古典文学教研组正、副组长。当年钱先生五十一岁，笔者二十六岁，因钱先生去沪上参加《中国历代文论选》的编选工作，分手八年从未有过联系的夏师，方始知道我在苏州工作。而夏师与钱仲联未曾见面的时间更长，因此他们二人这次聚会十分高兴，叙谈（1961 年 6 月 2 日）、拍照（6 月 5 日）、游园（7 月 23 日），当然，更重要的内容则是一同编选《中国历代文论选》。

二

在沪期间，夏师不断地被一些单位邀请去做学术演讲。如1961年8月7日"作家协会诗歌组本月下旬邀予讲词"，于8月16日晚"七时开讲，十时一刻方毕"；8月14日"《文汇报》送来讲演费十五元，并约再讲一次"；8月19日上午赴戏剧学院，"九时开讲，本定十一时毕，以听者要求延长，讲至十二时"；8月23日，上海电影局邀请，下午"二时半报告开始，五时半毕"。据夏师自为统计，"在沪共作报告八次（《文汇报》、上海师院、复旦大学、华东师大、作协诗歌组、戏剧学院）"，其中文汇报社为二次，上海电影局则"为最后"一次。

在此种背景下，正在沪上的南京大学中文系陈瘦竹教授，乃于9月17日邀请夏师"往南大为五年级生（按，上世纪50年代后期，个别部属大学部分系科，本科改四年为五年）讲词学专题，为南大有迫切需要，望予勿却"。陈瘦竹回宁后，又有信给夏师，"谓江苏作协亦欲予作一次公开报告"（9月30日）。隔了一天，"钱仲联持江苏师院函来，亦要予往讲二日"（10月1日）。于是，夏师乃有来江苏之行。

夏师夫妇于1961年10月10日晨从上海乘车赴宁，中午"十二时五十分到南京，陈瘦竹、栾景芳及江苏作协章品镇到站来迓，同上汽车，至五台旅社。与陈、章诸君拟定南大讲二次，作协讲一次，作协开座谈会一次，南大文论选座谈会一次，星期日往苏州"。次日晨，"南大古典教研组主任王气中偕助教王立兴来，南京师院中文系主任孙望来，同出访袁子才墓，知予所居五台旅社实随园故址，下有汽车站名随家仓，即小仓山也。气中，合肥人，午后在南大中文系讲词的特点。晤（钱）南扬夫妇，晚陪予夫妇百花书场听评弹《三笑》"（10月11日）。10月12日，"孙望来，邀予在南京师院对学生作大报告，辞之"。同日，"上午对南大中文系四、五年级生作第二次报告，甚吃力，讲题为《诗眼与词眼》。赵瑞蕻来晤。……夕高觉敷来，今年六十六矣"。高为南京师院教育系教授，著名心理学家。10月13日，"上午，江苏作协章品镇、顾尔钥来迓往南京会堂作报告，题为《南唐词在词史上之地位》，门票限制，到者亦千人左右，词学讲座此为大规模矣。褚祖耿（教育学院）、王定安（工学院）、刘钱熙及浙大诸同学来晤。午后在南京师院中文系古典组开座谈会，晤唐圭璋……等数十人"。10月14日，"晨，作协在旧天王府西花园召开词学专家座谈会，到陈彦通（七十一）、陈中凡（七十四）……唐圭璋、孙望、顾尔钥、章品镇等二十余人，谈词学普及与提高以及江浙两省词学研究者如何分工合作问题"。旧天王府即国民党总统府，颇有园林之胜。会后，与会者陪同夏师在花园游览。10月15日，又在南京友人导引、陪同下，游览了明孝陵、中山陵、灵谷寺等东郊风景区。除游览以外，还拜访友人，接待友人来访，活动十分频繁。

笔者奉领导之命，10月12日从苏州赶到南京，住在老家中。当时也不知道夏师被安排在何处住宿，只知道13日上午将在南京会堂（实即东风剧场）作报告。老家在中山南路，距离会场不远，步行十分钟可到。乃于13日上午直接去会场。当我进入会场时，报告已经开始，听众很多，为便于与夏师接触，乃向会场前面走去，见到第一排两边尚有空座，便随意找了个空座位坐了下来，夏师在主席台上大约已看见我，便在休息时走下讲台向我走来，连呼："陈美林，陈美林。"我乃迎上前去。第一排中间的几位贤达不知我为谁何，投来诧异的目光。我见急于招呼夏师的人颇多，便问明下榻处，约定晚间再去后便闪在一旁。此时，原先坐在我身边、佩着南京大学校徽的一位先生向我伸出了手："我，赵瑞蕻。"我也通报了自己名字，从此便与其相识，但彼此偶有往来已是60年代后期我调到南京师院工作时的事了。

晚间，我便及时赶到位于广州路的五台旅社。那是位于小山坡上的一座花园旅社，登上二十几级台阶进入旅社大门，几幢解放前建筑的二三层小洋楼，散布在院子中，花草也不多，但在当年也称得上是比较好的旅社了。与我现在的住处有五分钟步行的路离，但如今不但旅社已不存在，连小山坡也已削平，矗立起高层的古南都大厦。当时问了服务台，找到夏师所住的房间，已有客人在，仍然没法细谈，在商定赴苏州的日期、车次后，便告辞出来。次日赶回苏州，向领导汇报，以便安排接待事宜。

夏师于10月16日"午十二时到苏州，陈美林、赵年荪（党委办公室副主任）来迓，谓院长及党委书记、中文系主任刘开荣皆不在校"。我们将夏师夫妇接回天赐庄，安排在校内招待所，那是一座东吴大学时代的建筑，楼东一条河，河的对岸是城墙，十分幽静。夏师住房是二楼向南的大间，很是宽敞。阳台也很大，洒满秋日的阳光。夏师还是比较满意的。午餐后，由赵年荪主任陪同去拙政园游览。

夏师在苏州讲学两场。一场安排在10月17日下午"在师院图书馆讲治学方法"，一场是10月19日"午后二时对师院学生讲词"。第一场范围限于校内师生；第二场除师院学生外，"有文联、师专、中学各单位亦有人来听"，以至不少听众"坐大礼堂楼上"，甚至"门外场地"也坐有听众。

除讲学活动外，就是游览园林。钱仲联先生仍留在沪上编注《文论选》，一直到夏师返沪的前一天即19日方从上海回到苏州，因此接待工作主要由我承担。如17日"上午陈美林陪游网师园"；18日"上午八时美林陪游灵岩,小轿车半小时到。山高三百六十丈,满山松林,山径甚宽坦……下山命车行小径,至天平山……上山往云泉晶舍……品茗小坐……下山过高义园燕来榭,其前为宛转桥,旁即范坟,乃仲淹先人墓,三面高山,石笋无数。真如万笏朝天,此他处少见……平生重阳登高为最胜矣"。10月20日,夏师夫妇要离开苏州回上海去,"上午仲联、启后、美林、徐永端来送行",聚谈一会儿即退出,让夏师整理行装。午后,由"美林、启后、陆士南附车送行"至苏州站,陆士南为党总支书记。夏师夫妇登车后,我们始返校。

三

夏师在苏州的友人不多,讲学活动也只有两场,与我叙谈的时间较多。除游览活动由我陪同外,拜访友人也由我陪同。

夏师在上世纪30年代曾来过苏州,当时友人较多。此次来苏州,夏师只去拜访过汤国梨女士一人,并与之同游,夏师原先在之江大学任教,1938年夏,之江大学迁沪,夏师也随之赴沪继续执教。不久,又接受迁沪的无锡国专和太炎文学院的聘请,在两校兼课。因之与太炎夫人汤国梨多有往还,汤夫人亦喜诗词,与夏师有所唱酬。有一次夏师去"答访"汤夫人,在其舍间"聆其滔滔谈至七时半",自述学诗词经过,"谓少失学,廿三岁始自乌镇来沪,入务本女学师范科",并"出示所作影观诗稿词稿两册,自拈出数首",夏师读罢,十分赏识,"皆大佳,小令雅近永叔,长调似玉田、碧山"。汤夫人还说"平生所作,未尝示太炎。太炎雅不好词,谓词之字面仅此数十百字",夏师则以为"汤夫人则由数十百字而能颠倒变化无穷,正词之胜诗处";汤夫人还"坚嘱"夏师为其所作"题辞,指其利病"。夏师感到"其健谈,其好为谦词,直使人无以置答",情不可却,夏师乃作《题汤国梨影观词》，附于1952年7月21日日记之后，中华人民共和国成立之初，汤影观又为太炎先生治葬事，多次求助于夏师，笔者另有文叙说，此不赘。

此次夏师来苏州，在10月17日上午游览过网师园后，提议去拜访汤国梨。网师园距汤宅所在锦帆路不远，便与夏师步行前往。汤夫人见到夏师高兴异常，迎进室内，彼此寒暄一番，因时近中午，夏师乃约定明日同游灵岩，汤夫人欣然同意，我们便告辞出来。次日，小车先到锦帆路，接了汤夫人便一齐往游灵岩、天平。国梨夫人年事虽高，脚力犹健，与夏师边谈边登上山，夏师心情也很愉快，对她说吴文英有一首《八声甘州》，是陪庾幕诸公游灵岩而作，也是这个季节写的。我们不妨步其韵，每人一首，以为今日之游记念，汤影观夫人极表同意。可是在《天风阁词集》和《影观集》中均未见有。尤其是这两日的活动，在《天风阁学词日记》中也失记，不知何故。但经此一会，我终于认识了汤国梨夫人。此后不久，在江苏师院历史系主任柴德赓教授夫人陈老师的陪同下，我曾去章府读书一周，查阅有关资料，得到汤夫人的热情接待。

夏师在南京、苏州学术演讲的题目，也予我以启迪，如在曾经是南唐都城的南京，讲《南唐词在词史上的地位》，我便联想到夏师在杭州讲过《西湖与宋词》。这种联系地域特色的讲题，充分体现了演讲人对当地学术和学人的充分尊重，听众会感到亲切，效果自然良好。1985年，笔者从南京应邀去杭州大学讲学，便效法夏师所为，讲题之一是以潘必正与陈妙常故事为题材的笔记、话本、杂剧、传奇乃至弹词作纵横比较。开讲之前，我首先说明我从南京来，讲一个发生在建康（南京）的故事，而以这一故事进行创的作品很多，尤以杭州文人高濂所作的传奇《玉簪记》为优，堪称这一题材的代表作。经此说明，会场气氛立时活跃起来，听众反应积极。返宁之后将讲稿加以整理，写成《论杂剧〈女贞观〉和传奇〈玉簪记〉》，寄往《文学遗产》，很快就在1986年第1期刊出。对于文学创作的"地域"因素，我在研究工作中一直予以相当的重视，进入新世纪后，仍然发表了一些从地域特色来研究古代小说、戏曲的论文，如《清代三部以南京为主要场景的传奇》（《艺术百家》2004年第1期）、《论吴敬梓的生活环境与〈儒林外史〉的地域特色》（《江苏社会科学》2004年第6期）等等，这些都是受夏师演讲题目的启发。

在闲谈中，夏师还问到我近年的教学和研究情况，当他了解我在编写古代戏曲讲义的同时，还在改写古代戏曲作品为小说，他极表赞同，并问我何以这样做，我便告诉夏师，由于学校图书馆所藏古代戏曲作品不多，同学难以读到原作，上课时讲授不便，自己年轻时读过英国作家玛丽·兰姆和查尔斯·兰姆姊弟二人合作改写的莎士比亚戏剧，便想效法他们，一则练习文笔，不忘年轻时想当作家的念头，借此另种"创作"来圆梦想；二则也是为了当前教学的需要。夏师听了之后予以肯定，并且说自己也喜欢读小说，也曾练习写过小说。当年我改写的作品，在上世纪70年代中期被一刊物发表多篇，后来结集用不同的笔名出版了几种，80年代中期又被外文出版社选中，陆续译成英、法、德文本在海外发行，新世界出版社还出版了几种中英文对照本。

夏师喜读小说、创作小说的事，当年没有时间细问，近年读《天风阁学词日记》方有知晓。夏师不但读过大量的中国小说，还喜读外国小说，如狄更斯、雨果、大仲马等名家的名著，而且写有笔记，并一度尝试创作小说，1947年2月23日记道："上午试写一小说，……灯下写小说毕，殊劳心。"隔了两天，"学校试事毕"，夏师又"坐写小说，至夕才成半篇，觉此事与作画作诗同理，又恨生活阅历不透，不能深刻。此与人生大学问之关涉，尤密于诗词，最可觇性情襟抱。自己做过数篇，乃能读懂他人之作。予盖为欣赏而创作。此理可推之为处世也"（2月25日）。可见夏师之襟抱，确有常人不可及处。夏师虽以治词名世，但并不如传统文人那样卑视小说，而是充分评估小说之功用。因此夏师乐此不疲，又于"灯下写小说三四页，甚倦，然殊有味，几欲为此废寝馈。此于予为外行之业。可作七八篇，编一册曰《外行集》"（2月26日）。这几天所写的小说终于在2月27日写完，并"改名曰《秘密上帝》"，"共五六千字，略知此道甘苦，乃能欣赏名作，不望于此有成业也"（3月2日）。夏师被誉为"一代词宗"，然而少有人知其曾经创作过小说，乃借此文表而出之，以见大家不为一格所拘，于我们后学当有所启迪。我虽未随夏师治词，但也受到他的熏染。夏师研治词学的同时又创作小说，也坚定了我的教学和研究的思路。笔者在研究小说、戏曲的同时，对诗、文、理论乃至文学史、文化史诸领域的知识同样注意学习，偶有所得也著文发表，努力在教学和研究中既注意古今纵贯，也考虑横向沟通。当然，至于做到何程度，那是另一回事了。

此聚之后，再恢复联系则是十三年之后的1974年秋，那又是另一篇文章的内容了。

（《文史知识》2009年第5期）

十、夏承焘先生早年的学术道路试探

钱志熙

夏承焘先生以其在词学研究与词体创作方面的巨大成就，被推为一代词宗。但夏氏的学术研究不仅局限于词学，他早年在经史诸子等多个领域尝试研究，并形成以宋史与学术史为重点的研究计划。将近而立之年，选择词学为专攻，但并未完全放弃早年的研究计划，并受20世纪上半期活跃兴盛的社会科学与人文科学学术风气的鼓荡，对词学之外其他文史学领域也充满了研究的兴趣。但他最后在学术史确立的位置，还是一个以词学为专精，同时在整个古代文学的研究与教学领域都取得丰富的成就的古代文学研究专家。夏氏所走的这条学术道路，是时代与个人的多种因素的综合作用的结果，其以高度的辞章之艺为基础，文史方面的深厚积淀和多方面的学术经验为前提，对词学进行专精深入的研究，有为并世学人所不及之处。但是，从个人的学术发展道路来看，夏氏所走的学术道路，是比较曲折的，甚至是充满着个人选择上的矛盾。在博涉的兴趣与专攻的治学原则之间不断调停斟酌的做法，几乎可以说成了夏氏学术的一个特点。他所确立的几个重要的学术研究方向，如宋史、学术史研究与词学研究之间，既有相成之用，但也不无相克之处。诚然，对这个复杂问题，浅陋如笔者，是无法作出合理的解释的。但从夏承焘研究本身，以及对今天的学人的启发来看，研究夏氏的学术发展道路是有必要的。这其中，博与专，丰厚的人文学养的积淀及广泛的学术兴趣与学术专攻之间的关系，尤其是笔者所感兴趣的。

（一）早年的求学经历

要比较深入地探讨夏承焘的学术道路，不能不从他早年求学的经历入手。夏先生"自十余岁辄学为日记"，但其已经公开发表的《天风阁学词日记》是从1928年7月20日开始的，此前日记尚未发表，早年文稿也多未整理问世，这为我们研究其早年的治学道路增加了很多困难。吴无闻先生在夏先生去世后所著《夏承焘教授学术活动年表》（以下行文中简称《年表》）[1]，以及吴蓓先生近年发表的《夏承焘早年日记述略》[2]（以下行文中简称《日记述略》）一文，提供日记中的部分资料，可谓弥足珍贵。

夏先生是20世纪的同龄人，他是在上世纪初新旧学交汇的求学环境中走上自己的学术道路的。他六岁从顾惺石发蒙，后就读林家私塾、养正小学、永嘉第一高等小学校，与郑振铎同学，至十四岁考入省立温州师范，十九岁毕业[3]。从入读高小与师范的学历来看，他可以说是传统的文史学者中最早接受新式教育的一代人。晚清经学大师、教育家孙诒让创立的温州师范，秉承永嘉学派经世致用思想、呼应时

---

[1] 吴无闻：《夏承焘教授学术活动年表》，载《夏承焘教授纪念集》，中国文联出版公司1988年版，第211页。
[2] 吴蓓：《夏承焘早年日记述略》，周笃文等主编《全国第二十四届中华诗词暨夏承焘吴鹭山先生学术研讨会论文集》，第227—254页。
[3] 吴无闻：《夏承焘教授学术活动年表》，前引书，第211—214页。

代风气①，在课程设置上"中学为体，西学为用"，西学占了很大比重，其中如教育学、心理学、西洋史、英文、化学等课程，都是属于西学、或者说新学的范畴的。这从其培养的人才后来分布于社会科学与自然科学的多个领域也可看出。②夏承焘先生之所以在学术上不守旧、及时接受新学，并且对外国文学始终保持浓厚的兴趣，在文化观念上也有比较开放的心态，兴趣广泛，与他早年所受的这种新式的师范教育经历是不分开的。我们可以说，夏先生在求学道路的起点上，就与纯粹接受旧学教育的前一辈学者有所不同，已经具有比较典型的新学背景。夏氏具有博涉特点的治学风格，与其早年在师范院校接受多学科教育，并曾经以中、小学教育为终生职志的经历也不无关系。师范教育与一般的大学专业教育有所不同，它的专业性并不很强，但对知识面的要求比较广。所以师范教育与一般的专业教育，自有博涉与专精之不同。另一点，即是对于教书育人、传道授业的特殊重视。他在1917年11月18日的日记中写道："以三十年修教育学，以十年图阅历天下各国，采其教育方法及风俗民情，然后毕生躬行教育事业"，并说："处事以百折不回之坚忍心，务达我教育事业之目的。"③对于教学的一贯重视，可以说是夏氏重要特点。夏先生门下名家、大家之多，分布领域之广，是我们已经熟知的事实，这与夏先生的教育精神与方法是分不开的。他之所以被称教育家，并非虚泛之誉。这一

---

① 永嘉学派在温州地域沿承的学术传统在近、现代温州学人的新旧学交替中起到积极作用，尤其是经世思想与近现代温州自然科学与人文、社会科学的转型中起到重要的作用，这是一个值得深入研究的问题。
② 据有关文献调查，地质学家南延宗，昆虫学家任明道，文史学家陈经（竺同）、苏渊雷、胡颂平等都是十师的毕业生。
③ 吴蓓：《夏承焘早年日记述略》，前引书，第239页。

点恐怕是得益于早期师范教育的积极影响，也是我们今天高校专业教育所缺乏的。

世纪初中师教育的新学体制经过夏氏自觉的消化，并且通过后来对西学、新学的不断汲取，使其学术无论从精神与方法来看，都足以预流 20 世纪中深受西方学术影响的主流学术。他虽然不治西学与新学，但对社会科学、文艺学的新成果、新方法是尽量积极汲取的。这方面的证据，《天风阁学词日记》中随处可见，如"阅鹤见祐辅《思想·山水·人物》（鲁迅译）不忍释手"（1928 年 8 月 17 日），"阅《现代名人传》，屡有感动，我即不能为爱迪生、爱因斯坦、麦苏士，独不能为泰戈尔、甘地耶？"（1928 年 11 月 1 日）"见胡适译拜伦《哀希腊诗》一首，甚爱之"（1928 年 11 月 1 日），"灯下阅刘大杰《德国文学概论》论歌德篇"（1928 年 12 月 14 日）"阅日本内畸作三郎《近代文艺的背影》，王璧如译"（1928 年 12 月 11 日），"阅伍光建译法国大仲马《侠隐记》四五回，持较《水浒传》，究相差甚远"（1928 年 12 月 19 日）。这是他 1928 年 8 月到 12 月阅读外国典籍的情况，还不包括同时阅读的多种时人词学之外的学术著作，如柳诒徵《中国文化史》、胡适之《白话文学史》，还有许多与词学无关的文史论文。这种情况，并非某一时间的独特表现，而是贯穿于他的整个学术生涯。夏先生对新学、西学及西方文学及文艺理论作品之博览，是今天一般的古代文学学者所远远不能及的，在他同时代的古代文学研究家中恐怕也是少见的。可以说，他是在一种渊博、开放的学术态度与学术追求中，完成其专精的词学事业的。他是如何在旧词学中融会新知，是值得我们研究的。

（二）早年创作与地域因缘

从另一方面来讲，现代词学研究的奠基者夏承焘，又可以说是从世纪初、典型的旧文学环境中成长的，他早期的基本角色可以说是博涉经史的诗人与词家。这在夏先生这一辈学者，并不能说是罕见的，但借助地域内浓厚的创作风气，以及其业师张震轩、林鹍翔及慎社、鸥社的诗友，加上个人的努力与天才，其早年在诗词艺术方面的成就之卓越，在同代学人中可谓凤毛麟角。其词艺得到朱彊村的点拨，其词作又被叶恭绰选入《广箧中词》，古近体则被陈衍《石遗室诗话》摘录，并得到很高的评价。这为他后来的词学研究奠定了最坚实的基础，他在古典文学的各个领域的教学与研究方面之所以进出自如、游刃有余，与其辞章功夫之深是分不开的。年辈稍后于夏氏的饶宗颐先生也是以高度的辞章之艺为其领域广阔的文史研究的基础。传统的辞章之艺对古代文学甚至一般文史研究之重要性，恐怕也是一个值得探讨的问题。

夏承焘先生早年就读私塾，接受传统的教育，进入温师之后，因个人爱好兼有张震轩等精通旧学的师长的引导，在课业之外，比较系统地习读儒家经典，温习《四书》《五经》，自述"十三经"除《尔雅》外，皆曾熟读成诵。张震轩即张棡，入邑庠为学使潘衍桐、徐致祥所赏，刊其文入《浙江试牍》，"并诏七属诸生以棡读书为法"。后被孙诒让延请为孙氏诒善祠塾讲课。[①]《张棡日记》1915年5月1日条记载为洋楼书塾诸生订《自强斋学约》，单日习四子书、《左传》《毛诗》《周礼》《史记》《通鉴》《国策》，双日课古文（《古文辞》《经

---

① 俞雄选编：《张棡日记·前言》，上海社会科学出版社2003年版，第1页。

史百家钞》)、词章诸艺,并坚持记日记、短札、临帖。[1] 夏先生的早年的课业,受张梗的影响应该是比较明显的。他曾为文怀张震轩先生,称"予学字学词,皆张师启之"[2]。作于1916年、1917年的日记,频繁记载温读经书的程课,如"读罢四书全部"(1916年4月8日)、"《周易》已重温三次,虽皆曾经背诵,然除《系辞传》及《说卦》《杂卦》诸篇外,实皆未尽顺口也"(1917年7月18日)、"温《左传》数卷,每篇虽皆背读十余次,犹另星散落,欲求十分顺熟,殊堪难也"(1917年8月30日)。日记中还说到读经计划,"予意拟读完十三经,以为读书根本"(1917年9月15日)[3]。自宋儒以来,以经学为读书、治学、制行之根本,即所谓"六经根柢",夏先生正是按照这种观念来读经的。除了经之外,夏先生在史与子方面,也有过比较系统的学习,并且重视小学,熟读段玉裁的《说文解字注》等清人《说文》学著作。其在小学方面的功底,实属深厚。对此吴蓓有这样的论述:"虽然经、史、子、集都在夏承焘的博览范围之内,但青年时代的夏承焘,还是沿承了清儒的理念,将治经、治史放在'正途'的位置。而小学作为研经的基础,遂格外得到夏承焘的重视,其中尤以对《说文解字》的研读最具代表性。"[4] 这个说法是完全符合夏先生早年读书、治学的基本方向的。从作为正式的学术研究来看,夏先生早年曾经从事过小学方面的研究,其于1929年致邵潭秋的信中说"秦中数载,治小学及宋儒思想,皆无一成"[5],又《年表》载1927年7月,作《说

---

[1] 《张梗日记》,第192页。
[2] 《夏承焘集》第六册,第449页。
[3] 转引自吴蓓《夏承焘早年日记述略》,前引书,第228页。
[4] 《夏承焘早年日记述略》,同前书第231页。
[5] 《夏承焘集》第五册,第144页。

文通论》《说文广例》。① 又《天风阁学词日记》1929年2月7日条记载："与杲明翻《说文》，欲依双声或叠韵求字义，东冬韵皆有大、多、高义，支韵皆有小、碎、直、尖等义，元韵有远义，诸如此类，分部移录，亦可成一书。嘱杲明着手为之。"李杲明，浙江瑞安人，是夏氏早年关系最密切的朋友，三十早夭，有甲骨文研究的著作，为夏先生所保存②。又《学词日记》1935年10月24日条："阅报，黄季刚卒，有义贯一书未成，谓审音可知义，如洪、夏、恢皆训大，江淮河汉海及华恒衡霍皆有大义。予曩尝思拆开《经籍纂诂》依字义另成一书，亦此意。徐益修先生释小、释曲诸篇可取法。"③日记中像这样属于语言学的内容还有很多。可见夏氏的学问出于清人经学，其在传统的小学即文字、音韵、训诂等方面的功夫，在他后来的词学研究中是起到作用的。他的《"阳上作去""入派三声"说》《唐宋词字声之演变》《四声绎说》等论文，都是得益于深厚的音韵学功底。其对姜白石旁谱的研究，也是建立在其在文学与语言学方面的扎实功夫之上的，王延龄先生认为白石旁谱破译工作包含着"文学和语言的理论与技术"④。可见深厚的小学功夫、运用传统语言学的技术与方法，是夏氏词学的一个特点。老一辈学者语言、文学不分家的治学特点，在夏先生的身上体现得很突出。夏先生的嫡传弟子任铭善、蒋礼鸿两位著名的语言学家，平生读书、治学与夏先生关系紧密，他们也是走夏先生那样的经史子集博涉的道路，最后选择以语言学为专精，

---

① 《夏承焘教授纪念集》第222页。
② 《张枫日记》记载1934年6月4日在夏承焘先生之江大学寓见李杲明夫妇照片、杲明篆书条幅，并容庚作序的龟甲文手稿。上海社会科学院出版社2003年版，第508页。
③ 《夏承焘集》第五册，第403页。
④ 《夏承焘教授纪念集》，第59页。

这与夏先生的影响不无关系。夏先生重视小学，对他们应该是有影响的，夏氏还经常在自己的著作中引用两位学者在语言学方面的成果。如《四声绎说》一文在论述四声与五音的关系时，就引用"予友任铭善"之说。[①]我们可以说，夏先生的治学，是从规仿清人经学、小学开始的。晚清时期的温州地区，乾嘉经学仍然十分流行，地方上经师很多，孙诒让更是一代大师，张震轩则亲受孙氏之学。夏先生正是在这样的背景下走上学术道路的。

（二）早年学术活动的主要特点

夏先生开始尝试学术研究，应该是在他二十岁师范学校毕业后开始的。传统学术研究，亦即著述之业。夏先生对学术研究的基本理解，也是将其作为一种著述的事业来看，著书是夏氏一生最大的兴趣。这种表现其实是比较传统的，与现代学术将研究的根本性质定位于一种问题的解决有所不同。从现在所能见到的材料来看，他在任桥小学任教时，有《学诗偶谈》《学愚斋笔记》之著，虽然我们现在还无从见其内容，但可以说这类早年的作品，实为其有意著述之始。这时期对夏氏走上学术研究道路有积极影响的一件事情是1920年暑假的南京暑期学校学习。吴无闻先生的《年表》对此有记载："五月……乘海轮离温经上海至南京高等师范暑期学校学习，教师有胡适、梅光迪等……七月，作《墨子哲学长处和短处》语体文……八月，自南京经宁波、上海返抵温州。"[②]胡适、梅光迪都是新文化运动的早期重要人物，但又是主张兼融新旧的，用新方法、新思维研究传统的文化。

---

① 《夏承焘集》，浙江古籍出版社1997年版，第二册，第423页。
② 《夏承焘教授纪念集》，第215页。

梅氏还是《学衡》派的主将，夏氏的学术倾向与《学衡》派最接近，是属于整理国故一派的。他的同乡前辈学者林公铎也是属于《学衡》派的，夏氏与他有过接触。[①]这些问题都值得研究。胡适、梅光迪大概是夏氏最早接触的新派学者。《张棡日记》1920年11月21日条记"夏生承焘来谈南京、苏州事"，其中记载了夏先生对此行的看法："又言胡适之在南京演说，语尚中肯，谓人必须先蓄根柢乃可言新文化也，而西国罗素先生新来中华演说，其主张则劝中国宜以保粹为主义，新文化潮流总觉太急躁也。"[②]在后来的词学研究中，夏先生对胡适之的词学、俗文学研究都有比较多关注，在有关词的源流方面，胡适及受胡适影响郑振铎的词起源说，对夏氏有所影响，但夏氏又以专门词学家的学识对胡氏的词学提出一些批评的意见。[③]另外一点，这次听课也是夏氏与南高、东南大学的学者建立关系之始。南京高等师范（1912—1920）是东南师范教育的重镇，师资雄厚，并且兼融中西，其中王伯沆、柳诒徵、陈中凡等旧学精深而又有新学气象与格局的宗师，对东南学术的影响极为深远。后来与夏先生同事的王驾吾、胡士莹都是南高的学生。南高后改东南大学，夏先生的好友，一生在治学上与其桴鼓相应的曲学家王季思，就在1925年就读东南大学中文系，并从吴梅先生治学。夏氏从吴梅问学，也始于此期。又《学词日记》1928年9月22日记载："借来柳诒徵《中国文化史》六册，东南大

---

① 《天风阁学词日记》1934年11月26日条记载："过大石桥十号访林公铎，尚记昔年海晏同舟事。"《夏承焘集》第五册，第338页。
② 《张棡日记》，第283页。
③ 《天风阁学词日记》1928年8月份记载阅读胡氏《词选》《白话文学史》，8月4日有作胡适一信。1929年9月14日的日记中记载阅读《小说月报》所载郑振铎《词的启源》一文，对其"里巷与胡夷之曲，乃词之二大来源"的看法表示赞同。这也是夏氏后来经常阐述的词源之说。

学讲义。"次日日记又载："阅柳诒徵《中国文化史》，可为予《中国学术大事表》参考。"东南大学教授吴梅更是东南词曲之学的现代奠基者，夏氏在进入词学专攻之后，在词乐研究方面一直向吴梅问学。从这些地方可以看到，夏先生与南高、东南大学有一定的渊源关系。1934年11、12月份，夏氏侍父游览南京，遍访唐圭璋、陈匪石、汪辟疆、林损诸人，并在曹纕蘅席上见柳诒徵。或许可以这样说，对于主要是从温州地方的旧学环境中成长起来的夏承焘先生来说，南高、东南大学的学者群是他较早接触的大学文史学者群体。

无论是夏承焘的诗词创作，还是其学术研究，西安五年都是很重要的时期。从创作上讲，这时期是其独具个性的创作风格开始形成的时期。尽管他自己说"秦中数载，治小学及宋儒思想，皆无一成"①，但从学术道路来讲，此期是其学术意识自觉、学术理想确立的重要阶段，也是其开始在现代的学术刊物上公开发表研究成果的时期。② 可以说到了这个时期，夏先生的身份，已经由一个单纯的文人墨客转变为职业性的学者，并且开始规仿清人学术到预流当代的治学风气。关于夏先生西安五年中在经、史、诸子及性理之学方面的治学情况，吴蓓的《日记述略》根据其早年日记及相关论著遗稿，作了比较全面的介绍，对于我们了解夏先生早期学术研究活动有很好的参考价值。

夏氏早期的学术活动有几个特点，从学术思想来讲，学以致用的特点明显。这个致用，从内在来讲，究明修身养性、敦品励行之学；从外在来讲，究明经世致用之学。从学术的格局来讲，一是领域广，

---

① 《夏承焘集》第五册《天风阁学词日记》第144页《致邵潭秋》。
② 《年表》载1924年6月，《民铎杂志》五卷四期发表《五代史记解题》一文。《学词日记》1928年8月30日记为《民铎杂志》九卷四号，并说明是周于同代投的，夏先生本人对此文的发表并不满意。

二是计划宏大。以下我们尝试从这几个方面来概括夏先生的早期学术活动：

从发展逻辑与实际的经历来看，我们发现，最早也是比较长久地吸引夏氏学术兴趣的是宋明理学，亦即性理与义理之学。夏氏原为辞章之士，由辞章而转性理，在文人中是有一定的普遍性的。有学者论此云："大抵才华之士，早岁则喜吟诗，暮年则喜谈道，所谓少年词章，晚来理路。"[1] 晚清以来文人治性理之学的，更不在少数。但夏先生的由辞章之士专注于性理之学，从思想发展的逻辑来讲，是由其青年时期修身养性的内在需要发展出来的。夏承焘就读的温州师范学校，课程中有修身一门，校长姜伯韩极重此门课程。[2] 姜伯韩治教育学，著有《欧洲教育史大纲》[3]。他同时崇尚儒教，民国六年曾欲上书教育部变更祭孔典礼，国文教师张棡为其翻阅《策学备纂·礼制门》中的一切祀孔典礼。[4] 姜氏以出身寒微而重治行、得时誉，著有《道德概论》一书，为十师师生所推崇，后为暨南大学校长。[5] 夏承焘的恩师张棡，更是传统儒者，尊孔重礼教，思想趋于守旧，但对新知识并不排斥。这些因素再加上早年习读儒经，可知夏氏早年是服膺儒术的，以儒者持身的。其由习经而重制行，由重制行而欲治宋明理学，可谓

---

[1] 张舜徽：《清人文集别录》卷十一《天真阁集五十四卷、外集六卷》，中华书局，1963，第304页。
[2] 吴蓓《夏承焘早年日记述略》，同前书第236页。
[3] 《张棡日记》第297页1921年10月19日条记载："伯韩乃示予所撰《欧洲教育史大纲》二册，系商务印书馆代印。"
[4] 《张棡日记》，第225页。
[5] 《张棡日记》1917年5月1日条记载黄溯初、刘次饶来师校演讲有关道德人格的主题，并称姜校长《道德概论》大有益于师校教育，望此书速刊行以为诸生矜式。见第230页。

顺理成章。据吴蓓的翻阅,"在西安的数年日记中,有关修身的日记占有较大的比例",曾著《省身格》检查平日的行为,自省近于苛刻。其1923年2月9日的日记记载:"(近来)多读性理书,欲以躬行心得为诸生倡。每日课其为日记,订功过格,颇有兴起者。""区区之志,惟求寡过于身,为一谨饬之士。在一校则化一校,一乡则化一乡,一家则化一家。希不虚此生于人世。"① 他正是在这样的思想中走向宋明理学,对二程、朱熹、王阳明等思想家的著作发生浓厚的兴趣,并用传统理学家方法治学。在诸家中他对于阳明心学尤多心得,常视为体悟心性之归宿。这时期,他甚至懊悔从前溺于词章,虚费岁月。1922年12月3日的日记写道:"拥被观阳明年谱,有会心处辄欲起舞。读书学圣人真人间第一等学问,从前沉溺于词章,可怜可惜。"② 阳明早年也是辞章之士,夏氏对此犹感亲切。他在早年也曾对西方哲学有过阅读,曾以自己的体会比较苏格拉底的道德哲学与阳明知行之说,得出两家似同而实异的结论:

> 苏氏知行合一说曰,人欲实行道德者,在知道德于人之为善;其不知为善者,以不知善之为善;彼知而行犯之者,未可谓真知;知己之得而不求其利,我未见其人也。与阳明说似同实异。(1921年12月19日日记)③

阳明的"良知"是心性本体之知,虚灵圆觉,应物而自生,超越于世俗功利之上。苏氏之知善而能行,是一种利害之观,必以认识到善即利而始能行之。虽然其以善为利与世俗的自私自利不能等同来

---

① 吴蓓:《夏承焘早年日记述略》,前引书,第240页。
② 吴蓓:《夏承焘早年日记述略》,前引书,第242页。
③ 吴蓓:《夏承焘早年日记述略》,前引书,第235页。

看，也是站在人类的立场上的，但毕竟是一种功利之说。夏氏由此发现苏格拉底知行之说与阳明知行之似同而实异，可证其对于性理之学的体悟已经达到很深的境地。不仅看到苏氏哲学与阳明心学之不同，其实也已经看到西方哲学在道德论上与儒家思想在根本上的差异。可见后来新儒家一派常说的中西哲学会通，夏先生早年也已有所实行。

除了宋明理学外，他似也曾较多地涉猎内典。夏先生号瞿禅，在之江大学时，学生曾向他请教此号的含义，他说自己因长得清瘦，双目瞿瞿。并说："禅并非一定是佛法。禅也在圣贤书中、诗词文章中，更在日常生活中。"① 这番话虽似平淡，却有很深的儒佛会通的功夫在里面。夏先生学习佛禅的具体情况我们不大清楚，但对一个对宋明理学具有浓厚兴趣，对人生真谛充满探索愿望的青年学人来说，涉览佛经禅录，也是很自然的事情。他的自号瞿禅是在什么时候？笔者尚未能遍检夏氏文集求之。但据《张棡日记》1926年4月29日，有"偕夏瞿禅赴府庙街某宅访符笑拈大令"一条，其时夏先生27岁，已从西安游归，在瓯海公学、十中任教。② 可见夏先生自号瞿禅，是在27岁以前。这时可能是他由治阳明心学并进而研究禅学的时期。《年表》并载1925年9月，足成旧作《洒周自金陵书来劝究内典作此答之》一诗。洒周即陈竺同，永嘉人，夏氏在十师的高班同学，曾在南京内学院从欧阳竟无学习。③《天风阁学词日记》1930年11月6日条："接适君复，知陈竺同洒周在复旦讲南北曲及佛教文学。"④ 陈竺同劝其究内典，可见其平素在佛学方面下过功夫。夏氏在宋明理学及佛学方

---

① 琦君：《卅年点滴忆师恩》，载《夏承焘教授纪念集》，第155页。
② 吴无闻：《夏承焘教授学术活动年表》，前引书，第220页。
③ 周梦江：《怀念陈竺同老师》，《温州读书报》2009年1月13日。
④《夏承焘集》第五册，第163页。

面虽未见专门论著,但从《学词日记》中看,他对宋明理学与佛学的兴趣持续终身,中年时期,曾研读《阅藏知经》《大乘起信论》等多种佛典。我们研究夏氏学术,对其在性理与义理方面的深厚修养应该特别重视。

夏氏早年的著述,贯穿子、史、集三部,其以经世致用为目的的特点是比较明显的。1920年21岁时在南京高师暑期学校,受胡适等人启发,用语体文作《墨子哲学长处和短处》,是其尝试子书研究之始。其之所以能在较短时间内写成这样的论文,大概还是因为早就已经阅读《墨经》。其师张枬曾向孙诒让问学,夏承焘阅览《墨子间诂》也是很自然的事。在西安时期,夏氏对子书作过比较系统的阅读。据吴蓓介绍,其所藏遗稿中有《慎子、尹文子、公孙龙子、吕氏春秋劄记》《扬子法言劄记》《读荀子界说》等。尤其是《读荀子界说》,夏先生自称是"予之著作破题儿",其界说荀、孟性说之异同,兼用新学的一些概念,在方法上受到梁启超《读孟子界说》的影响。由于深厚的旧学功底,精通典籍,夏先生对胡适等人"好为武断加以粗忽,遂至厚诬古人"有所批评,其《读荀子界说》也是针对胡适的一些观点而发的。①

在史学方面,夏承焘的经世特点更加明显。他认为"我国古学之须研究者,一为通史,一为性理。史可识治乱大体,性理乃立品之基"②。此语可以帮助我们了解夏氏最早的学术实践,为何选择理学与史学为两大重点,并且终身未曾真正放弃。自南宋以来,史学即是浙学的重心,并且据章学诚之言,浙东史学渊源于服膺象山心学的甬

---

① 吴蓓:《夏承焘早年日记述略》,前引书,第248—249页。
② 吴蓓:《夏承焘早年日记述略》引1923年4月16日记,前引书,第249页。

上诸子，后来精通章学的张尔田与夏氏的通信中，也指出这一点。① 夏氏理学、心学与史学兼治，与浙东学术的传统也是一脉相承的。从史学思想与方法上看，夏氏受章学诚的影响相当深，这个问题值得专门讨论。夏氏新婚之夜携《文史通义》入房避客。② 1925年西安任教时期，曾著《章实斋学案》。③ 1940年曾开《文史通义》课。④ 他自称"治学则最早得力于《汉学师承记》《文史通义》二书"⑤。其所作《中国学术年表》《中国学术地表》以及学派专史《关学师承表》等，是深受章氏重视表、谱的史学思想的影响。1934年12月29日的日记，受章实斋强调"人表"的重要性，认为表非比类征实之学的思想启发，对宋史研究计划作了一番调整："予思治宋史，先从表着手。成宋史表一书，先从文学、理学着手。文学先从词人着手，作词人系年表。理学先从永嘉着手，作永嘉学系年考，则年来辛勤搜辑之词人遗事，不致废弃。又实斋所谓史学别录，予亦久有此意。"⑥ 又受章实斋《史学别录例议》启发，欲用其法治宋史，札宋史及宋人文集笔记为一书，曰《宋史别录》，并考证其异同，另为一编《宋史考异》，其关系风俗制度者，别为一编，曰《宋史别志》。⑦ 从传统的影响来看，夏承焘先生是深受浙东学派影响甚至可以说是浙东学术的直接的继承者。其治学之奥秘正是引浙东史学入词学，入文学史学。

夏先生早年的经史诸子研究，在格局上还具有领域广、计划宏大

---

① 《夏承焘集》第五卷，第334页。
② 《夏承焘集》第五卷，第172页，《学词日记》1930年11月24日条。
③ 吴无闻：《夏承焘教授学术活动年表》，前引书，第219页。
④ 《夏承焘集》第六卷，第179页，《学词日记》1940年2月19日条。
⑤ 《夏承焘集》第六卷，第241页，《学词日记》1940年10月22日条。
⑥ 《夏承焘集》第五册，第350页。
⑦ 《夏承焘集》第五册，第365页。

的特点。从涉及面来看，经史子集，四部殆遍。夏氏是从旧学营垒中走过来的，中国传统的治学，向来不划定区域，兼综群学。与夏先生同时代的其他学者也有这个特点，最典型的如蜀中学者刘咸炘，也是深受章学诚的影响，其著述的特点也是兼综群学，著书二百三十五种，意欲弥纶整个中国古代学术。稍早于夏先生的章太炎、梁启超甚至胡适等人，也都是兼通群学的。梁氏、胡氏尤其重视用比较新的考证和史学研究方法来研究文学史与思想史，他们的治学方法对夏先生都是有影响的。夏先生一方面继承传统的经史子集不分的清儒治学方法，另一方面又受这些现代学者的影响，加之自幼勤读四部，积累丰富，其开始走上治学道路的时候，也是以博涉群学为特点。其由辞章之士而走上经史诸子研究的道路，其学术背景与渊源，是多层次的。中国古代的诗人、词家，都是同时精通经史诸子之学。宋、明以来理学盛行，许多诗文之士，也兼涉义理、性理、心性等学。晚清以来的风气，诗人、词家更是多兼通经史之学，如沈曾植、陈衍、张尔田等人，各有专精。在夏氏的学术道路上，这些人应该都是对他发生过影响的。

夏氏早年的经史诸子之学的治学实践，是其后来词学研究的基础。程千帆先生对夏先生词学与清儒之学的关系，有精辟的论述：

窃谓此老之于词学有不可及者三：用力专且久，自少至老，数十年如一日。平生旁搜博考，悉资以治词，比之陈兰甫之偶考声律，王观堂之少作词话而毕生精力初不在此者大相径庭，一也。以清儒治群经子史之法治词，举凡校勘、目录、版本、笺注、考证之术，无不采用，以视半塘、大鹤、彊村所为，远为精确。前修未密，后出转精，当世学林，殆无与抗手者，二也。精于词学者，或不工于作词；工词者又往往不以词学之研究为意，故考订词章，每难兼擅，而翁独能兼之，三也。"①

现在我们通过对夏氏早年学术的探讨，能够清楚地看到，其"以清儒治群经子史之法治词"，即是用他自己早年的治群经子史之法治词。

（三）早年学术活动的重要转折：词学研究

夏承焘先生学术道路的一个重要转折，是在近而立之年，开始选择词学为其研究的重点。夏氏开始专攻词学，是从1927年9月赴任严州中学开始的。《天风阁词·前言》中夏氏对自己的词学研究道路有一个简单的交代，称早年学词得常州派书，略知词之源流正变，然中间舍去为他学。"其后客授严州，乃重理词学。并时学人，方重乾嘉考据。予既稍涉群书，遂亦稍稍掇拾词家遗掌。三十左右，居杭州之江十年。讲诵之暇，成词人年谱数种。"②关于夏氏严州开始治词的具体情况，吴蓓《日记述略》所引1927年10月4日日记中有清楚的记载：

> 拟以四五年功夫，专精学词，尽集古今各家词评，汇为一编，再尽阅古今名家词集，进退引申之。自惟事功非所望，他种学问亦无能为役。惟小学及词，稍可自勉。明正当着手为之。

又据吴蓓介绍，其于10月间搜集词话竟，并确定长期的词学研究计划。夏氏自认其专攻词学始于严州，《天风阁学词日记》从1928年7月20日开始，就是一个标志。所谓学词日记，实为"词学日记"之谦称。7月20日这一条中说："再翻宋史一过，查词人传

---

① 《词学》第六辑，程千帆《论髯翁词学》，华东师范大学出版社，1988年。
② 《夏承焘集》第四册，第113页。

作词林年谱。日来颇复厌此,以属稿将半,勉强成之。"据《日记述略》,《两宋词林年表》的撰写始于 1928 年 3 月,至此已阅四余月,而属稿将半,可见用力之勤奋。夏氏之专精词学,一时殆未旁骛,对于长期博涉经史子集、著述没有比较明确的计划、阵地屡移的他来说,这真是与从前不同的学术工作状态。态度与方法决定了工作性质,也决定了工作的成果。从这一点我也可以说,夏氏真正的学者生涯,就是从这个时候开始的。上面所引 1927 年 10 月 4 日日记,或者也可以称为夏氏学术发展史上的"严州之悟",其对于现代词学的意义,或许也可比拟阳明的龙场之悟。从这里我们可以看,在一个学者的学术发展史上,根据主客观条件,确立、寻找一个真正适合自己的专业方向,是多么重要的一件事,又是多么的不容易。

从夏氏早年崇尚的内治心性、外致世用、领域广阔、规模宏大的学术思想及初步的实践来看,词学实在只是极小的一隅。他之所以没有更早地选择词学,正是受这种传统的看法影响。经过前期的学术探索,夏氏已经熟悉古今的学术思想,对学术的认识趋于清晰。但从西安回来之后,辗转温甬等地,缺少安定的治学环境,而在故乡的几年,仍是过一种旧文人的唱酬吟咏生活。夏氏自小即立道德文章的大志,而此时近而立之年,终于在长期的探索后做出这种选择。这是服从了学术研究专门化的要求,是必须做出的一种选择。这标志着夏氏学术思想的成熟。思想与修养,需要广泛的学习与社会实践,文学家的成长,也较多地依靠博览旁通的学习方法,但是学术研究要想取得尖端、高质量的成果,必须走专精之道。夏氏在其早期治学过程,斟酌得最多就是如何专与博的关系:

> 念治学不可精力旁骛,年来为词人年谱,姜白石词考证及拟作《述林清话》等,虽自谓不轻心掉之,然究非第一等著作,当

更为其精者大者，为安心立命处。日来读声韵书，又见猎心喜。第恐方面太多，不能专一耳。（1934年9月30日）①

月来早晚枕上，殚心述作，头绪千万，欲为《南宋史表》，为《述林清话》，为《宋理学年表》，又欲专心治词不旁骛，苦无人为予一决之。（1935年2月8日）②

灯下思量作宋学系年要略。不专主理学，以年表体裁辇揽一代学术风会，并加论断。天五好宋学，他日归读雁山时，可以此为连业功课也。又拟扩大词史范围为词学六书：一词史，二词史表；三词人行实及年谱；四词例；五词籍考；六词乐考。草稿初具，不知何时写成。造端过宏，甚恐精力不济。安得三数学生共成之？（1939年12月22日）③

使予一生专治词学，不患无成。而近颇思骛博，欲治宋史，又欲为著述义例之书，此皆大车冥尘，非二十年不能卒业者。正恐头白可期，汗青无日。灯下阅实斋博约篇，不禁感慨！（1940年2月19日）④

枕上思能成《词学志》数十卷，亦足不朽，不必骛高远治宋史。（1935年3月13日）⑤

在他治词的前期（30、40年代），并没有放弃早年的一些学术计划，并且不断有词学之外他认为更为"远者大者"的学术计划产生。但由于他一开始确立了词学方面的宏大计划，而在工作方法上，早期的词

---

① 《夏承焘集》第五册，第323页。
② 《夏承焘集》第五册，第363页。
③ 《夏承焘集》第六册，第159页。
④ 《夏承焘集》第六册，第179页。
⑤ 《夏承焘集》第五册，第369页。

人年谱、白石词旁谱考证,又采用乾嘉朴学与现代实证研究的方法,所以客观上不可能再大幅度地游移在数个学术领域了。

同时,在事功与学术,甚至文学创作与学术研究之间,夏氏这个时期的思想,也逐渐明确,以学术为主要的工作。1929年9月18日日记记载:"夜作子野词考证。年来读书,时有不入时之想,细思真人生,在能各发挥其一己之才性,何必婥阿附俗,强所不能。我国文学待垦植掘发之地尚多,止看其方法当否耳。不入时何足病哉。任公、静安,皆独有千古。"[1] 这是他基本上放弃以事功入世的一个标志。又1929年6月7日日记记载:"自恨既往之身世太平庸,不活跃,不宜于文学。若长此以往,只得自勉为学者,将无分于作家。"[2] 从这些情况,我们看到,虽然夏氏早年以辞章之艺起家,但是真正选择词学与古典文学为其终身职业,却是在近而立之年作出的决定,这里面是有过犹豫与矛盾的。他晚年有这样的自述:"我自师校毕业后,因为家庭经济等各方面条件的限制,未能继续升学,苦无名师指点,才走了一段弯路,花费了将近十年的探索时间。"[3] 我们说,这个十年的探索时间,可以概括夏氏学术道路这样一个历程,即从博涉、规仿传统的经史子集之学到向以古典文学为专业并以词学为专精的发展道路。

但是,作为传统的学者,夏承焘先生经世致用的学术思想是根深柢固的,在强调夏氏近而立之年选择词学为专精的明智的同时,我们也要注意到这样一个事实,尽管他的词学本身在循序渐进,按照他原

---

[1] 《夏承焘集》第五册,第119页。
[2] 《夏承焘集》第五册,第99页。
[3] 转引自吴蓓《夏承焘早年日记述略》,前引书,第253页。

来的计划在细密地推进。但专精词学本身与他学术理想尤其是内求性理之明、外求经世之用的学术观念之间的矛盾，还是客观存在的。这使他常给自己正在做的工作带来矛盾的心态。尤其是当正在从事的研究工作与别的学术计划的设想产生矛盾时，常使他处于焦虑的情绪中。这也是我们研究夏氏的学者心态所应特别注意的。

（四）早年学术活动与现代词学体系创立

夏氏词学从一开始，就具有通盘的计划，这个计划的要点就是全面研究词体的发展历史，创立现代词学的学术体系。他所做的具体工作，也是在通盘计划下进行。1927年治词伊始，即拟撰述《中国词学史》（或《词学批评史》）、《历代名家词评》《历代词话选》《名家论词书札》四种书。稍后又有仿拟朱彝尊《经义考》作《词学考》，继张宗橚《词林纪事》作《词林续事》《两宋名家词评传》《两宋词林年表》等著作的构想。[①] 对于深受章氏"辨章学术，考镜源流"以及重视史学真义的著述思想影响的夏氏来说，以《词学史》为词学撰述之首，是很自然的。这也可以说是夏氏词学研究的最高理想。但是在承传浙东史学体大思精的史学传统的同时，夏氏又深受作为清学最高成就的乾嘉学术思想及方法以及现代从西方传输进入的实证学术的影响。选择了从史料学、考证学入手来研究词学，其内在的逻辑是认为只有全盘地整理、研究词学文献，才能写出真正有价值的词学史。但在具体的研究工作中，夏氏的方法并非多头同时推进，而是先进行专题研究。要全面研究词史与词学史，首先要对词人做出系列的个案研究。由于词被视为小道，所以在传统的观念中，词人远不如诗人重要。

---

① 吴蓓：《夏承焘早年日记述略》，前引书，第252—253页。

从宋代以来，诗集的笺注整理，诗人年谱、传记的编撰，比比皆是，至有千家注杜之说。词集的笺注整理则远不及诗集，而词人生平的研究更是罕见。近代词学发达，但词人生平的研究仍付阙如，"夷考作家行实，以供学者知人论世之助者，自海宁王氏《清真先生遗事》外，亦不数觏"[①]。所以，夏先生的工作就从词家别集的整理与词人年谱的编撰开始。这项词学研究的基础工作可以说是终其一生。在最初十年间，着力于《唐宋词人年谱》的编撰，并整理姜夔的《白石词》。这是他一生词学研究中最重要的两个成果。其中白石词旁谱的研究，则是由词籍研究而深入词乐研究的领域，为现代的词乐研究奠定了基础。上述两项研究都可以说是带有攻坚性质了，它奠定了夏氏在词学研究上的地位。尤其是在词乐研究方面，夏氏依靠早年经学的功底，继承勘别清人的燕乐与白石旁谱研究的成果与方法，同时积极学习现代音乐史研究的成果，通过问学、通信与当世的通人专家相互研核，终至词乐研究的高峰。但对于夏氏整体的词学研究计划来说，这只是两种局部的工作，他自己认为"究非第一等著作"。夏氏的白石旁谱与词乐的研究，堪称是学术研究的典范性工作，对我们如何从事专题研究有启示作用。在上述工作稍能就绪后，夏先生又将重心转到词体本身的研究，参照俞樾《古书疑义举例》的体例，撰著《词例》一书。《天风阁学词日记》1932年1月2日中详尽地制定了词例的具体例目，共达58例之多。如果说《词人年谱》反映的是夏氏在史学与文献学上的深厚功底，那么《词例》例目的制定，则是夏氏在词学上全面功力的反映，尤其是其在词体艺术长期的创作经验与对历代词集的丰富的研阅成果的反映。比之词人年谱，《词例》更是词学研究的当行本

[①] 程千帆：《唐宋词人年谱序》，载《夏承焘集》第一册，第1页。

色之业。1933年《词学季刊》的《词坛消息》登载了"夏瞿禅草创词例"的消息,并介绍《词例》的体例,称其"分析之精密",并将其与万载《词律》相比,认为"《词律》究一词之格律,此书将贯全宋元词为一系统。如此伟大著作,甚望其能早完成。近闻初稿已大致就绪云"[①]。《词例》的主要工作方式是从宋元各家词里札出材料,这是其后近二十年间夏先生在词学方面的一项重要工作。《词例》的最后写成时间待考,据现有资料,夏氏在1949年整理其旧稿十五种,其中词学十种,第二种即为《词例》,注谓"皆未写出,在各词集书眉者,亦未札入"[②]。除了《词例》,夏先生在三四十年代的词学撰著之关乎大体者,尚有《词林系年》《南宋词事》《四库全书词集提要校议》《词逐》等书,以及《乐府补题校笺》《词源笺证》等专题研究。[③]《词源笺证》是沿白石旁谱研究而来的,是属词乐、词律的专门化学问。由这些情况可知,夏先生三四十年代的词学研究的基本进路,是由史学、文献学而进为词籍整理、校笺,进而为词乐之专深研究,进而为贯穿宋元词整体的《词例》《词逐》的著撰。这些都是在其词学研究全盘计划下进行的。随着他的研究的推进而不断地调整,其词学研究的全盘计划也在不断调整,越来越趋于严密化、体系化。至1935年12月19日的日记记载:"拟扩充《词逐》范畴为《词学典》,四十以前拟成《词学史》《词学志》《词学典》《词学谱表》四书。《词学典》用辞典体裁。"[④]至1939年12月22日的日记,"又拟扩大《词史》范围为"词学六书":一《词史》;二《词史表》;三《词

---

① 《词学季刊》创刊号,221页,上海书店1985年影印本。
② 《夏承焘集》第七册,第54页。
③ 同上。
④ 《夏承焘集》第五册,第417页。

人行实及年谱》;四《词例》;五《词籍考》;六《词乐考》。草稿初具,不知何时写成"(见前文引)。夏氏词学研究的规模,可以说是空前的。同时,这个时期,夏氏古典文学的其他领域的研究,随着教学与阅读的深入,也在展开。并且多用其词学研究的方法辐射其他文学领域,如《日记》1932年7月2日"灯下读《离骚》,拟作《诗骚辞例》"[1]。1935年1月24日"下学期教《左传》,拟仿孙隘堪《太史公书义》法,作《左传辞例》一书"[2]。应该说夏氏的词例研究的方法,并非仅仅局限于词学,它本来就来自于经学与小学,也可推广至其他体裁的研究。从这一点来讲,夏承焘的学术研究,准确来说,是以词学为核心的古代文学的整体研究。尤其在与词学相邻的诗学领域的研究成就,这是一个值得深入探讨的问题。[3]

20世纪三四十年代,可以说是夏承焘词学研究的黄金时期。到了五六十年代,夏先生词学方面的各项专题研究也仍在继续进行,但是他在整个古典文学的教学方面投注了相当多的精力。这个时期夏氏词学的一个重要发展,就是尝试运用50年代流行的理论与批评模式,对词史、词家、词论进行论述。这在五六十年代,也可以说是一种预流的学术研究工作。这从夏氏词学自身的发展逻辑来说,是对早年全盘计划的落实。客观地说,夏氏虽然列了一个宏大的治词计划,并且以词学史、词史的撰述为其最终目标。但由于秉承乾嘉学派与现代实证学术的精神,其基本的工作性质是属于考证学,虽然其考证学是建立在其对词学的全面素养之上,其中包含着美学的内涵,但终究不是

---

[1] 《夏承焘集》第五册,第300页。
[2] 《夏承焘集》第五册,第358页。
[3] 刘青海在2012年4月浙江乐清全国夏承焘学术研讨会上发表《试论夏承焘的诗学思想和诗史研究方面的成就》(会议论文集)。

正面研究词史与词学史。所以他五六十年代尝试对词史、词家、词论做正面的研究，也可以说是治学方法的转型，但这些研究受当时流行的理论观点与批评方法的框架约束是很明显的。从这个意义上，我们又不能说他这个时期的词学研究，还是他30、40年代词学史、词史研究的原有旨趣。不仅如此，他还有意识地贬低自己前期偏向于考证的词学研究方法与成果。《月轮山词论集·前言》认为自己以前词学考证工作是因小失大。[1] 如果纯粹从夏氏自身的词学研究宏大的计划来讲，他的这种自我评价不能算过分。夏氏早年在经史诸子方面的研究，多属宏观探讨，思辨、义理的性质很明显，而其在词体艺术的知与能，又非他家所比，在这种很好的主观条件下，他主要选择乾嘉学派的治学方法以治词，的确是有所偏差的。我们前面说过，夏氏同时接受乾嘉学派与浙东史学，但两者之间却是有矛盾的，夏氏的解决办法则是主要服从了乾嘉学派的学术观念与方法，而等到他尝试进行词史的理论与批评工作时，又面临了文学研究大环境的改变。他自称"解放前后，才开始写评论文字"，"解放以后，由于朋友的鼓励与教学的需要，我开始试写几篇作家作品论。我的文艺理论知识很浅薄，所以这几篇词论大都只是以资料作底子，以旧时诗话、词话镶边"。[2] 可以说，以他本人对词学史及词学理论与批评的标准来衡量，他对自己的这类新工作不是最满意。应该说，比较完整地表现出夏氏的词史观及词学理论与批评的高度，还是《瞿髯论词绝句》及《唐宋词欣赏》两著。但是它们都不可视作夏氏词史与词学史研究的真正理想的著述。他词学研究计划中词史与词学史的著述，始终没有完成。

---

[1] 《夏承焘集》第2册，第239页。
[2] 《夏承焘集》第2册，第239、240页。

本文只是就纯粹的学术研究形态来探索夏承焘先生的学术研究道路,并且着重于论述其从早年的经史诸子之学向专精词学的发展情况。对于词学,本文也只取纯粹学术之一义,事实上,全面意义上的词学还包括词体创作在内。这样看来,夏氏治词是差不多贯穿他整个求学、治学生涯的。无论从广义的词学还是狭义的词学来说,夏氏的词学都是博大精深的。本文对夏先生词学研究的探讨,不但肤浅,而且漏略太多。对于夏氏词学历程的全面探讨,只能待之于来日。

(《中文学术前沿》第五辑,浙江大学出版社2012年11月版)

十一、夏承焘词学与《词学季刊》

李剑亮

很荣幸，能在自己的母校中文系，跟大家来说一说母校的前辈夏承焘先生的词学成就及其与《词学季刊》的话题，作为本次学术活动的一个节目。夏承焘先生是20世纪一位卓有成就的学者。对于现在的年轻人来说，可能不是非常熟悉。这没有关系，因为你对一个人的了解，肯定是从不知到知这样一个过程。我本人对夏承焘的了解，也是经历了这样一个过程。那么，我是怎么知道夏承焘这位学者的呢？请允许我作些介绍，也跟大家一起来分享。

（一）我第一次听到夏承焘的名字

我第一次听到夏承焘这个名字，是在20世纪80年代。1980年我参加高考。高考成绩出来以后就要填报志愿。填报什么学校呢？我是在浙江平湖的一个农村中学读的书。那时，也不像现在这样信息渠道很发达。自己不知道有什么学校适合填报。于是，我的英语老师帮助我，说，你喜欢文科，就填杭州大学中文系吧。我问他为什么。他说，那里有一个非常厉害的教授，叫夏承焘。英语老师是上海人，他用上海话把夏承焘念做 WO CHEN DAO。我没有听明白，就请他写下来。他写了下来，我才知道是"夏承焘"三个字。我想，我的英语老师是学英语的，且在我们乡村中学，连他都知道这位学者厉害，那肯定是厉害的。于是我就填报了杭大。

我来到杭大后,就很想看看这位学者是怎么样的。但又不敢多问,只好找一些他写的书来看。看的是《唐宋词欣赏》,这也是我读的第一本由夏承焘先生写的书。我今天也带来了,是我大学期间买的第一本书。教材是统一购买的,不算。给大家稍微展示一下,就是这个小册子。我是1980年上大学的,1982年买了这本书。读完以后还是没有见到夏先生。后来从一位教写作的老师那里知道,这位夏先生已经离开杭州到北京去了。我当时也的确有一点遗憾呢。但是那位老师告诉我不要紧,说夏先生有几位非常优秀的弟子门生在我们系里。

夏先生弟子中在杭大任教的,我所知的就是这三位。大家以往看书的时候,可能会看到他们的文章。他们有一个署名叫作"江熊坚"。"江"就是这里的第一位,蔡义江先生,研究唐宋诗词和《红楼梦》。第二位"熊",就是吴熊和先生,第三位"坚",就是陆坚先生。后两位主要研究唐宋诗词。他们当时都已有成就。本科阶段,"江熊坚"三位老师都给我们上过课。其中,蔡义江老师,还是我硕士研究生毕业前教学实习的指导教师,我至今还保留着他当年给我写的信,通知我上他家为我指导教案撰写。那书法漂亮得没得说。而吴熊和老师,后来成了我的博士生导师。陆坚老师在我博士学位论文答辩时,也受邀任答辩委员会专家。在我学习过程中,有幸得到"江熊坚"三位老师的指导,现在想想真的很幸福。

在跟吴老师读书的过程中,我想要早一点找到治学的一个方法、一个门径,当时就想看看人家是怎么做学问的。我一边跟吴老师读书,一边找来了夏老的学术著作一遍一遍看。后来,浙江教育出版社和浙江古籍出版社联合出版了《夏承焘集》,八册。我一个同学在里面做编辑,书出来以后,就送给了我一套。因此,我有条件读了夏老的大部分研究成果和诗词作品。我一边在做博士论文，我的博士论文是关于唐宋词与唐宋歌妓制度方面的；一边就关注起夏老。等到博士论文做完以后，我就把一部分时间用在对夏老的了解上。了解的结果，写成了《夏承焘年谱》，并在2011年由光明日报出版社出版了。

上述所说，便是我对夏老从不知道到知道的一个过程。接下来，就切入正题：夏承焘词学与《词学季刊》。关键词有两个：一个是夏承焘先生的词学成就；第二个，他的研究成果与《词学季刊》这个专业刊物的关系。以此，从一个角度来了解夏承焘先生在中国现代词学里面所做的成就与贡献。

（二）夏承焘的个人经历

要了解夏承焘先生的学术成就，需要先了解一下他的治学过程。这里向大家提供几份材料。第一份，是1960年8月2日，夏承焘先生为参加中国作家协会而填写的一份申请表。申请表中"经历"一栏里，填了以下内容：

1919年，温州师范学校毕业。

1919—1924年，永嘉小学教员。

1925—1926年，西北大学讲师。

1926—1929年，温州中学教员。

1930—1940年，之江大学副教授。无锡国学专修学校、太炎文学院教师。

1940—1949年，浙江大学教授。

1949—1958年，浙江师范学院教授。

1958年至今，杭州大学教授。

再看第二份材料。是1950年，夏承焘为了参加工会组织所写的

一份申请书。其中有一段是这样写的:

> 我父祖皆是小商人,无田地产业,十三四时我父所设布肆倒闭,家计甚窘。十九岁毕业师范小学,迄今任教三十二年,全靠薪金收入过活。我二三十年来研究书本,只是为学问而学问。解放前一二年偶见学生壁报有"农民养活了你,你该如何报答农民"一语,甚受感动,颇思尽弃所学。然由小资产意识太浓厚,生活圈子太小,故虽欲求新知,以自改造,而仍不能联系实际。对公共事业无积极负责心,屡以才力不够自解自诿。解放以后,治学教书,观点皆改变,觉从前种种,自误误人,虽所讲皆专门课程,只能引起一部分学生兴趣,成绩不好。然自问尚能虚心尽心,于商量讨论之间,得教学相长之乐。

第三份材料,是他晚年时候写的。大概是应某家刊物邀请,谈他的治学之道。其中一段写道:

> 1900年阴历正月十一日,我诞生在浙江省温州市。温州有谢池巷,巷有春草池,相传为南朝谢灵运住宅,名谢池坊。六岁时即随大哥就读蒙馆,课余时间曾到布店学习商业。十四岁那年,我报考孙诒让创办的温州师范学校,当时签名报考共二千余人,体格淘汰后尚有千余人,考额只四十名。我以第七名的资格进入了温师。记得当时的作文题目是《学然后知不足,教然后知困》。这个题目我觉得做得比较满意,因而这也就在我幼小的心灵中埋下了勤奋学习的种子。

我个人认为,这第三份写得比较清楚。说他是1900年阴历正月十一日出生,地方在浙江省温州市,而且很清楚温州市里哪一条巷,巷有什么特点。又说了他当初考温州师范的一个竞争,竞争非常激烈,报考的二千多人,先要体检,体检完了以后,合格的一千多人,录取的名额只有四十人。他是以第七名的成绩进入了温师。考试的作文题目是《学然后知不足,教然后知困》。

根据上述材料,我们可以对他的个人经历有个基本的了解。第一,出生时间1900年,这个非常好记,就是与20世纪同步的,庚子年。出生地温州谢池坊。如果对他的一生做一个阶段划分的话,第一个阶段是在二十岁之前,是在温州读书教书,读的是温州师范,教的主要是小学。二十岁之后开始游学,就是到外地去了,离开本地。曾经到西北。这可以看成是第二阶段。游学之后,到了三十一岁,他进入高校。开始了第三阶段。我认为,1927年是他一生当中非常重要的一年。这一年,他换了三个地方、四个单位、两种职业。哪三个地方?年初的时候,在温州做小学老师。然后2月份到3月份的时候,大家看,他的经历里面,唯独这一段时间,跟教书没有关系,跑开了,到国民革命军浙江省防军宁波水上警察厅秘书处工作,相当于今天的公务员了,但是只做了两个月的时间,2月至3月。3月至6月就在当地宁波四中做老师,9月份,下半年马上要开学的时候,就到严州九中。严州就是我们现在的建德市。所以这一年,我刚才讲应该是非常重要的。因为他日后学术上的探索,实际上是他在严州九中任教时开始的。

那么,他三十一岁时进入高校,可以看成是他在学术研究道路上的一个起点。那么他怎么进入高校的?进入了哪一个高校呢?

我给大家稍微说一下。他进入的是之江大学。之江大学是当时的一个教会学校。用我们现在的话说,是西方的殖民势力进入中国以后开办的,称为教会学校。上海有圣约翰学校,北京有辅仁学校。当然这些学校也培养了不少人才。那么,夏承焘进入之江,由谁介绍呢?是一个叫做邵祖平的人介绍的。大家如果深入下去的话,就可知道,这些都是在民国时期有影响的人物。之江大学后来有一点挫折。就是在 1938 年的时候。夏承焘在那里工作了七年。1938 年抗战全面爆发之后，国内的学校，尤其是高校出现了大搬迁。之江大学就搬到了上海。搬到了上海以后，没过几年，还是办不下去了。关门以后，夏承焘先生才调到浙江大学的龙泉分校。这个也是浙大经历的一段艰难曲折的历史。抗战爆发以后，浙大迁到内地，一个迁得比较远，一个就近。迁得比较远的，是贵州的湄潭；迁得近的就是龙泉。夏承焘先生他们就到了龙泉。一直到 1952 年高校调整的时候，到浙江师范学院中文系，任系主任。后来浙江师范学院与新成立的杭州大学合并，定名为杭州大学，夏先生便成为杭州大学的一名教授，一直到最后。离开杭大的时间是 1975 年 7 月底。1986 年 5 月 11 日，因病在北京去世。这就是他基本的一个人生轨迹。

这里，给大家再稍微说一下他人生的最后归宿。学者在选择归宿的时候，跟普通人多少有些不一样。夏承焘先生最后的墓地选址选在千岛湖。这是我从 1988 年 6 月 18 日的《浙江日报》上找到的一篇文章，一个叫做王谏正的记者写的《"一代词宗"夏承焘安眠千岛湖》。这篇文章介绍了当时的一些情况。著名书法家王蘧常题的墓碑，里面也介绍了夏老为什么选择在千岛湖作为最后归宿的原因。

（三）夏承焘的词学成就及其与《词学季刊》的关系

通过上面的讲述，我们看到，夏承焘的经历其实很单一，就两个字：教书。而他的学术研究也与他的教书经历同步。尤其是进入高校教书之后。夏承焘先生在学术上的成名，很多人普遍归结到他的成名作：《唐宋词人年谱》。在座的朋友可能也看过，或者翻过。那么，《唐宋词人年谱》到底是一本什么样的书？今天，我们着重介绍这本书，或者说这一研究成果，是怎么形成的。

首先,《唐宋词人年谱》不是在一个时间一个地方完成的,从单篇论文发表到整体出版,时间比较长。整部出版是在 1955 年。当时上海的古典文学出版社首次把它出版了。所收的年谱,是唐宋时期的十二位词人的年谱。夏老先生是非常重视年谱撰写的。他做的年谱对象,大家对其中的大部分还是很熟悉的,都是唐宋文学史上一流二流的词人。根据这本书出版时候写的《自序》可以知道,该书完成于他 30 岁前后,也就是 1930 年前后。前面说到,他到严州九中的时候是 1929 年。所以,可以推算,他实际上是在中学教书的时候就在做这项工作了。可见,当初的学者包括中学老师,他们的学术追求,跟我们现在的不一样。

可见,夏承焘他写这些文章的时候,发表这些文章的时候,是一位青年学者。在《唐宋词人年谱》中,第一篇发表的是张子野年谱,张子野就是张先。他当初发表的刊物叫做《词学季刊》,时间是 1933 年 4 月。这里给大家列了一个表,大家可以看一下,《词学季刊》创刊是在 1933 年 4 月,然后一直办到抗战爆发。期间,夏承焘发表的文章有:

《张子野年谱》创刊号,时间:1933 年 4 月

《梦窗词集后笺》(创刊)

《贺方回年谱》8 月份出版的第一卷第二号

《韦端己年谱》1934 年 4 月,第一卷第四号

《晏同叔年谱》(上)10 月,第二卷第一号

《晏同叔年谱》(下)1935 年 1 月,第二卷第二号

《冯正中年谱》4 月,第二卷第三号

《南唐二主年谱》(一)7 月,第二卷第四号

《南唐二主年谱》(二)1936 年 3 月,第三卷第一号

《南唐二主年谱》（三）6月，第三卷第二号

《南唐二主年谱》（四）9月，第三卷第三号

这些文章中，除了《梦窗词集后笺》一篇，其性质都是一样的，都是词人的年谱。

你们想想看，这个刊物在上海出版。上海是学者云集的地方，你每一期上面都刊登他的文章，就像我们看电视，每次打开电视都有他的广告。这就是他成名的一个时期，一个很重要的时期。

这里面，我想有两点可以给我们启发，一个是他事先写好了或者正在写，就是说机会是给有准备的人。当《词学季刊》一出来时，他的这些文章就一篇接一篇地发表。第二个，就是有他合适的专业刊物，这个刊物就是《词学季刊》。可以这么说，《词学季刊》创办过程，跟夏承焘先生研究、发表这些年谱的时间，几乎是同步的。所以这个时候他就自然而然地成名了。当然，他成名的背后，有艰辛的探索。成名固然让人羡慕，但背后的艰辛，我们很多人实际上可能又不想承受。

他发表第一篇论文是在1933年4月。他到之江大学的时候是1931年。一个原先并没有接受过正规高等教育的教师，在大学里面从教三年，就可以撰写出相当有水准的学术论文。这本身就说明他要付出比常人更多的辛苦和劳动。

除了这十几篇连续发表在《词学季刊》上的论文，他还在《之江学报》以及外校的《燕京学报》上面，发表围绕姜夔词研究的文章。他成名基本上是1933年到1936年，供职单位就是之江大学（起步是在严州九中）。所以夏承焘先生对之江大学非常有感情，这是他的成名地。那之江大学在哪里呢？在钱塘江边的秦望山上，就是现在浙江大学光华法学院所在地。夏承焘先生从三十多岁到六十多岁之间的

三十年里，在这个地方住了两次。他曾经在自己的诗文中说这个地方"江声帆影，常在心目"，住在那里，可以俯看六和塔，可以看见钱塘江中的船帆，听到钱塘江的涛声。他把这个地方又取名为月轮山。他把他自己的一部词学论著取名为《月轮山词论集》。说明这个地方跟他自己学术治学过程之间的关系。

刚才讲了他的《唐宋词人年谱》的撰写和发表，从他的成名时间来讲，实际上20世纪30年代夏先生就已经成名了。那时，他三十多岁。这里我要说一点，就是成名之后怎么办？有的时候，成名之后可以再突破，再一个高峰。我在做《夏承焘年谱》的时候，发现一个问题，在夏先生的成名作《唐宋词人年谱》出来以后，就很难再超越他当初所创立的一个高度。这里面，可能有两个原因。一个是学者自身的主观因素。因为一个学者的学术研究历程，肯定有起伏。这里有一个自然规律，自然规律谁也不能突破。另外一个是客观原因。抗日战争爆发后，经历了战乱、外敌入侵、高校搬迁，1949年后，各种政治运动不断，相对来说，夏先生没有再取得他在20世纪30年代所取得的成就。对此，学界也有不同的看法，说他在词学普及方面作了一些贡献，但是我认为，词学普及跟词学研究，两者之间还是有差异的。1955年的时候，他在公众、在学界名声再起。为什么呢？他那些原本单篇发表的文章，1955年时汇编成一册，完整出版。就是刚才讲的这一本书。这个发表过程，我们再简单地回顾一下。实际上，他跟出版社之间有一个不断交往的过程。这个书名的题写者，是著名学者马一浮先生。马一浮先生也是我们杭州人，曾住在马市街。1955年该书出版时，夏承焘先生感慨道："二十年前旧书，居然能在今日问世，亦出于意料者。"这里面，既有自谦，也含自豪。就是说，我二十年前写的旧书，二十年后还能出版，那么这个确实有价值。而且，这本书到现在也依然在重印。该书1955年出版以后,1961年、1979年、1998年不间断地再版。

为什么说年谱研究这么重要呢?我们知道,宋元以来的学者不太有人为词人作年谱。此前主要是为一些政治家、经学家作年谱。词人在文学家的行列当中,相对来说,不被人那么看重的。因此,夏为词人作年谱,也是在观念上改变人们对词人的认识。认为这些词人,同样可以给他进行树碑立传。可见,观念这东西很重要,比如说,很多人认为温庭筠是无行文人,柳永也如此。这些人怎么可以被树碑立传呢?但是当你将这些观念打破以后,你就可以开拓一个新的研究领域。领域突破了,就有可能取得新的研究成果。

(四)夏承焘与龙榆生的交往

上面讲了夏承焘先生与《词学季刊》的关系,而要真正讲明白这一关系,还得讲讲他与龙榆生先生的关系。因为,龙是《词学季刊》的主编。

夏承焘跟龙之间的交往,开始于1929年。夏承焘1929年6月9日的日记中记道,他的一位好朋友李雁晴来信,告诉他,在上海有一位教授也研究词学,说的就是龙榆生。于是夏承焘在李雁晴的介绍下,跟龙榆生先生搭上线,然后开始交往。到了那一年的10月19日,龙榆生先生通过李雁晴转给夏承焘信件,表示愿意缔交。夏承焘先生接到这封信后,非常开心,非常激动。这个时候是1929年。夏承焘先生在哪里啊?在严州九中。龙榆生先生在哪里?在上海的暨南大学,在正儿八经的大学里。夏承焘接到信后便在灯下写了一封信回他。里面讲了两段话,一是介绍自己目前正在开展的词人年谱的研究工作,一是表达渴望师友帮助的心情。你可以看一下,"惟客处僻左",就是指自己住在一个非常偏僻的山区学校里面，"无师友之助。兼之闻见不广"云云。

从此开始，在随后的三十多年中，他始终保持跟龙榆生先生的联系。我把他们两个人之间的交往时间，分成三个阶段。这三个阶段的时间比较好记。龙榆生先生是1966年去世的，就是"文化大革命"将要爆发之前。前面两个十年，为第一阶段（1929—1939）和第二阶段（1939—1949），1949年到龙榆生先生去世为第三阶段（1949—1966）。

我们先看第一个十年。那一段时间，夏承焘先生在一篇一篇地写年谱。龙榆生先生在上海办《词学季刊》，给夏承焘提供发表的机会；当然，龙也在做研究，做《东坡乐府笺》。龙榆生先生对夏承焘先生成就认可的另一个表征，就是请夏承焘先生给他的这本《东坡乐府笺》写序。1938年，之江大学迁到了上海。于是，夏、龙两人都在上海了。龙榆生先生住在上海的极司非尔路。这既可以看成是两人交往第一个阶段尾声，也可以看成是第二阶段的开始。

第二个阶段，相对于第一阶段来说要复杂些。为什么呢？因为日本人进来以后，为了瓦解国民政府的力量，就拉一派打一派，拉汪精卫，打蒋介石。汪精卫做了一件不该做的事情，成立伪政府，时间是1940年3月29日。那他跟龙榆生有什么关系呢？汪精卫的旧体诗词写得不错。不过，现在研究,时机还不成熟。我们说别的错误都可以犯，但是出卖国家、出卖民族利益的错误不能犯。不过，他与龙开始交往，是在他犯大错之前。那时，从辈分上来讲，龙榆生还是他的老师辈。所以，后来当学生要求老师加入自己的队伍，加入自己的政府的时候，老师可能会觉得很有面子。于是他去了。这样的话，在3月29日，国民政府变成两个了，蒋的政府在重庆，汪的在南京。3月31日，就是汪伪政府成立两天以后，夏承焘先生就听说了龙榆生将到南京去，要到汪伪政府里去任职。于是，夏在日记中表示"为之大讶"，"枕上耿耿不得安睡"。因为，他知道他的朋友走的肯定是一条死胡同。又过了几天，到了 4 月 2 日，夏承焘从报纸上获知，龙榆生先生被汪伪政府任命为立法院的立法委员。确认了龙已经上了那条贼船了。尽管如此，夏老还是做了作为朋友应该做的事情，即几次写信给他，"劝榆生及时蓄积为退步计"，对此，想多多了解的话，可以去细细阅读夏的日记。

龙榆生到了南京那边以后，又办了一刊物。他原来办了一个《词学季刊》，后来就停掉了。汪精卫知道龙榆生先生喜欢词学研究，所以出资让他办了一个刊物，叫做《同声月刊》，内容和体例都与《词学季刊》相仿。这里为什么提这个呢？因为自《同声月刊》创刊以后，夏承焘先生硬是没有向这个刊物投过一篇文章。这说明夏先生在大是大非问题上是很清楚的。如果诸位有兴趣的话，可以把《同声月刊》找来看一看，当时有哪些学者在上面发表了文章。也蛮有意思的。这个当然已经是历史了。

再往后，1945 年 8 月 15 日，日本宣布投降。抗战结束以后，汪精卫政府就要被清算了。因此连带龙榆生也被蒋介石国民政府判罪入狱。此时，夏承焘先生所做的，第一是他跟他的朋友大书法家王蘧常说，龙当时不能少忍须臾，导致今天这样一个非常难堪的局面，但同时又说，我们如果能够帮帮他的话，尽量帮帮。这是在 1946 年 4 月 1 日，夏承焘是这样说的，也是这样做的。

1946 年 4 月 18 日，当夏听说龙榆生在苏州监狱里面过着非常艰难的生活的时候，就通过章太炎的次子仲连将钱物转送给狱中的龙榆生："我给了万元，托人时时买饼饵馈之。"因"送物须具名"，夏承焘为了避免麻烦，毕竟是给政府的罪犯送钱送物，所以就随便写了一个名字：夏髯。因为夏承焘先生胡须比较长。受赠方一看就明白夏髯是谁。而且，还有更实质性的帮助。夏托其之江时的学生潘希真（琦君）来给龙榆生做一些疏通。潘当时正好在苏州高等法院工作。于是夏就给她写了一封信，恳求她相机照料。潘接到他的信以后，非常上心。潘在《我的笔名》一文中叙述了她跟高等法院的上司去沟通的经过始末。于是，她代龙上书，向上峰申请，获准保外就医。龙榆生出狱之后，就把他的一本词集《忍寒集》送给夏。夏拿到以后，也是非常激动的。

第三阶段，为1949年以后。1949年以后龙榆生工作变动有点大，先是在上海商务印书馆，后来是到上海市文物管理委员会，后来又到博物馆，最后十年是在上海音乐学院民族系任古典文学教授。而夏承焘先生这一段时间，是在杭州的高校里面，先是在浙江师范学院，后在杭州大学，比较简单。

这一个阶段的前半部分，政治环境比较好，两个人相处得非常友好。大家可以看一下两个人的日记、书信往来，都可以看得到。但随后情况渐渐有变。1954年，复旦大学的刘大杰教授计划编一套古典文学的丛刊，从《诗经》一直下来，到了《词选》的时候，刘大杰先生希望龙榆生先生和夏承焘先生合作。夏承焘接到这个邀请以后，马上发信给龙榆生。龙答应同编《词选》。这项工作对于他们两个人来说，都是他们专业领域里面的。本来是没有问题的，但就在准备过程当中，情况慢慢有所变化了。

到了1954年6月，两个人明确了分工。夏承焘先生承担南宋部分，并确定了选目，他选了245首。篇目选完以后，便寄给了龙榆生先生，龙榆生先生确认一下，如果可以的话，便可以一篇一篇地做下去。当初上海新文艺出版社也已经预支两人稿费。但到了8月份的时候,夏说这个事情我不能做了。理由是"暑中备课忙,无暇及《词选》"。但真正原因是什么呢?原来夏的好朋友陆维钊先生来见夏承焘的时候,说了一句话,说上海友人对夏与龙榆生合编《词选》有议论。认为龙榆生有历史旧嫌,至今不恕于人口。换言之,就是在提醒他,你这个合作对象,多多少少还是有问题的,所以你要谨慎。夏老作为一个知识分子,我们也可以理解,他不想在这些方面去惹是非,所以就退出来了。这项工作,后来龙榆生先生自己做下去了,那就是《唐宋名家词选》。这是夏承焘与龙榆生交往当中的小小的遗憾。到了1966年,龙不幸去世,两人的交往自然结束。

两位前辈学者的交往结束了,我们今天的讲座也可以告一段落了。谢谢大家陪我讲到现在。也请大家对本次讲座多提批评意见。

(《中文学术前沿》第九辑,浙江大学出版社2014年版,有修改)

十二、夏承焘先生的读书札记

吴 蓓

作为一名学术大师,他的学术成果的质量与数量之间,必定有一个正比的关系。通俗说来,那就是又"好"且"多"。夏承焘先生一生成果丰硕,新整理的全集,篇帙将翻倍于八卷本《夏承焘集》。这么多的成果,都是怎么来的呢?奥妙与我们今天要分享的这个话题——勤于做读书札记有关。

(一)学问始于读书札记

勤于做读书札记,是许多名家学者的经验之谈,这方面的例子,古今中外不胜枚举。中国古代的例子,我们先笼统说一下清代。清人重学,一个突出的表征是较诸前代,清人普遍更好读书,也更爱写书,而由读书通向写书的一个桥梁便是做读书札记。清代数量浩大的各类笔记里,有很多是读书札记。清代的学术研究之所以能够在许多领域达到最高峰,从他们的读书札记里便可见端倪。今人徐德明编撰的《清人学术笔记提要》,选取了清人学术笔记250种撰写提要,其中卢文弨的《群书拾补》、王念孙的《读书杂志》、何焯的《义门读书记》、孙诒让的《札迻》等,都是清代朴学的典范之作,从这些书名,不难看出读书札记的渊源。晚清著名学者李慈铭,积四十年心力写成的皇皇十八巨册《越缦堂日记》里,记载有大量的读书札记,这些读书札记,大略如《四库全书总目提要》之例,而"详赡过之",具有很高的学术价值。李慈铭的为学方式,曾给青年时代的夏承焘以极大的触动,后来他的日记,时间跨度超过半个多世纪,比李慈铭还长。而他早年日记里的读书札记,也有很多李慈铭的影子。

民国学人中,钱钟书先生的札记数量也很庞大。钱先生比夏先生年轻十岁。钱先生的《谈艺录》在民国时期出版时,就有很好的反响,夏先生日记里说:"钱钟书《谈艺录》,博览强记,殊堪爱佩。但疑其书乃积卡片而成,取证稠叠,无优游不迫之致。"(1948年9月17日)钱先生的《管锥编》,今人推崇备至,其本身,就是一部笔记体的巨制。这两部书,代表了钱先生学术的最高成就,作者的博闻强识固然令人敬佩,但若没有大量的读书卡片做底子,这样的著作是不可想象的。钱先生去世后,他的夫人杨绛先生回忆,钱先生的全部外文笔记本共一百七十八册,共三万四千多页。中文笔记和外文笔记的数量,大致不相上下。每日的读书心得共二十三册、二千多页。这些读书札记总字数在两千万以上。在读书札记上所下的功夫,还有一个人与钱先生旗鼓相当,那就是比夏承焘先生年长十岁的陈寅恪先生。而今天,我们会看到,站在这两位先生中间的夏承焘先生,也将为我们提供许多有关读书、学问与札记的故事。

在第一节里,我们说两个夏先生二十出头通过大量读书、做札记而步入学问之途的故事。夏先生与词学的故事大家也许听得比较多,但夏先生在专治词学之前,还尝试过治诸子学、治小学,这些恐怕知道的人就不多。

夏先生而立前后,才开始专攻词学,但他的读书治学之路,在此之前就开始了。夏先生秉承两浙学术研治经史的学问"正途",从十四岁考入温州师范学校就开始背十三经,此后的十来年时间中,十三经是他反复温习的内容,除了《尔雅》之外,另外的都能熟背。背诵是人类知识累积的不二之途,是读书的基本功,这功夫越早操练越好,所谓的童子功,能使人受益终身。

但是人的记忆很大程度上是一种天赋:有的人过目不忘,有的人记忆如筛。如果爹妈没有给你生就好记性,那也不打紧,我们还是可以通过后天的努力,所谓好记性不如烂笔头,勤能补拙,读书札记就是这么来的。而事实上,哪怕记忆力最超群的学问家,也恐怕不能够脱离札记完全凭着脑子记忆就做出大量的、有体系的成果来。读书札记,便是资料的收集、整理,这永远是做学问的基础。

夏先生读书,从来不是空口读的,任何一种书,只要他曾过目,在他的日记里多多少少都能找到踪迹。1921年冬,夏先生二十二岁,远赴西安任教职。在西安的几年中,他的读书札记渐渐成为做学问的雏形。那几年,夏先生对先秦诸子产生了兴趣,就开始阅读诸子原典,边读边做札记。他所做的读书札记,现在留存下来的还有《〈慎子〉、〈尹文子〉、〈公孙龙子〉、〈吕氏春秋〉札记》一本,《〈扬子法言〉札记》一本。

除了阅读原典,自然还要十分留意时贤的诸子学著作,当时一些文化界名流研治诸子的著作,他都有涉猎。他看到梁启超的《读孟子界说》,深受启发,花了四十天时间,三易其稿,于1924年7月30日,写成了《读荀子界说》。

这篇文章有特别的意义。因为这与他其余的诸子札记有所不同,不仅仅是摘抄原典中要点,还征引了古说及时贤论著,并提出了自己的观点。因而夏先生自称这是他的"著作"的"破题儿"第一遭。也就是我们说的做学问写文章的"处女作"。当时夏先生对这篇"处女作"有点儿兴奋、有点儿得意,他将这篇文章誊录了几份,有一份寄给了钱钟书的父亲钱基博。因为夏先生看到钱先生评论荀子的一句话，说荀子是孔门的马丁·路德，觉得"新义尤甚奇确"；钱基博对孟子情有独钟，曾著过《孟子约纂》，说："博于《孟子》一书独有至好，以为发孔子之所未发。而其文之婉切笃至，尤足以警发人之善心，不使放心邪气接焉。"夏先生拿荀子与孟子相比，认为《荀子》实有突过《孟子》处："文辞浓郁，与孟书之劲炼异趣，而邕说理悟，精深周至，并富于改革创造思想，实有突过孟子处。其在我国古代学术界，上接儒家，下近名、法，盖欲为三家之沟通者。"当时文化界研治诸子，墨子之外，荀子是大热门，夏先生对时人一些治荀子的观点不太认同，所以他将自己的《读荀子界说》寄呈于钱先生以求绳教。这篇文章从他的诸子札记中脱胎出来，已具备了一定的学术意味，是夏先生做学问的起步。

夏先生一直对小学十分重视。因为受清代以来两浙学术的影响，他的脑中有根深蒂固的"经史为学术正途"的思想，而小学又是研经所必须要掌握的基本功，所以他中学阶段习《尔雅》，到西安后，开始习《说文》。从1922年正月起，夏先生开始背诵《说文解字序》，点读《说文解字》以为日课。这样浸淫在《说文》里，到次年2月8日，半夜醒来突然想起章太炎说的一句话，想搜集《说文》中的通借字，作《说文通借古谊考》一书。这书最后只留下几页手稿，并未做成，但他有意研治《说文》的札记行动却由此开始了。

从1925年10月24日到1926年2月22日，四个月期间，夏先生精读了段玉裁的《说文解字注》。他将这部书认真地札了一遍，每日不缀。最终札成了十本札记："《段氏说文释例》一本、《简名编》两本、《正名编》两本、《假借编》及《引申编》三本、《笔朴》一本，又札评书字义有关于人生哲学者为一本，共得十本。虽草创尚待整理，亦已大费心力矣。"（1926年2月22日日记）这十本札记，现存于温州图书馆。

从题上可见，这类札记属分类摘抄，若再加整理，便成了一个新的成果。这样的成果，虽然内容不是原创，但体系的编排属于自创，也能给别人的查阅带来方便。从古至今，这类书籍委实不少。由此可见，只要读书多、眼光精、手头勤、善做札记，在浩如烟海的前人著述的基础上梳理整编出几项新成果来，还真不是一件特别难的事。在今天，立个项赚点课题费，没准还能争取到出版资助，名利双收。但是夏先生这十本札记并未整理成书，因为几个月后，他又读到了另一本文字学的著作——毕沉的《文字辨证》，两相比较，觉得自己原先札成的笔记价值不大："此书甚有用。予曩读《说文》时成笔札十本，读此可不必作矣。"（1926年9月11日日记）在做学问的过程中，这样的事是常有的，虽然眼界日高，识见愈广，对之前所作的工作难免会自我否定。虽然辛苦与努力不能立刻兑现为成果，但是学问却正是在这样的自我否定过程中得到了进步。

（二）怎样写读书札记

读书札记形式不拘，根据每个人不同的喜好习惯、不同的条件、不同的目的而面目不一。但一般说来，会有以下几种样式。

1. 摘录式。根据需要摘抄书中的内容。在夏先生的遗稿中，这样札记不少，如《谢邻日抄》5册里，就有许多内容是摘录式的。

这样的摘录，通常是无明确意图的，在读书之前没有预见性，看到内容精彩，或者意识到将来会有用，将它摘录下来。这类书籍，常常会是本专业外的书籍。

2. 体会式。或者叫评论式。对所读内容做分析、判断、评论，发表自己的意见。如夏先生所记：

> 连日阅赵瓯北《廿二史札记》，瓯北著述，惟此最有统系，亦最有用。《越缦堂日记》谓此与《陔余丛考》非赵手笔，以千金买诸常州一老儒，信否未知。治史学，古人著作中惟此及《读通鉴论》最受用。赵论读书法，王论做人法，读史前先看赵作，能增人目力不少。今日看其论四史各节完，其中最精核者，如司马迁作史年岁、班固作史年岁各二十余年……借荆州之非；三国之主用人各不同等等，皆颇见裒辑之功，有益史事。（1926年3月25日日记）

3. 简叙式。简单记叙某日读了某书，如此而已。如夏先生所记：

> 是日读罢四书全部，夜间因坐温焉。（1916年4月18日日记）

> 温读《论语》一本，盖四书全部各已温毕矣。（同年4月26日日记）

> 与止水赴图书馆阅书。五经类略翻阅王夫之《诗经稗疏》、夏炘《读诗札记》、陈第《毛诗古音考》、姚炳《诗识名解》……四时出馆，头目为眩。（1926年5月1日日记）

这样的简叙一般用于书籍的浏览，虽然不记内容，但记下曾读过什么书，可供日后回忆。

4. 提纲式。读一书，或一篇文章，记下纲要，有时可记下章节目录或内容提要。如夏先生的《阅西洋小说随笔》。

5. 批注式。在书中圈圈点点加记号，或在眉端页尾加批语。这种方式很常见。

6. 卡片式。与摘录式的区别在于卡片式是有预谋的、分门别类的摘录。比如夏先生为编撰《词例》所做的卡片。

7. 日记式。夏先生的读书札记，除了专门的本子所记、卡片及书中批注外，大都体现在他的日记里。他的日记起于1916年，终于1985年，历时七十载。他一生所读的书，或详或略，大多能从他的日记里找到痕迹。

关于如何做读书札记，夏先生自己曾在《我的学词经验》谈到过，他概括成三字诀："小、少、了。"

所谓"小"，是说用小本子记。"我从前用过大本子做笔记，读书心得和见到想到的随时记在一个案头大本子上，结果不易整理，不易携带。后来读章学诚的《章氏遗书》，其中有一段讲到做读书笔记，说读书如不即做笔记犹如雨落大海没有踪迹。我就用此意把自己的笔记簿取名为'掬沤录'。我开始改用小本子，一事写一张，便于整理，如现行的卡片。苏东坡西湖诗曰：'作诗火急追亡逋，清景一失后难摹。'创作如此，写心得体会做笔记亦当如此，有用的知识才不致任其逃走。"

所谓"少"，"是说笔记要勤，但要记得精简些。做笔记要通过自己思考，经过咀嚼，然后才落笔。陆机《文赋》中有两句话：'倾群言之沥液，漱六艺之芳润。'这是说做文章。我以为做笔记也应有'倾沥液''漱芳润'的工夫。如果不经消化，一味抄书，抄得再多，也是徒劳。顾炎武著《日知录》，自比采铜于山，往往数月只成数条，可见精练之功。这里，我所说笔记要记得少，是指每条的字数而言，条数却要记得多。每一个问题陆续记下许多条。孤立的一小条，看不出学问，许多条汇拢来，就可成为一个专题，为一篇论文。顾炎武的《日知录》、钱大昕的《十驾斋养新录》、王念孙的《读书杂志》，都是这样积累起来的"。

所谓"了"，"是说要透彻了解。记下一个问题，应经过多次思考，要求作彻底的了解。有时要经过漫长时间才会有接近于实际的认识。浅尝即止，半途而废，便前功尽弃。所谓'了'，就是要让所学到的东西，经过思考，在自己头脑里成为'会发酵'的知识。如果是思想懒汉，即使天天做笔记，也难有多大心得，因为那只能叫做'书抄'，叫做'知识的流水账'，严格说来，不配称为'读书笔记'"。

夏先生的这三字诀，加上我们刚才总结的7种方式，想必能让大家对怎样做读书札记、怎样做好读书札记有所体悟。

现在我们依赖科技手段，做读书札记已经有了比我们前辈便利得太多太多的优势。我们现在有很多可看的电子书籍，电子书籍对于做读书札记的便利大家一定都有亲身体验。现在还有许多专门的笔记软件，可以帮助我们整理庞杂的资料。这也是夏先生他们那一代的学人所无法想象的。在整理夏先生遗稿的过程中，我常在想，如果夏先生他们那辈已经用上了这些高科技，那么他的许多成果，一定不会留待后人去整理。请看夏先生的《词例》：

《词例》是夏先生受到俞樾的《古书疑义举例》的启发，仿其体例而拟编制的一部词书。资料卡片始札于1932年初，以后不断累积而成初稿七册，依次为：字例、句例1册；片例1册；换头例1册；调例、体例1册；辞例1册；声例1册；韵例1册。每一例下又细分许多类别。夏先生非常宝爱这部稿子，抗战中躲避日寇，亦携此稿藏于行李之中。但这部稿资料繁杂，不断有所增删，历数十载而终未定稿，遂成其晚年最为牵挂的心愿之一。像这类需要分类管理的资料编排类的稿子，现在的笔记软件真能让人有如虎添翼之感。

讲这个的目的，在于提醒各位，在向老一辈学人学习他们的方法的时候，要遗貌取神，一定要利用好现代的科技手段，那样会让我们事半而功倍。从科技所带给人的便利的角度而言，在很多方面，我们今天的学问是可以超越前代的。

（三）做学术札记一定要有目录学基础

要寻找材料，必须要以目录学作指引，要很清楚向何处去寻找资料、找寻什么样的资料。记得我读研究生的时候，吴熊和师嘱咐我们的第一件事是为自己的三年所学制订一个读书目录。当时虽不明所以，但因我家尊的藏书以文史类居多，平时耳濡目染，即将自己认为重要的、必读的书列了一些。在几位同学的书目中，独得吴师首肯。此事之后，又得吴师六年的学术指导，越来越觉得目录学的重要。起初看夏先生《天风阁学词日记》，心中常自疑惑，不明白为什么不到而立之年的夏先生一旦专攻词学，短短的几年内就可以风生水起。现在仔细思量，竟也可以从目录学这个方法上去寻找根源。

目录学既是做学问的基础，它也是方法，它甚至是中国学术一个总概式的方法。章学诚把中国传统目录学的功能归纳为"辨章学术，考镜源流"，是说要考辨学术的源流走向，明其所以，只有依据目录学的方法才能达成此功。它是一切学术的门径。中国传统的目录学，《四库全书总目》是入门书。近代著名学者余嘉锡先生在《四库提要辨证叙录》中谈到他从小就酷爱读书，但不知学习之法，后来读到张之洞《輶轩语》中的一段话："今为诸生指一良师，将《四库全书提要》读一过，即略知学问门径矣。"不禁雀跃："天下果有是书耶？"于是异日求购，日月读之而不倦，遇有疑问就考证，写下了二十余册读书札记，最后竟完成了《四库提要辨证》这样一部八十余万字的巨著。他深有体会地说："余之略知学问门径，实受《提要》之赐。"

夏先生自然也是不可能绕过这部书的，在他的《唐宋词论丛》里就收有一篇《四库全书词籍提要校议》，这篇文章1932年6月刊发于《之江学报》1卷1期，说明夏先生在初治词学时，就研究了《四库总目》中的词籍提要，并对此有所考订。这篇文章在以后一再修订，也可见他对词籍目录的高度重视。

其实，早在专治词学以前，夏先生就已经对《四库全书总目》很熟悉了。据其日记记载，1924年2月15日购得《四库全书简明目录》一部，3月7日又从"成德中学图书馆借来《四库全书提要》一函"。1925年9月10日日记中有这样一条读书札记：

> 阅《四库总目·子部》。《总目》虽纪文达、陆耳山总其成，然经部属之戴东原，史部属之邵南江，子部属之周书仓，皆各集所长。书仓于子，盖极毕生之力，章实斋为作传，言之最悉，故是部综录独富。耳山后入馆而先没，故今言《四库》，尽归功文达。然文达名博览，而于经史之学实疏，集部尤非当家。经史幸得戴、邵之功，故经部力尊汉学，识诣既真，别裁自易。史则耳山精于考订，南江尤为专门，故所失亦尠。子则文达涉略既遍，又取资贷园，弥为详密。惟集部颇漏略乖错，多滋异议。

从这样的札记可见，夏先生对于这一部目录，已经有了相当的认识与了解。正是由于集部"漏略乖错，多滋异议"，所以他研治词学后，很自然地要对词籍提要作出自己的考订。

在夏先生日记里，有不少有关目录学方面的读书札记。如：

> 午后阅龙起瑞《经籍举要》一本，开列各要籍名目，以便学子诵习。袁昶增其大半。龙原本甚少。同时邵位西诋其简略，经袁增补，近代各要书方得其大凡。近人梁任公、胡适之各开国学书目，胡甚无理，梁稍较平允，然亦不能出此规范。苟能手此一编而尽通之，不必泛求高远，自足成学。所谓显处视月之广，往往不若牖中窥日之精也。（1926年8月22日）

午后阅钟谦均《古经解类函》，刻唐以前各经解，《四库提要》定为伪书者不刻，《通志堂》已刻者不刻，《皇清经解》已刻者不刻。《通志堂》所刻多宋人书，古书只子夏《易传》《经典释文》、成伯玛《毛诗指说》三种。此刻自王应麟集撰之郑氏《周易注》、李鼎祚《周易集解》《易纬》八种、杜预《春秋释例》《经传长历》《尚书大传》《韩诗外传》、郑志《匡缪正俗》等，皆汉唐时书。有此与徐氏通志堂、阮王两家《清经解》，古今解经之书，完具于此矣。（1926年7月18日）

龙起瑞《经籍举要》，是一部导读性的举要书目，为初学而设。民国时候有一阵子，学术大家们争着为民众开列国学必读书目，夏先生认为胡适的国学必读书目很不合理，而梁启超的实未出龙书范围。《清经解》，又名《皇清经解》，阮元、王先谦先后编撰，汇集有清一代经学著述之大成，为清代经学成就的全面反映。夏先生认为必得将此书与汇聚唐以前经学著述的《古经解类函》合而观之，则"古今解经之书，完具于此"。这是通过对目录学著作的评判而表明了自己学术观点，从中可见其目录学修养。

掌握了目录学，就能够"即类求书，因书究学"，做学问便有了章法。我们在第一节里曾分享过夏先生治《说文》的故事，他除了写下十本札记，还作过一个"《说文》学著作表"，按"考订小徐本各家""考订大徐本各家""订补段注各家""考订新附字各家""考订逸字各家""各家学说""引经考证及古语考各家"等七类，分类编排各家著作，为研修《说文》者提供方便。这样井然有序的章法，便是受了目录学训练的。

以目录学结构为背景，无论是寻找材料还是治理学问，都变得很方便。我们回顾夏先生在研读诸子学之初，他就为自己开列了"子类"

书目（见 1923 年 6 月 26 日日记）：

《老子》参《老子翼》及马其昶《老子故》

《管子》参章太炎《管子余义》

《庄子》参《庄子翼》或王先谦《庄子集解》

《荀子》宜看王氏《集解》及刘光汉《补注》

《韩非子》宜看王先谦《集解》

《墨子》：《墨子间诂》及郑文焯《墨子故》《墨经古征》、苏时学《勘误》

《法言》

《论衡》

他后来的阅读，事实上已经大大超越了这个目录范围。

所以，我们也就不奇怪他后来转治词学后，靠着目录学的指引，他立刻就知道从什么地方能够找到自己需要的材料，知道自己可以做什么课题，该从什么地方着力；他一天之内可以筹划好几部待撰书目，三五年之内就构建起了一个词学的宏大规划。这一切，若从目录学的方法与手段去考察，会很容易理解；否则，实在是无法想象。关于这个方法问题，在第五节中，我们还将提及。

（四）读书做学问要踏着时代的脉动，关注学术圈的前沿信息

我们做读书札记，目的是为了做学问。但是读书不能闷着头只盯着自己的一方书桌，读书同样需要眼观六路、耳听八方，要关注到学术圈的前沿，要观察文化界的动向。这方面，我们还要提到夏先生治诸子学与治《说文》的例子。

夏先生年轻的时候，又是喜欢王阳明心学，又是治诸子，又是治小学，又是治经学，又是治史学，转治词学后，还念念不忘回归史学。

是年轻人心性不定？兴趣广泛？是，也不是。这背后的原因，与当时的学术风向有关。

清代是中国古代学术文化的繁荣时期，也是古代学术文化的集大成时期。中国经过五千年封建文化的积淀，到了清代可以说是相当多的元素集成一体。晚清民国处于天崩地裂、社会转型的时代，学术界因受西方近代文明的冲击，力争突破传统的窠臼而求自新。正因如此，前代乃至有清一代的学术，都被一一翻检，看是否能为新时代所用。或者从内部发起革命，在扬弃的基础上创为新说；或者直接否定一派而另自标立。总之，流派纷呈，思想极为活跃。20 世纪 20 年代到 40 年代，正值中国现代学术进入创造实绩的繁荣期，从夏先生个人的研读治学中，处处反映了那个时代的学术烙印。

夏先生研治诸子，因为诸子学是当时的热门。诸子学虽兴起于春秋战国时期，但自孔儒定于一尊后，其他学派日趋消歇。到了明代晚期，由于儒家思想一统局面的松动，先秦诸子学说开始引起人们的兴趣，思想家李贽等人开始重新倡导诸子学说。清代乾嘉时期，考据学兴盛，由于考证六经以及三代历史的需要，先秦诸子成为证经、证史的重要旁证。晚清民国随着西学输入，子学开始在西学的映照下而彰显其多元的价值，在许多学者的大力提倡下，先秦诸子不仅走出了"异端"的境遇，而且成为消解儒学独尊的有力武器。诸子学本身，也成为近代新学兴起的重要组成部分。清代的许多著名的大学者，都有过研究诸子的经历，梁启超后半生更是把精力集中在诸子研究之中。夏先生曾经写过信的胡适、钱基博等人，都有过研治诸子的经历。这便是夏先生研治诸子的时代背景。

夏先生研治小学，因为小学是研经的基础，而经学是清代学术的中坚，两浙学术的表征之一，所以清代治小学者众。夏先生念念不忘史学，因为在中国现代学术中，史学一门可谓人才济济，最见实绩。尤其浙东史学，贡献尤大。梁启超的《论中国学术思想变迁之大势》《清代学术概论》《中国近三百年学术史》诸作，开启了现代史学中学术史一目的端绪。这些时代的信息，都在指引着夏先生的选择。

夏先生治词学，也仍然合乎时代的律动。清末民初，传统的四部之学在西学的冲击下，分类格局发生了动摇，学者分科分类的意识日益突出，中国现代学术，呈现出由务博的通人之学（如严复、康有为、梁启超、章太炎、王国维）转向专精的专家之学（如现代史学重镇陈寅恪、陈垣）的特点。并且社会情境也随之而变，出现了越来越多的职业化的学者。20世纪20年代初，南北各地的高校出现了以讲授词学为职志的学者，如北京俞平伯、吴世昌、北大刘毓盘、南大吴梅、南京卢前、陈匪石、唐圭璋、上海龙沐勋、江苏任二北。这其中，浙江则有夏先生。一方面，现代学术的转型，促成了夏先生由通入精，锲而不舍，在词人年谱、词史、词乐、词律、词韵、词籍笺校整理及词论、鉴赏诸方面均取得突破性成果，拓展了词学研究的疆域，提高了词学研究的总体水平，使词学向现代转型。另一方面，在古典文学的研究中，词学是最早具备现代学术的架构和体系的专门之学，因此夏先生所代表的词学，作为中国现代学术繁荣与昌盛的有机组成部分，实具有特殊的学术价值与研究价值。

夏先生的治学之路告诉我们，选择学术方向也好，转型也好，都要把握时代的脉动而行。

（五）做学问要讲究方法

1927年8、9月间，夏先生为学的重心便有向词学侧重的迹象。他已抄录几十种词话题跋，诗词选《夫妇辞》亦已积八九十首。到这年的10月份,他终于做了决定,要用四五年的时间来专攻词学:"拟以四五年功夫,专精学词,尽集古今各家词评,汇为一编。再尽阅古今名家词集,进退引申之。"(1927年10月4日日记)一旦确定了专业方向,他立刻践行,一月未到,他便拟定了一个研究词学的计划:"思以明年尽心力成《词学考》一书及《历代词人传》。"(1927年12月1日日记)这天日记的眉端,明明白白地记录着"《词学史》。《词学考》。《词林续事》,续张宗橚《词林纪事》。《词林年表》。《学词问话》"。到1932年1月2日,夏先生又增加了一个计划——"拟作一书曰《词例》",分辞例、律例、韵例三卷,下详举58个例题。到1935年底,立志"四十以前拟成《词学史》《词学志》《词学典》《词学谱表》四书"。到1939年底,在四书的基础上扩充为六书:一《词史》、二《词史表》、三《词人行实及年谱》、四《词例》、五《词籍考》、六《词乐考》。这样的计划,已经筑成了现代词学的体系。而这个体系目录的构成,与他所完成的《唐宋词人年谱》等实际成果,都可以很明显地看出经学与史学的方法。最简单来说,志、典、谱、表,都来自史学体裁,而考、注、疏、笺,则都是经学手法。

一门学术能开宗立派,必然有着方法论上的典型意义。夏先生的方法,以往研究者通常表述为"以经史之术研治词学",现在我觉得这个表述是不是改为"以经史之术别立词学"更为恰切?我们在第三节里说到夏先生能游刃有余地使用目录学做学问,目录学的根本是什么?是分类,而中国传统学术的分类虽分四部,但经、史、子、集中,尤以经、史为长术乃是不争的事实,所以传统的目录学,实是以经、史作为它的分类背景的。因此夏先生治词学得以成功的奥妙说到底其实很简单:他就是把经、史的分类方法移植到了一个狭小的领域。由于经、史的分类本身就有一个体系,因此便造成了这样一种现象:他的移植，不是零碎的克隆，而呈现出体系的腾挪架势。他在词学领域如鱼得水、触类旁通，正说明了这种体系腾挪的效应。这样的方法，说穿了似乎很简单，但是当时能全面贯彻的也只有夏先生一人。这也让我想到，夏先生晚年总结自己的治学经验时，曾经将他十年的研经读史之路说成是"走弯路"，其实，正是这段"弯路"，才成就了他的词学伟业。从这里我们也可以体悟到，读书的面不妨宽些，这样视阈才广，才有可能吸取到新的学科的方法。

夏先生以经史之术别立词学，在夏先生之后，吴熊和先生以词学—文化学研究首开风气，近年又有王兆鹏先生以自然科学与社会学的定量研究法引入词学，都有方法论上的领先意义。随着学科的交叉愈来愈严重，方法论始终是我们在治学中应该存入心底的一个问题。

同时我们也要提醒，任何一种方法，都可能形成流弊，文化学研究的方法也好，定量分析法也好，其流弊是离词学本体研究愈来愈远。其实这样的流弊，从以经史之术引入词学起就已经埋下了伏笔，只不过传统学术中的文字、音韵之学，恰好应合了词学的语言艺术的特性，所以在夏先生的词学研究中，这样的弊端不容易呈现出来而已。

话又说回来，无论何种方法与手段，只要它的运用能开创生面，能促进学术的发展，便都是值得充分肯定的。对于当下的治学而言，似乎只有两条途径来触动方法的生机：一是回归传统，老老实实从曾经断裂的传统学术中寻找养分；一是吸收外来新学科的方法为我所用。这两条途径当然不是平行线的关系，当它们交叉时，也许能取得好的效果。但无论哪种途径，我们都需要通过多读书来获取，而要保证每次读书的效果，我们依然要勤作札记。

（《中文学术前沿》第九辑，浙江大学出版社2014年版）

十三、夏承焘、吴熊和与浙江大学词学传统

陶 然

"词学"一词,本指相对于经济之学的词章文藻,如唐李邕所谓"或经纶国工,或词学时秀"(《唐赠太子少保刘知柔神道碑》),或如杜甫所谓"考诸词学,自有文章在"(《乾元元年华州试进士策问》)等。隋唐燕乐流衍,词体繁盛,至两宋而蔚为大观,号称"一代之胜"。"词学"遂得移指治词之学。概而言之,词学的发展,历经传统词学、现代词学及当代词学三个阶段:

唐宋以下数百年间,治词评词者代不乏人,词学之实绩略具形态,而词学之名尚无所归。张炎著《词源》,实已意味着词成为专门之学,是为传统词学的肇始。清词中兴,是清代词学成立的基础,清人考据学风,则是清代词学取得可观成就的重要因素。词学之名因此确立。龙榆生总结清代词学成就为五个主要方面,即以万树《词律》为代表的图谱之学、以凌廷堪《燕乐考原》等为代表的音律之学、以戈载《词林正韵》为代表的词韵之学、以张宗橚《词林纪事》为代表的词史之学和以王鹏运、朱孝臧为代表的校勘之学[1]。再包括况周颐、郑文焯等之词话及批点之学,传统词学至此可谓趋于极盛。

---

[1] 龙榆生:《研究词学之商榷》,原刊于《词学季刊》第1卷第4号,1934年。收入《龙榆生词学论文集》,上海古籍出版社1997年版,第87—103页。

20世纪是中国词学的新旧交替时代，是由传统词学转为现代词学的时代。从师承关系和渊源上来看，现代词学家多出自朱孝臧、吴梅门下。前者如刘铁夫、刘永济、夏承焘、陈匡石、龙榆生等，后者如唐圭璋、任中敏、赵万里等。其词学研究，在继承晚清诸老的基础上，皆展示出独特的个性与创造性，开辟出词学的新境界。同时，词学的学科特征渐趋成形，词学讲授与教育的风气渐盛。20年代初，刘毓盘在北大开讲词史，吴梅在南高（南大前身）开讲词曲，并创立词社，指导创作，南北一些著名大学讲词的风气由此遂兴。嗣后，龙榆生在上海，夏承焘在杭州，任二北在江苏，卢前、陈匡石、唐圭璋在南京，刘永济在武汉，俞平伯、吴世昌在北京，相继开设词学课程与讲座，词学成为各大学中文系由名师讲授的专门学科，足以与诗学分庭抗礼。虽中经外敌入侵、内乱频仍等历史风云，但学脉未断，故能使这一鼎盛气象一直延续至80年代初期。

现代词学的主要代表学者，如龙榆生主要活动于新中国成立之前，唐圭璋之《全宋词》初版于20世纪上半叶，夏承焘先生亦于80年代初期基本中止了学术活动。其后，词学进入了新的当代发展阶段。当代词学一方面继承了传统词学与现代词学的深厚传统，另一方面又注重推陈出新。故其总体成就固尚不敢谓超迈前修，但应该承认当代词学在研究框架与领域、研究思路与方法以及研究的深广程度方面，尤其是在新时期词学体系的建构方面，是有其独具之特色的，迈进到了新的高度。

在中国词学的现代阶段和当代阶段，浙江大学都具有举足轻重的地位。杭州西子湖畔的六桥烟水，本就与词有着深厚的渊源：中唐白居易歌咏杭州的《江南好》首开文人词之先声；柳永描写杭州富庶的《望海潮》是以赋笔为词的典范；苏轼在杭州写出了他的第一首《浪淘沙》；周邦彦由杭州进京，成为领袖一代的"词中老杜"；宋元的姜张遗韵、清代的浙派风流，绵延有绪。自 20 世纪上半叶以来，被誉为"一代词宗"的夏承焘先生和吴熊和先生两代词学家，分别作为现代词学和当代词学的领军者，先后在浙江大学中文系主持讲席，设帐授徒，词脉传承 70 余载，流风所被，遂使浙江大学以词学重镇而享誉学林。作为夏承焘先生的学术传人，吴熊和先生的词学具有继往开来的意义，是当代词学之开创性与代表性人物。如果说夏承焘先生开创了浙江大学的词学传统，则吴熊和先生标志着浙江大学词学传统的成熟与弘扬。正是在夏承焘先生和吴熊和先生的努力下，浙江大学成为当代词学研究的重要核心。因此，从学理层面探索他们对浙江大学词学传统的建构与推进作用，对于进一步传承与发扬浙江大学的词脉，有重要的学术意义。

（一）词学的学术化：浙东浙西，相济为用

清代学者章学诚论两浙学术时曾谓："浙东贵专家,浙西尚博雅。"（《文史通义》卷五）盖博雅方能心眼俱宽，专精方能深造有得，博而不专则易泛，专而不博则易拘，二者本不应偏废。词学作为传统学术的一个支脉，本即为专门之学，门径并不甚广。夏承焘先生、吴熊和先生两代学人所建立的浙江大学词学传统，依托两浙学术渊源，以博雅与专精的融汇为根基，以浙东、浙西之学相济为用，遂使传统词学向人文学术化的方向，发生质的转变。

唐宋以来直至近代，词学的主要外在表现形式是词论、词话、词谱、词韵等，而以前两者为主。中国传统的学术思维方式和感悟点评之批评方法，决定了传统词学的长处在于直凑单微、深抉词心，而其短则在于不免模糊影响、似是而非。如张炎《词源》所标举之"清空

骚雅"、近代端木埰、王鹏运、况周颐诸老辈所标举之"重拙大"之论,即为显例。不过,在传统词学极盛的晚清时期,亦已渐生词学之学术化的萌芽。王鹏运、朱孝臧在清代考据学兴盛的学术背景下,以治经之法治词,在词籍校勘方面注重实证,发凡起例,所得甚多,在文献方面为现代词学奠定了基础。况周颐之《蕙风词话》卷二、卷三及卷五,及其为刘承幹所编《历代词人考略》等,则已有明显的梳理词史之意识。但是,同王、朱之校勘学尚在清儒笼罩之下一样,况氏的词学亦终未能越出张宗橚《词林纪事》之藩篱。

学界公认,夏承焘先生对现代词学最主要的建构贡献之一,在于开创词人谱牒之学:"晚清词学,长于订律校勘而疏于考史,先生则以词学与史学结褵,进而'为论世知人之事'。他博览群书,究心寻检和校核唐宋词人的年里事迹和创作背景等,积岁月而成《唐宋词人年谱》十种十二家,由此词人行实得称信史。"[①] 夏先生是浙东永嘉人,其学术路径形成的过程中,深受浙东史学的影响。在他30岁左右确定以词学为自己一生的主要学术方向之前,同样经历过长时期的摸索甚至彷徨。但这种摸索不是无谓的,其意义在于为夏先生后来研治词学提供了学术背景。如其20余岁在西北大学任教时,对宋明理学即有极浓的兴趣,并一度欲以研究整理宋史为事业。归乡后,又遍读孙诒让玉海楼及黄仲弢蓉绥阁两家藏书,在传统的经史之学方面培养了深厚的根基。其后,夏先生虽以词学名家,但宋史研究的宿愿一直萦于胸中,未尝去怀。自20世纪30年代始,其日记中屡有史学撰述的计划,如与宋史相关的著作计划即有《宋元野记著作年代考版本

---

① 吴战垒:《夏承焘集·前言》,浙江古籍出版社、浙江教育出版社,1997,第1册第2页。

考及索引》《宋史表》《宋代文化志》《宋史别录》《宋史考异》《宋学系年会要》《宋学年表》等23种①。这些著作虽未及完成，但却提供了夏承焘先生学术理路形成的清晰过程。从这些著作名目，足以见出清代黄宗羲、全祖望及章学诚以来浙东史学传统影响夏先生学术方向的痕迹。50年代，夏先生在其《唐宋词人年谱》之《自序》中，也明确地提了词人年谱的史学特征："年谱一体，不特可校核事迹发生之先后，并可鉴定其流传之真伪，诚史学一长术也。"②宋元以来，尤其是清代，浙西地区向号词人渊薮，以杭州、湖州、嘉兴诸地为中心，从姜夔、张炎、周密、仇远、张翥以下，至清代朱彝尊、厉鹗，直至近代词学的核心之一归安朱孝臧等，风流雅韵，不绝如缕。朱竹垞之博学、厉樊榭之清雅，即是浙西学术在词人中的投影。夏承焘先生以浙东史学移治本为浙西擅场的词学，遂能将浙东专家之学与浙西博雅之韵，融而为一。这样，词学就跳出了晚清以来结社唱和、校律品藻的传统藩篱，以严谨精密的考证、知人论世的眼光，进入了现代学术的层面。

吴熊和先生对于夏承焘先生的学术路径有深刻的体认。他在《追怀瞿禅师》四绝句其二中以"独开史局谱花间"为《唐宋词人年谱》作了准确的定位，并在自注中谓："以年谱体例考订词人行实，年经月纬，条分缕系，承史家之专长以治词史，唐宋词始得有序论次，得观通变。"③但是，如果说夏先生以浙东学术之专精融入浙西学术之

---

① 参见陶然：《规模宏阔金针度人——记夏承焘先生未及成书的著述》，《古典文学知识》2003年第5期，第4页。
② 夏承焘：《唐宋词人年谱》，上海古籍出版社，1979，第1页。
③ 《吴熊和先生诗词选》，《庆贺吴熊和教授从教50周年论文集》，浙江大学出版社，2008，第55—56页。

博雅，是为以精寓博；则吴熊和先生以浙西之博雅融入浙东之专精，是为由博返约。吴熊和先生是上海人，1951年考入华东师范大学中文系，受教于施蛰存、许杰、徐中玉诸先生，而对他影响最大的是徐震堮先生。他在2008年所作《诸老杂忆》其六回忆徐震堮先生云："博通外籍远冥搜，不落言诠亦上游。谁撰当今高士传，兴来兴往觅行舟。"自注云："徐震堮先生，通多国文字，学问既博且精……"[1] 实际上，吴熊和先生在20世纪50年代的思想汇报材料中，就曾专门谈及徐先生对他的影响："我很钦佩我过去在师大时的一个教师，就是徐震堮先生（又名徐声越，过去也是浙大教师，和夏承焘、胡士莹先生等同事），他对教学很认真，生活态度很严肃，作风也正派，尤其是他的学问很广博很深……他的这种种表现和我的思想完全合拍，我就五体投地地钦慕起来……我也差不多以他为榜样来立定我的生活目标……做学问一定要广博，多方面求知。"[2] 可见，半个多世纪间，吴熊和先生对徐先生的印象最深处实在"广博"二字。徐震堮先生正是浙西嘉善人，其为人为学的气象均近于浙西博雅之风。1955年吴熊和先生来杭州，受教于夏承焘、姜亮夫、胡士莹、王焕镳、钱南扬、郦承铨、陆维钊、任铭善诸先生，毕业留校后，专从夏承焘先生研治词学，遂亦能将浙东浙西之学相济为用。他晚年所作《书生》绝句其二自云"浙学宗风是本师"，诗后自注谓："清代浙学与吴学、皖学鼎足而三，皆出于私门，与官学不侔。余非浙人，然于'浙西博雅'、'浙东专家'，终身服膺，莫敢失坠。"又其《谒唐圭璋先生南京寓所》诗后自注引章学诚语云："学者不可无宗主，而必不可有门户。故浙东、浙西，

---

[1] 《吴熊和先生诗词选》，《庆贺吴熊和教授从教50周年论文集》，第63页。
[2] 浙江大学档案馆藏吴熊和档案。

道并行而不悖也。"①这可以视作吴熊和先生对自己一生学术路径的开示与总结。胡可先曾以"清通简要"四字论定吴先生的词学研究风格，并谓其《唐宋词通论》"就是清通简要的代表性著作，著者立足于通古今之变，究因革之理，将历史感与时代感有机地融合在一起，不仅勾勒出唐宋词发展演变的线索，而且揭示出包蕴于其间的客观规律，表现出著者对于词学古今发展流变所独具的通识。在著述过程中，又十分注意简约与精要。"②"清通简要"，实即浙西博雅之风。这一传统与源自夏承焘先生所传授之浙东史学传统相结合，"并行而不悖"，遂使吴熊和先生的词学能以宏博之通识贯注于专门之绝学，以现代学术眼光研治传统的词学，从而开辟出词学研究的新广天地，进一步推动了当代词学的科学性与学术化。其学术实践渊源有法而能自辟广途，呈现出鲜明的特色，使夏承焘先生开创的浙江大学词学传统得到了学术逻辑和学术理念上的完善与成熟。

（二）词学的体系化：发凡起例，体大思精

传统词学至晚清而极盛，但由于时代和观念的限制，朱、王、况、郑诸老辈不可能对词学本身有体系化建构的努力。进入现代词学阶段后，作为现代学术门类的词学，其内涵与边界仍然经历了数辈学人的摸索与探讨，经历了一个长期的过程。早期不少学者使用词学一词，仍多指词体倚声之学。如吴梅《词学通论》开篇即云："词之为学，意内言外，发始于唐，滋衍于五代，而造极于两宋。"③又如王易《词

---

① 《吴熊和先生诗词选》，《庆贺吴熊和教授从教50周年论文集》，第65、55页。
② 胡可先：《吴熊和先生学述》，《庆贺吴熊和教授从教50周年论文集》，第8—9页。
③ 吴梅：《词学通论》第一章《绪论》，华东师范大学出版社，1996，第1页。

曲史》谓："词学自晚清中兴,今词坛耆宿之存者虽止彊村一翁,而十余年来造述蔚如,足以列作者之林者尚不乏人。"[1] 真正从学科体系角度对词学进行建构的,当肇始于龙榆生。其《研究词学之商榷》一文首先对"填词"与"词学"作了明确的区分："取唐、宋以来之燕乐杂曲,依其节拍而实之以文字,谓之'填词'。推求各曲调表情之缓急悲欢,与词体之渊源流变,乃至各作者利病得失之所由,谓之'词学'。"[2] 诚如吴熊和先生所云："这个说法尚不够完整与科学,有待改进,但至少已可用来与诗学相区别。"[3] 龙榆生在清人已取得较高成就的图谱之学、音律之学、词韵之学、词史之学、校勘之学之外,另提出声调之学、批评之学与目录之学。以此"八学"作为词学的基本学科领域与学术范围。其"八学"之分合,或有可商,其名目之概括,或有可议,但这一观点的提出,对现代词学的体系建构是具有重要意义的。

夏承焘先生与龙榆生交谊深厚,其相互之切磋讨论,屡见诸《天风阁学词日记》中。但夏先生构建词学体系的方式,不是通过理论推衍,而是攻苦力学,在词学的若干重要领域进行全面推进,以其学术实绩的高度与广度来标示词学的体系与内涵。论者谓其承晚清以来传统词学之余绪,借鉴科学的研究方法与现代学术理念,结合其深厚的学养与扎实的考订功夫,精勤探索,以毕生之力,在词人年谱、词论、词史、词乐、词律、词韵以及词籍笺校诸方面均取得突破性成果,从而构筑起超越前人的严整的词学体系,拓展了词学研究的疆域,提高

---

[1] 王易：《词曲史·测运第十》,上海书店,1989,第517页。
[2] 龙榆生：《研究词学之商榷》,《龙榆生词学论文集》,第87页。
[3] 吴熊和：《唐宋词通论》,上海古籍出版社,2010,第388页。

了词学研究的总体水平①。在现代词学阶段，其《唐宋词人年谱》是词史之学的巅峰，其《姜白石词编年笺注》则是涵盖音律、声调、词韵、目录、校勘之学的里程碑。夏承焘先生一生著作等身，然其词学之精义实以此两部著作为核心，复以《唐宋词论丛》《月轮山词论集》等为辅，以《瞿髯论词绝句》《天风阁学词日记》等为翼，这样就从学术实践的层面推进了现代词学的体系化。实际上，夏先生日记中所记录的一些著述计划，有的已超出了龙榆生之八学范围，如《词例》《词林系年》《词学志》《词集名物考》等。

在当代词学阶段，吴熊和先生是公认的新词学基本体系的建构者。与夏承焘先生一样，他也没有过多地从词义和理论上去推衍词学的边界，而是以词史上最重要的唐宋词为对象，攻坚直入，示范性地开创了新词学的研究体系与体例。其代表著作即《唐宋词通论》。这部著作对词学史上许多具体而基本的问题作了非常精辟的阐释，如关于词的起源、词与音乐的关系、唐宋词派的分合、词论与词籍文献的梳理等等，均对传统词学研究有重要突破②。在此书于1986年初版的近30年后来看，《唐宋词通论》作为当代词学的经典著作，其学术史价值表现在以下三方面：

（1）词学研究新体系的建构。这部著作从词源、词体、词调、词派、词论、词籍、词学七个方面展开，而每一方面均沿流溯源，纵横通论。这一体系涵盖了词乐研究、词体源流研究、词体形式研究、词

---

① 参见郑小军：《词学史上的一座里程碑：读〈夏承焘集〉》，《中国图书评论》2000年第11期，第9页。
② 可参见肖瑞峰：《评〈唐宋词通论〉》（《文学评论》1985年第6期）及费君清、陶然：《一脉天风百丈清泉——吴熊和教授学术研究述评》（《文学评论》2003年第3期）诸文。

调衍变研究、词史研究、词评词论研究、词学文献目录研究、词学领域研究等诸多方面，有其鲜明的学术特色，以体大思精而享誉学林。徐中玉先生曾谓《唐宋词通论》"20年之内无人能超越"，或许主要也是从这种体系建构角度而言的。

（2）词学研究方向的规划。该书不仅以集大成的方式，囊括和总结了传统词学的所有方面，并且对今后词学发展的八个主要方向作了展望与规划：评论唐宋各名家词的论文集；词人年谱传记丛书；汇集与研究唐宋音谱及词乐材料作《唐宋词乐研究》；重编包括敦煌曲在内的《唐宋词调总谱》；汇辑唐宋词论词话作《唐宋词论词评汇编》；总结历代词学成果作《词学史》；历述词籍目录版本作《唐宋词籍总目提要》；包举上述词家、词调、词籍条目，并对唐宋词的一些常用语辞作汇解的《唐宋词词典》。这些规划中，既有当年夏承焘先生的设想，也有吴熊和先生本人针对词学体系的新思考。事实上，吴先生提出的这些研究方向，有不少已成为当代词学中的显学，涌现了众多成果。这种对整个学科体系发展方向的探索，显现出真正的词学大家气度。前辈唐圭璋先生评此书对唐宋词学"阐述縻余，至为可贵，这对今后祖国词学的发展，起了很好的推动作用"。

（3）词学研究体例的创新。吴熊和先生创造性地发展了"通论"这一研究体例，对于这种体例的特点，他在晚年为《历代词通论》所作的总序中说："通论形式和词史形式，代表了词学研究的两种主要思路，大体而言，词史重在条贯，通论意在横通。但它们并非截然两歧的方向，而是互为补充的。没有横通的视野，词史易流于僵化简略；缺少条贯的史识，通论亦难免琐碎空疏。通论的长处在于可以针对某些重要的词学现象与问题作专题性的、较为透彻的深入研讨，并通过若干专题的展开与讨论，反映词这种文学—文化样式在一个时期的整体面貌与重心所在。因此,面对不同时期的词,通论的写法是可以不同的……通论的形式有可能提供一种富有个性和针对性的研究思路。研究者必须对研究对象有整体的判断,梳理出最核心、最本质的若干问题。这种以问题为导向的研究,可为将来重撰词史提供基本的考察维度。"[1] 故万云骏先生曾谓此书"名曰通论,名实相符"。

夏承焘、吴熊和二先生均以毕生精力创建了现代和当代词学的基本体系,这种宏大的学术气魄,是浙江大学词学传统的重要内涵。

(三)词域的多元化:拓土开疆,独辟新境

浙江大学的词学研究向来以善于开辟新的研究领域而著称,这同样得力于夏承焘、吴熊和两代学者的示范作用。

夏承焘先生所开创的词人谱牒之学,不仅是学术路径的开拓,也是词学领域的开拓。除已完成的十种十二家之外,他还有从事《唐宋词人年谱续编》的计划,在1964年8月9日的日记中,他列出了拟与其他学者合作完成《续编》的详目,包括"柳三变系年、东坡词事系年、苏门词事系年(黄、秦、晁、赵、毛[东]堂)、李清照年谱(王仲闻、黄盛璋合钞)、稼轩词事系年(乂江)、大晟乐府作家系年、周美成年谱会笺(陈思、王国维)、张于湖年谱、张芦川年谱、胡邦衡年谱、陈龙川词事系年、刘后村年谱(张荃)、刘辰翁年谱、王碧山年谱(属常国武作)、赵青山年谱、张玉田年谱(冯沅君)"[2]等。又如姜夔词集中的十七首旁谱,历来视为绝学。夏先生自少及老,经过穷年研治,写成《白石歌曲旁谱辨》《姜白石词谱与校理》《白石

---

[1] 吴熊和:《历代词通论总序》,《唐宋词通论》,上海古籍出版社,2010,卷首。
[2] 夏承焘:《天风阁学词日记》,《夏承焘集》第7册,第979-980页。

十七谱译稿》诸文,遂开启词学音谱研究的新领域。另如夏先生所选《金元明清词选》及《域外词选》亦皆为开疆拓土之作,前者引导学者将研究触角延伸至金元明清词,后者收录了古代日本、朝鲜、越南诸国11位词人的200篇左右词作,论者以为"打开了域外词研究的新领域,展现了域外词人的风貌"[1]。

吴熊和先生继承了夏承焘先生的词学传统与学术开创精神,在词学新领域的开拓方面,亦广受瞩目。除唐宋词领域外,其尤著者约有如下数端:

(1)词学文献史料领域。《唐宋词通论》中设专章研究唐宋词籍的类别、版本、著录、流传等方面的内容,实为一部简明扼要的唐宋词文献史。又曾与严迪昌、林玫仪合编《存世清词知见目录汇编》,至今仍是最完备的一部清词文献著作。吴先生率门下弟子合著的《唐宋词汇评》(两宋卷),皇皇五巨册,包括了传记、年谱、生平事迹考证等词人文献;词人撰述、词集版本注本与各种序跋等著述文献;采自宋人文集笔记、历代词话、词选以及近人评论的对唐宋词人风格的总评与词作分评等评论文献;采自大量宋人笔记及史料的本事文献等,遂将作家考证、作品编年、著述钩稽、资料汇编诸方面汇为一炉,成为具有雄厚学术积累的集大成的宋词文献研究著作[2]。吴熊和先生在词学文献史料方面的开拓,为词学研究提供了综合系统的文献库,填补了传统词学的空白。

(2)明清之际词派研究领域。与唐宋词研究的繁盛相比,金元明

---

[1] 彭黎明:《读〈域外词选〉》,《文学评论》1985年第3期。
[2] 参见宗古:《宋代词学研究的格局与变化——评〈唐宋词汇评〉(两宋卷)》,《中华读书报》2005—2—23。

清词研究向来冷落。吴熊和先生在 20 世纪 90 年代前后，相继发表了《〈柳洲词选〉与柳洲词派》《〈西陵词选〉与西陵词派》《〈梅里词辑〉与浙西词派的形成过程》等重要论文。其词派研究突破了以往仅注重词派本身梳理的局限，而是从明清之际词派产生的地域因缘、家族因缘着手，致力于新词派的整合与探讨。这不仅仅是勾勒了几个词派的形态，更重要的是通过研究领域的拓展，凸显了明清之际词坛于词史递嬗过程中在空间和时间上的独立特性，从而打开了明清词研究的新思路与新局面。

（3）域外词学研究领域。吴熊和先生对于域外词学也颇为关注，他撰写的《高丽唐乐与北宋词曲》一文，涉及宋词的域外传播与音乐传播的关系，宋词在中外文化交流中的作用也从中得到了说明。此外，其《苏轼奉使高丽一事考略》还对苏轼奉使高丽事作了精细的考证，使得有关苏轼的一段模糊不清的事实得到了澄清，为宋代词人的域外交流以及宋词在域外的传播研究提供了第一手材料。在这一领域，吴熊和先生将历史上的词学问题置于整个东亚文化关系的背景上来看待，从而避免了画地为牢、固步自封，显示出强大的词学研究空间拓展能力。

学术的发展，"小结裹"易，"大判断"难，研究领域的开拓尤难。夏承焘、吴熊和二先生均能以辟疆拓土的识见，开掘出挹之不尽的学术源泉，这是浙江大学词学传统发展的动力所在。

（四）词法的精密化：以史证词，以词治词

此所谓"词法"，并非如《乐府指迷》所指填词之法，而是指词学研究方法。浙江大学的词学传统，既注重文史之互通互证，又强调以词治词、以词还词。

夏承焘先生以深厚的史学修养之背景移于词学研究，其《唐宋词人年谱》等著作中所贯穿的以史证词、文史互通之例，触处可见，创获缤纷，亦为论者所熟知。然而，夏先生未及完成的著述中尚有一部《词例》，集中体现了其以词治词的研究方法。《词例》是受俞樾《古书疑义举例》启发，仿其体例，拟以历年所积数千条读词札记编成。该书分为辞例、律例、韵例三卷，细分则有数十例，在《天风阁学词日记》中有所记载，包括：他人制谱例、先填词后制谱例、先制谱后填词例、不分上下片例、移上作平例、移入作平例、过腔例、隐括诗文例、小词衍大词例、大词改小词例、句读不依谱例、止作半片例、用代言体例、不注调名例、自称名例、用诗句例、嵌字例、曲调入词例、数首演一故事例、集药句例、用俗语例、用隐语例、用秽语例、分段错误例、和韵变例、语复例、叠字例、叠句例、名句一人集中屡见例、入作平例、语纸通叶例、数人合作例、不押韵例、误用典例、用人名例、截人名例、长序例、代人作例、分卷例、不附诗文集例、一首用一故事例、用故事最多例、去声字不通融例、辨上去例、诗改词例、复韵例、上下片误分例、以调为题例、夹叶例、用古韵例、上下句误分例、拗调例、平仄韵合押例、增减旧谱例、加衬字例、偷诗句例、和韵不注和例、用僻字例等共58例[①]。这部著作并未成书，其札记零珠散缣，尚待整理。但由此书的研究方法来看，是扎扎实实、不假外求的词学研究的内在功夫，是以词治词的范例。所谓以词治词，就是强调以词为本体，真正用治词的眼光来研究词，而不是用和治诗文一样的眼光来研究词。在这方面，吴熊和先生的词学是有新的发展的。

吴熊和先生的词学研究在方法上有三点须予以特别的注意：

---

① 夏承焘：《天风阁学词日记》1932年1月2日，《夏承焘集》第5册，第260—264页。

（1）以史证词。《吴熊和词学论集·后记》中明确提出："词学并不是个自我封闭的体系。词学不但要与诗学彼此补益，相互参照，联手共事；同时还要不断从其他相关学科，尤其是史学（包括音乐史、文化史）中取得滋养和帮助。宋词上承唐诗而旁通宋诗，两宋作家往往诗、文、词三者兼擅，并出一手。治宋词者若知其一不知其二，必然左支右绌，顾此失彼，难以弘通。"[①]如《从宋代官制考证柳永的生平仕履》一文就通过宋代官制中的磨勘制度来考订柳永的仕履，借助史学方法从全新角度勾勒出柳永生平之清晰可信的轮廓。又如《周邦彦琐考》一文，由北宋神宗至哲宗期间太学制度变迁及政策变化，考察周邦彦的政治命运，并进而延伸至周邦彦与苏轼及旧党之关系等，往往能触类旁通，胜义如缕。

（2）词学文化学研究方法。吴熊和先生词学研究在方法论上的一大创造是引领了词学文化学研究的潮流。《唐宋词通论·重印后记》中指出："谈论词的起源，不少学者注重词与音乐的关系，从词与燕乐的因缘入手考察词的起源，已经取得了可观的成果。但是光从这一点着眼，现在看来就显得不够。许多事实表明，词在唐宋两代并非仅仅作为文学现象而存在。词的产生不但需要燕乐风行这种具有时代特征的音乐环境，它同时还关涉到当时的社会风习，人们的社交方式，以歌舞侑酒的歌妓制度，以及文人同乐工歌妓交往中的特殊心态等一系列问题。词的社交功能与娱乐功能，在相当长的时间内，是同它的抒情功能相伴而行的。不妨说，词是在综合上述复杂因素在内的历史背景下产生的一种文学—文化现象。我们应该开拓视野，加强这方面

---

① 吴熊和：《吴熊和词学论集》，浙江大学出版社，1999，第441页。

的研究。"①《唐宋词通论》中论述词体起源诸问题时,就是将词置于与音乐文化、社会文化及制度文化、文人心态等诸多方面共生而互动的整体文化环境中进行考察。这种开阔而弘通的研究方法,对90年代以来的词学研究产生了重要的影响,推动了当代词学的发展②。

（3）以词治词。如果说以史证词主要体现了吴熊和先生对夏承焘先生所开创的词学传统的继承,而词学文化学研究方法体现了他在方法论上的新创,则以词治词体现了他对当前词学研究现状的更深入思考。他认为读词与读诗有所不同,学者往往混淆,直接用读诗的方法去读词,这是不行的。不能否认词与诗有共性,但是词有其独胜之处。特有的东西,要用特有的方法和理论进行研究,因此他尤其强调研究者对词本身的感悟力与理解能力。研究词学,首先要懂词,要从词的本体上下功夫,否则就易流于影响之论,看似花团锦簇,实则离词愈远③。

由以史证词到词学文化学研究方法,再回归为以词治词,吴熊和先生在治词方法上的这些认识与实践,将夏承焘先生所开创的词学研究方法进一步精密化、科学化。这种完备的研究方法体系,也是浙江大学词学传统的主要特色。

（五）词脉的学派化：根柢深厚，情理兼胜

夏承焘先生自20世纪30年代始,先后任教于之江大学、浙江大学,培育了众多的词学研究人才。尤其是50年代以后,原浙江师范

---

① 吴熊和:《唐宋词通论》,第455页。
② 参见陶然:《当代词学文化学研究之回顾与反思》,《文学评论》2010年第3期。
③ 参见陶然:《词学新境的建构与拓展——吴熊和教授访谈录》,《文艺研究》2012年第3期。

学院中文系开设古典文学研究班,包括吴熊和先生在内的不少年轻学者就是在这时接受夏先生的词学研究训练的。从《天风阁学词日记》中,可以见出夏先生培养学生的主要方式有指导读书、指导论文、师生切磋、合作著述等多种途径①。其中尤其值得注意的是夏先生培养学生首先是从基础性的工作做起的,如"教研究生专书与作品,皆先令其作分释,后加指点"②,又"研究生选予出论文题共六人,予皆令其整理予所札稿。为词调演变者,侯志明、倪复贤;为词体释例者,周满江;为词源笺注者,吴熊和;为韦庄词注者,刘金城"③。此后夏先生指导学生先后合著有《读词常识》《放翁词编年笺注》《龙川词校笺》等多种基础性的词学著作。

吴熊和先生指导弟子也同样十分注重基础的培养。他曾指出:"新时期的词学,要有更大的开拓与创新,首先是理论上与方法上的开拓与创新。但与此同时,也需要对历代词学作出认真总结,开展一些具备规模、集其大成的基础性研究……做好这类基础研究,除了有助于学术积累,还可以帮助一些年轻学者从高处起步,避免学养不足带来的缺失和课题的低水平重复,提高当前词学研究的总体水平。"④所以吴先生指导弟子往往从词集笺证、词集选注、文献考证入手,目的亦在于此。在他看来,基本功的训练是根柢的训练,而这将决定一个学者将来成就的高度。

另一方面,夏承焘、吴熊和二先生又十分看重对学生的文学感悟

---

① 参见胡可先:《吴熊和先生学述》,《庆贺吴熊和教授从教50周年论文集》,第4—5页。
② 《天风阁学词日记》1955年6月1日,《夏承焘集》第7册,第461页。
③ 《天风阁学词日记》1956年11月14日,《夏承焘集》第7册,第569页。
④ 吴熊和:《吴熊和词学论集·后记》,第442页。

能力的培养。夏先生有《瞿髯论词绝句》,以诗歌体式评泊词人词史,其中所涉及的词学观点固然重要,但这种充满艺术趣味与传统的形式同样不可忽视,从中可以体现出感性与理性的融汇、新观点与旧形式的统一。吴熊和先生晚年亦作有《百首论词绝句》,并嘱弟子唱和或仿作。这说明浙江大学的词学传统中,在人才培养方面,是尤其重视艺术敏感与学理思考之兼胜的。

吴熊和先生曾谓:"夏先生常以章学诚的名言'学者不可无宗主,而必不可有门户'教导我们,我一生铭记此训,力戒门户之论。"[①]吴先生亦从不以开宗立派自诩,弟子们戏称"吴门",都为其所不许。但事实上,吴熊和先生所培养的一批词学研究人才,有不少已成为新一代的词学研究中坚力量,无形之中自有学派化的倾向。他们所研治的方向并不完全相同,研究个性亦有差异,多能发挥各人才性之所长,在不同的领域有所建树。但他们又都植根于夏承焘先生、吴熊和先生以来的浙江大学词学传统中,表现出根基深厚、艺术敏感与学理思考兼胜的共性。一花五叶,各具擅场,散则异流,合则同源。这是浙江大学词学传统的主要风格。

吴熊和先生临终遗言云:"浙江大学的词学是有传统的,不要让它消亡了。"这一传统的精义在于:依托两浙学术渊源,建构完整而科学的词学体系,拓展词学研究领域,丰富词学研究方法,形成独具特色的词学研究流派。在总结与传承这一学术传统的基础上,进一步将其丰富和发展,应当是后学者的重大责任。

(《中文学术前沿》第五辑,浙江大学出版社2012年版)

[①] 陶然:《词学新境的建构与拓展——吴熊和教授访谈录》,《文艺研究》2012年第3期。

学术评论

一、《夏承焘集》前言

吴战垒

吴战垒（1939—2005），字刚如，浙江浦江人。1963年毕业于杭州大学中文系，历任浙江古籍出版社编审、中国美术学院客座教授、浙江师范大学特聘教授，并兼任《汉语大词典》编委、浙江省收藏协会顾问。吴战垒为夏承焘先生关门弟子，专攻古诗文，兼及陶瓷欣赏、收藏。著述有《中国诗学》《听涛集》《文艺欣赏漫谈》《千首宋人绝句校注》《唐诗三百首续编》《元曲三百首校注》《西湖散曲选注》《图说中国陶瓷史》等。

夏承焘（1900—1986），字瞿禅，晚号瞿髯，浙江永嘉（今温州市）人。出身普通商人家庭，虽无家学渊源，却自小勤奋向学，十三经除《尔雅》外，都能背诵，于经学、小学打下深厚的根基。他最初学填词，是在温州师范学校求学时期，所填《如梦令》结句："鹦鹉，鹦鹉，知否梦中言语？"受到国文老师张震轩的激赏，以浓墨加了几个大圆圈，这给他以很大的鼓舞。师范毕业后，先生在小学任教，参加当地的诗社活动，所作得到林鹍翔、刘次饶等长辈的赞赏，于诗词创作，兴趣更浓，奠定了一生攻治诗词的始基。一九二一年夏，先生赴北京任《民意报》副刊编辑，同年冬转赴西安中学任教，一九二五年兼任西北大学国文讲席。此时先生曾研究宋明理学，并发愿整理研究宋史。一九二五年秋先生回到故乡，为方便读书，乃移家温州图书馆附近，于两年间，几遍读乡贤孙仲容"玉海楼"和黄仲弢"蓉绥阁"两家藏书。一九二七年下半年，先生赴严州九中任教，又得以恣读原严州书院藏书。此时先生正当而立之年，苦苦寻求一生之治学鹄的，终于认定以词学为自己终生奋斗的事业。一九三〇年，先生到之江大学任教，自此以后，几近半个世纪的时间，先生一直主持东南词学讲席，与海内词家、学人声气相通，治词授业，多所建树，终于成为蜚声海内外的一代词学宗师。

先生继晚清词学复兴之后，以深厚的传统学殖为根底，师承朱孝臧等前辈词学家考信求实的治学风范，却又不为其所囿，而广求新知，多方取资，进一步开拓研究领域，改进研究方法，在词学研究上开辟一个新境界，代表了一个历史阶段的研究水平，具有继往开来的学术意义。王瑶先生主编《中国文学研究现代化进程》，遴选近百年来近二十位中国文学研究大家，在词学方面独选了先生。这应是学术界的公论。

综观先生一生学术建树，约有下列数端：

一、开创词人谱牒之学

晚清词学，长于订律校勘而疏于考史，先生则以词学与史学结缡，进而"为论世知人之事"。他博览群书，究心寻检和校核唐宋词人的年里事迹和创作背景等，积岁月而成《唐宋词人年谱》十种十二家，由此词人行实得称信史。前辈学人张尔田赞其"湛深谱牒之学，文苑春秋，史家别子，求之近古，未易多觏"。赵百辛则称："十种并行，可代一部词史。"唐圭璋先生举为"空前之作"，并推为"词学研究者必读之要籍"。先生于词人事迹考证，尚有更宏大之著作规划，其遗著《词林系年》（一名《唐宋金元词人系年总谱》），以年代为经，词人事迹为纬，涵括面极广，惜未杀青，尚待进一步充实整理。

二、对词的的声律和表现形式的深入研究

词原名曲子词，是可歌唱的，宋以后词的乐谱失传，其唱法遂不可知。但姜白石有十七首词附有乐谱，却因谱字为当时俗体，与后世工尺谱有异，释读不易，历来视为绝学。先生即以此为突破口，穷年攻治，成《白石歌曲旁谱辨》一文，发表于燕京大学学报，是为先生成名之作。此后先生更进一步对白石词声律进行全面研究考订，其成果汇为《姜白石词编年笺注》一书，被誉为"白石声学研究的小百科全书"。唐圭璋先生云："瞿禅对词之乐律研究，致力最勤，故其校笺姜白石词，尤为精当。"先生对于词的四声、用韵、字法、句法、换头等艺术形式规律也进行细心研究，仿俞樾《古书疑义举例》，拟成《词例》一书，包括字例、句例、片例、辞例、体例、调例、声例、韵例诸门，规模宏阔，洵为巨制。虽未最终成书，而从整理发表之若干看，则辨例周详，创获甚多。其所积累的丰富资料，有待系统整理。

三、词学论述

先生对于词史、词人、词作的研究和评述，早岁已曾着手，但较全面的展开，则是在新中国成立以后。尝拟撰述一部《词史》，已完成唐五代温、韦数篇，并于两宋词的发展脉络，自具独识。他对易安、稼轩、龙川、放翁诸家的评论，准确、深刻，迥出时流。对词论的研究，也一空依傍，时有卓见。先生还热心于词学普及工作，写了不少深入浅出的鉴赏文章和知识性读物，受到广大读者的欢迎。先生留下许多片断的读词感想、词话杂札和词籍批注等，尚待整理发表。

四、诗词创作

先生早岁即耽吟咏，豪兴至老不衰。终其一生，学术研究与诗词创作并重，以其创作心得与经验印证前人所作，故深知个中甘苦，每有论述，则如燃犀下照，洞见鱼龙变幻。先生自承作诗"于昌黎取炼韵，于东坡取波澜，于山谷取造句"，填词则欲"合稼轩、白石、遗山、碧山于一家"，所作均有感而发，情辞并茂；诗风磊落清奇，高明沉着，词笔则坚苍老辣，每以宋诗之气骨度入词中，外柔内刚，戛然独造，并世词家，殆罕其匹。

五、治词日记

先生少时即记日记，今存日记自一九一六年（十六岁）始，迄于易箦之前，数十年来，从未中断，诚为可贵。一九二八年后，先生专心治词，日记中多有读书教学、研究撰述、诗词创作、友好过从、函札磋商、南北游历等记录，先生原拟在此基础上另撰《学词记》，而逡巡未果。一九八一年应施蛰存先生之请，乃选抄从一九二八年起日记为《天风阁学词日记》，发表于《词学》专刊，后次第出版。这是先生一生治学的翔实记录，反映了半个多世纪以来的词学史和当代许多重要的学术界掌故，具有重要的学术文献价值。其治学方法与经验，灿然俱陈，无异现身说法，金针度人。而文笔之隽美，亦堪称一流。施蛰存先生已有专文赞之。唐圭璋先生亦很看重老友的这部日记，认为先生的许多想法，"提出了治词的宏伟广阔课题"，"为治词学开辟了生疏的渠道，拓宽了研究领域"，先生的未竟之业，乃是"今后词学研究发展之奋斗目标"。

六、培养人才

先生的一生经历十分单纯，概括起来就是：读书、著书、教书。他是一位大学问家，也是一位大教育家。他先后在小学、中学、大学任教六十余年，桃李满天下。"得天下英才而教育之"，先生认为是平生最大快事。他热爱教育事业，觉得教书有无穷的滋味，在日记中每有真挚动人的记录。先生还作《教书乐》一文，回顾数十年教学生涯的感想和体会，言之醰醰有味，在丰富的教学经验中渗透着深刻的哲理和醉人的诗情。听先生讲课，是一大享受。他气度从容，笑容可掬，娓娓而谈，庄谐杂出，课堂气氛十分活跃，使人有如坐春风之感。先生性情温厚，虚怀若谷，见人一善，则拳拳服膺；见时贤之精彩著述，则喜形于色，"恨不识其人"。先生于门下，亦从不摆师道尊严的架子。他送给一位老学生的对联写道："南面教之，北面师之。"其执谦善纳如此。对于学生的优点，他总是尽量加以奖勉，且用以自励，在日记中亦有不少感人的记述。先生治学门庑广大，从不以自己的爱好和专长来规范学生，而是因材施教，充分鼓励学生发挥自己的才性，扬长避短，卓然有所成就。故先生门下，济济多士，略举其著者，如翻译莎士比亚的专家朱生豪，语言文字学家任铭善、蒋礼鸿，园林建筑学家陈从周，戏曲小说专家徐朔方，散文名家琦君（潘希真）等，均亲炙先生而另辟学术新境，传先生词学一脉而卓然成家者则有吴熊和等。

先生治学勤奋，著作甚丰，已出版者二十多种，遗作尚待整理者，数量亦不少。这次编辑《夏承焘集》，由吴熊和、吴战垒、吴常云主编，吴战垒负责具体编辑工作。商定体例如下：

一、凡经先生写定，最足以代表其学术成就之著作，全部编入；已成书者，均按其原貌，不另行分散编排。

二、先生与人合著者暂不收；尚待整理者亦不收。

三、凡一文数见者，则视其所宜，编入一册，概不重出，而于编后记中加以说明。

四、凡一文数经修改，则收最后改定者；倘前后差异较大而各有价值者，则两存之。

五、尊重先生不同时期之行文习惯，如书名号、引号、异体字等，不强求规范和统一。

六、全书分八册编次，每册编辑情况具见编后记。

本书的出版，得到各方面的关心和帮助，浙江古籍出版社的领导和浙江教育出版社的领导，均十分支持，谨于此表示深切的谢意。至于全书在资料收集、编排校对方面的疏失，情知不免，恳望读者教正。

吴战垒

一九九七年木樨香中于杭州

（《夏承焘集》，浙江古籍出版社、浙江教育出版社1997年版）

二、以经史之术别立词学:《夏承焘全集》前言(节选)

吴 蓓

夏承焘先生是中国现代著名的词学家、教育家。毕生致力于词学研究和教学,是现代词学的开拓者和奠基人,有"一代词宗""词学宗师"的美誉。一生治学勤奋,著述宏富。一系列经典著作是词学史上的里程碑,也是20世纪优秀的学术成果和文化成果。著作流播中外,几十年来沾溉学界及诗词爱好者良多,为无数的后学开启了治学的法门,也为诗词文化的普及与传播做出了杰出的贡献。为更好地继承和发扬这份文化遗产,扩大中华词学的影响力,在八卷本《夏承焘先生集》的基础上,汇集未经出版的夏先生手稿以及多方搜罗的散篇、书信等都为全集,以飨读者。兹就夏承焘先生学术的渊源背景、主要贡献、全集的价值意义以及全集编纂情况等略作阐述和介绍。

(一)

夏承焘(1900—1986),字瞿禅,晚号瞿髯,浙江永嘉(今温州市)人。1918年毕业于温州师范学校,在任桥小学、温州布业国民小学任教。1921年7月赴北京任《民意报》副刊编辑,同年冬往陕西教育厅任职,1922年在西安中学任教。1924年冬离西安返家完婚,次年初再度西行入秦,4月兼任西北大学国文讲席。7月返温,任教于瓯海公学、温州第十中学、女子中学。1927年2月至3月，曾在国民革命军浙江省防军秘书处短暂工作。随后在宁波第四中学、严州第九中学任教。1930年秋始任教于之江大学。1937年抗日战争爆发，年末避寇返里。1938年8月末抵上海继任之江大学教席（时之江大学迁沪复课），1939年兼任无锡国学专科学校和太炎文学院教席。1940年任之江大学国文系代主任。1942年上海沦陷后，先后在雁荡山乐清师范、温州中学任教，年底赴浙江大学龙泉分校任教。1952年浙大院系调整后，任浙江师范学院中文系主任。1958年浙江师范学院改为杭州大学，任中文系教授兼语文教研室主任。1963年曾在北京大学、北京师范大学讲词学。1972年后病假长休。1975年7月末离杭赴京调养。1979年以后为中国社会科学院文学研究所特约研究员和《文学评论》杂志编委。1986年逝世于北京。

夏承焘先生生于晚清民国，这是一个天崩地解、社会转型的时代，学术界因受西方近代文明的冲击，力争突破传统的窠臼而求自新，历代学术，举凡先秦子学、两汉经学、宋明理学乃至有清一代的学术，都被一一翻检审视，新旧中西，纷繁交错，学术思想因此而极为活跃。夏承焘先生的道德学问，也不可避免地刻印上了时代的烙印。青年时代的他，曾对阳明心学、关学、子学、小学、史地学等等，发生了广泛的兴趣。自然，对两浙学术地源性传承的经史之学，更是一度表现出了儒生本色的热衷。以1927年末夏承焘先生开始研治词学为界，此前的十几年，从入读浙江省立温州师范学院，到毕业任教、北上西游、回乡求职，皆可视为其藏修阶段。

夏承焘先生出身普通商人家庭，虽无家学渊源，却自小勤奋向学，中学时代起，便曾熟背除《尔雅》之外的十三经，打下了扎实的国学基础。青年时期，更是博览群书，一面继续背诵经学原典，一面大量阅读四部文献。同时敏锐捕捉学术动向，在中西新旧的交错中，努力汲取多种滋养。在西安，他曾痴迷于王阳明心学而发意研治性理。阳明学说尽管在清初被实学家所批判，但它的影响却十分深远。自阳明学后，儒家似乎已经不再把"道"的实现完全寄托在以"圣君"行使权力中心的政治建制上面，而是把先天妙道通贯到日用常行，对象遍及"愚夫愚妇"。这是儒家由上到下、由圣君贤相到普通百姓、由面向朝廷到面向社会所发生的一种重心的转移。年轻的夏承焘先生读王阳明而至于激动到"绕室狂走"，足见阳明学说几百年来对知识分子心灵的震撼程度。王阳明之后，另一位激起夏承焘先生强烈震动的思想家是颜元（习斋）。颜元与他的学生李塨主张"实文、实行、实体、实用"，人称颜李学派。这是清初把经世致用的思想发挥到极致，并且自成统系的一个流派。颜氏与王氏，一实一空，都被西安时期的夏承焘先生统一在他的以《省身格》为代表的日常生活化的儒家内修之课中。如果说，性理学给予夏承焘先生以灵动之思从而有助于他的诗性词情的话，那么实学对于他最大的影响除"实文"外，恐怕还数"实行"。而无论清初颜李实学，抑或产自夏氏祖藉的永嘉实学，它们作用于夏承焘先生的，更多的似乎不在于事功经济思想，而在于务实、敏行的行为方式。这两者对于成就他的诗词创作以及催生大量的学术成果而言，当为不虚的潜在因由。

　　西安时期，夏承焘先生对小学、诸子学也费力颇多。小学作为研经的基础，得到夏承焘先生的重视原是儒生学问格局中的应有之义。许慎的《说文解字》及段玉裁的《说文注》，数年间成为他坚持不缀的精读日课。阅读过程中，曾札有《段氏说文释例》一本、《简名编》两本、《正名编》两本、《假借编》及《引申编》三本、《笔朴》一本、许书字义有关于人生哲学者一本，共得札记十本之多（手稿现存温州市图书馆）。回温州后，继续通读各家研治《说文解字》的专著，曾绘制《各家〈说文〉书作表》，分门别类地列举了78家73种之多，除此之外，尚有如王夫之的《说文广义》、孔广居的《说文疑疑》、冯鼎调的《六书准》、潘肇丰的《六书会原》等，因"皆未脱宋元明人乡壁虚造之陋习。不录"。他还曾作《说文通论》、《说文广例》等。总之，俨然治《说文》的专家里手。诸子之学兴盛于春秋战国，后由于儒学逐渐定于一尊而日趋消歇；明末随着儒家思想一统局面的松动，思想家李贽等人开始重新宣导诸子学说，子学开始引起人们的兴趣；清代考据学兴盛，由于考证六经以及三代历史的需要，先秦诸子成为证经、证史的重要旁证；晚清民国，在许多学者的大力提倡下，子学开始在西学的映照下而显示出多元的价值，不仅走出了"异端"的境遇，而且彰显一时，成为近代新学的重要组成部分。这个学术背景，显然影响到了夏承焘先生，他遍读诸子，认真作了读书札记，有《〈慎子〉〈尹文子〉〈公孙龙子〉〈吕氏春秋〉札记》一本，《〈扬子法言〉札记》一本，手稿今存于温州市图书馆。他所作的《荀子界说》，更是超乎一般的读书笔记之上，具有一定的学术性。

1925年秋，夏承焘先生从西安回到温州，为方便读书，移家到现温州图书馆前身旧温属六县联立籀园图书馆附近。用两年的时间，遍阅籀园九万余卷藏书（以经部居多）。1927年下半年，赴严州九中任教，又得以恣读原州府书院的二十四史等藏书，对史学的兴趣有增无减。中国现代学术中，史学一门可谓人才济济，最见实绩。其中浙东史学，贡献尤大。梁启超的《论中国学术思想变迁之大势》《清代学术概论》《中国近三百年学术史》诸作，开启了现代史学中学术史一目的端绪。梁氏的书，对夏承焘先生产生了不小的影响，他后来专治词学，就颇以学术史的理路来构筑词学研究的系统。在西北大学时，夏承焘先生曾讲授章学诚《文史通义》，编《史学外之章学诚》作为讲义，打算合章氏与刘知几、郑樵三人作《中国三大史学家之研究》一书。回温州后，曾撰成《五代史记札记》。严州任教期间，发愿编撰《中国学者（术）地表》，"此书成，可推求某地域、某学派发生及盛衰之故"（此书稿本，见于2015年西泠印社秋季拍卖会上，内粗列各地域学者名录，眉目略见，而格局未成）。从十年藏修的经历来看，青年时代的夏承焘先生，其理想与抱负，是颇以清儒为模范的：治群经子史，以为经世济时之用；一面"尊德性"，讲究道德修养，一面"道问学"，热衷学问考究。然而，正如时代的风云变幻使清儒济世的宏大希冀渐次破灭而专意于学问一样，将近而立的夏承焘先生，也面临着术业的抉择。1927年4月，蒋介石国民政府成立。内战频仍，时局不稳，让夏承焘先生深感"事功非所望"，于是决意维护书生本色、靠做学问而谋生。究竟以何种学问谋生计、遣生涯？他思忖再三，认为"惟小学及词，稍可自勉"。于是，在这一年的年尾，他做了一个阶段性的打算："拟以四五年功夫专精学词。"（1927年10月4日日记）此后又续了十年期约。尽管在续期内，他也依然心有旁骛，幻想回到"大者远者"的治经治史的"正途"上去，但终究敌不过内心真实的兴趣爱好与世易时移下职事观念的变化所绾合而成的魔力，到底与词学缔结了一生的不解之缘。

词学对应于当时的时代律动是这样一个情形。清末民初，传统的四部之学在西学的冲击下，分类格局发生了动摇，学者分科分类的意识日益突出，中国现代学术，呈现出由务博的通人之学（如严复、康有为、梁启超、章太炎、王国维）转向专精的专家之学（如现代史学重镇陈寅恪、陈垣）的特点。社会情境也随之而变，20世纪20年代初，南北各地的高校出现了越来越多的以讲授词学为职志的学者，如北京俞平伯、吴世昌，北大刘毓盘，南大吴梅，南京卢前、陈匪石、唐圭璋，上海龙沐勋，江苏任二北等。在这样的背景下，夏承焘先生与他的词学，也顺理成章地成为了这个由新学科与新专业而构成的新棋盘中的浙江方面的代表。这自然是夏承焘先生后来难以脱离词学轨迹的一个重要的社会客观因素。从学术背景与学术个体的关系来看，一方面，现代学术的转型，促成了夏承焘先生由通入精，锲而不舍，在词人年谱、词史、词乐、词律、词韵、词籍笺校整理及词论、鉴赏诸方面均取得突破性成果，拓展了词学研究的疆域，提高了词学研究的总体水准，促进了词学向现代转型。另一方面，在古典文学的研究领域，词学是最早具备现代学术的架构和体系的专门之学，因此夏承焘先生所代表的词学，作为中国现代学术繁荣昌盛的有机组成部分，实具有特殊的学术价值与研究价值。而这个关系的视点，过去似一直未被学术界所有效关注。

未到而立之年的夏承焘先生，甫一转道词学，便表现出非凡的大家气度。自1927年10月4日打定主意治词后，才过一月，他已经"搜集历代词话竟"，并拟定计划作四书：《中国词学史》（或《词学批评史》）《历代名家词评》《历代词话选》《名家论词书牍》（1927年11月11日）。不到两月，他又修订计划，要作《词学考》《历代词人传》《词学史》《词林续事》《词林年表》《学词问话》（见1927年12月1日日记及眉批）。《词学考》之一的《词乐考》所拟纲目，包括源流考、乐器考、制曲考、大晟乐府考、乐工歌妓考、谱字考、词谱考等内容。这个计划之所以引起我们高度关注，是因为它关涉到现代词学的体系建构问题。词学界每将现代词学学科体系的理论构建上溯至龙沐勋先生发于1934年4月的《研究词学之商榷》一文，认为这篇文章提出词学研究的八个方面：图谱之学、音律之学、词韵之学、词史之学、校勘之学以及声调之学、批评之学、目录之学，正式界定了词学内涵。我们看到，夏承焘先生于 1927 年底拟定的词学计划，实已大体涵盖了这些方面。到一九三五年，夏承焘先生又拟在《词学考》基础上分撰《词学史》《词学志》《词学典》《词学谱表》四部巨著。一九三九年底，四书扩为六书：《词史》《词史表》《词人行实及年谱》《词例》《词籍考》《词乐考》。这些计划，虽然有些未能完成，但其构想和思路，实已奠定了现代词学研究的基本格局。因此，与其说现代词学的体系构筑于某人之手，不如说，它是那个时代夏承焘、龙沐勋、唐圭璋先生等精英们相互切磋、相互影响所达成的共识。只不过，龙先生将之理论化，而夏承焘先生呢，更多地付诸实践。除制定词学规划外，自 1928 年起，夏承焘先生的代表作《唐宋词人年谱》的诸种单谱源源不断地制定出来；对姜夔词乐、乐谱的考证也成果迭出；另一部重要著作《词例》也在着手编札之中；1932 年 12 月《燕京学报》第 12 期刊登他的第一篇词学论文《白石歌曲旁谱辨》，也是他的成名作；1933 年龙沐勋先生主编的《词学季刊》创刊，夏先生成为该阵地的三大主力之一。总之，夏承焘先生不仅在涉足词坛的第一时间构筑了庞大的词学规划，其词学成果也在短短几年内喷薄而出，这两者的格局和质地，不仅使他迅速成为词坛的领军人物，也为现代词学做了坚实的奠基。程千帆先生巨眼洞悉夏氏词学成就之因："以清儒治群经子史之法治词，举凡校勘、目录、版本、笺注、考证之术，无不采用……当世学林，殆无与抗手者。"的确，经史之术便是夏氏词学的点金术。

夏承焘先生晚年总结自己的治词经验时说："我自师校毕业后，因为家庭经济等各方面条件的限制，未能继续升学，苦无名师指点，才走了一段弯路，花费了将近十年的探索时间。"这种认识恐不足为凭。相反，十年研治经史、诸子、小学的经历，不仅使夏承焘先生对中国学术文化的渊源流变有了较为深入的了解，也使他掌握了校勘、目录、版本、笺注、考证等传统治学方法。简单说来，志、典、谱、表，都是史学方法，而考、注、疏、笺，则是经学长术。从夏承焘先生早年的词学构架《词林系年》《词学志》《词学典》《词学谱表》《词学考》里，以及词学成果《唐宋词人年谱》《姜白石词编年笺注》中，经史之法都昭然若揭。因此，以经史之术别立词学，正是夏承焘先生快速成名的奥妙所在，而他所藉以构筑现代词学堂庑的，并非西学之法，而恰恰是腾挪自传统的经史之术。这是我们审视现代词学构筑元素的一个奇妙的点，也是我们籍以反省中国现代学术的一个有意味的出发场域。

在20世纪30年代，夏承焘先生与龙沐勋先生、唐圭璋先生几乎同时蜚声词坛，这三位后来被词坛视为大师级的人物，不同程度地体现出了宏大的治学气象，这是与"旧学"的土壤息息相关的。

（二）

余英时在《中国思想传统及其现代变迁》中说："学术史每当发生革命性的变化时，总会出现新的'典范'。"所谓现代学术的"典范"，不外乎有这样几个特征：其一，有方法论的贡献，为后学开启法门，或取得举一反三的功效。其二，有体系的建构，为学科的建立和发展奠定基础。其三，取得空前的成就、一流的成果，起到高标准的示范作用。其四，在该学术领域留下无数的工作让后人接续，从而逐渐形成一个新的研究传统。有着"一代词宗"之称的夏承焘先生，正是中国现代词学的"典范"，试分析特征如下：

一、方法论建树：以经史之术别立词学

以经史之术别立词学，对今人而言，理论上似乎显得有些高深莫测，但从操作层面而言，其实很简单：夏承焘先生是通过老老实实地阅读大量的经史之作、沿着目录学的基本路径而达成此功的。具体说来，可分两种情形。

其一是通过研读目录学著作而步入学术殿堂。目录学既是做学问的基础，它本身也是做学问的方法。夏承焘先生很早就掌握了目录学作武器，在他二十三四岁时，就读了《四库全书简明目录》《四库全书提要》这样的目录学入门书。很快，他就能娴熟地运用这一武器，快步进入学术正途。比如：1923 年 6 月，为了钻研诸子，他为自己开列了一长串"子类"书目。1925 年，他从钱基博的《古书治要之举例》中，著录了经、史、子、集四部目录，圈定了今后读书的重点。他也很快藉目录学而"辨章学术，考镜源流"。比如，他穷年研读《说文解字》，作了"《说文》学著作表"，按"考订小徐本各家"、"考订大徐本各家""订补段注各家""考订新坿字各家""考订逸字各家""各家学说""引经考证及古语考各家"等七类编排各家著作，为研修《说文》者提供方便。这样井然有序的章法，可见目录学的良好训练。

其二是通过大量阅读四部书籍，尤其是经、史部书籍，从具体的书籍中借鉴其体例，完成词学对于经史学的某种"克隆"。比如：夏承焘先生的《唐宋词人年谱》，是因为"早年尝读蔡上翔所为《王荆公年谱》，见其考订荆公事迹，但以年月比勘，辨诬征实，判然无疑，因知年谱一体，不特可校核事迹发生之先后，并可鉴定其流传之真伪，诚史学一长术也"（见《自序》），从而发意撰著的。再比如：夏承焘先生的另一部未刊稿《词例》，是他阅读了清末学者俞樾的经学名

著《古书疑义举例》后起心编著的。在夏承焘先生的日记里,像这样因受某书体例的启发而准备做某项工作的例子不胜枚举。

目录学知识体系性的涵泳与大量经史著作实证性的不断刺激,这两种情形经纬交织,与"词学"这个新兴的学科支点相遭遇,便产生了这样一种效应:一方面,夏承焘先生运用目录学这一娴熟的工具,得以准确定位与"词"有关的资料的出处,从而快速从古代文献典籍中提取他所需要的词学材料;一方面,目录学的自成体系、尤其是经史两部目录学所内生的系统性,使得他所参照设立的词学规划也自成传统学术格局;再一方面,大量经史经典之作的阅读,不断刺激着夏承焘先生的灵感与兴奋点,从而也不断催生出一个又一个的词学项目。是以,夏承焘先生援经史以治词学,不是简单的、个别的、偶然的、零碎的取资和克隆,而呈现出"工程"般的、体系腾挪的本质。甫一涉足词学研究,便能够触手成春,天才的解释不免唯心,惟有体系腾挪的效应方能得到合理的解释。而这,也是我们表述"以经史之术别立词学"的用意所在。

二、现代词学的奠基人

20 世纪词学,发端于晚清词学。如果以"传统派"与"革新派"而论,夏承焘先生无疑属于"传统派"。"革新派"曾经造成很大的影响,但是无论是从研究的阵营,还是从研究成果来看,"传统派"其实都占主流。这一点,现在尤其有反观的必要。夏承焘先生之对于现代词学的奠基意义,在于他个体性地突破了传统词学家难免偏向的研究格局,走向了自觉构筑系统的、全面的、宏大的词学研究堂庑。

在夏承焘先生意欲打造成的词学建构中,词史、批评史、词体(包括词的起源、词乐、词律、词韵等)、词人(包括年谱、传记等)、词作(包括作品系年、赏析等)、词论(包括词话、评论等)、词集

(包括版本、校勘、笺注、辑佚等)等,靡不囊括。姑且不论其体系的结构是否严密,无可否认的是其系统建构思维的存在。

夏承焘词学气象之大,从体系自不难窥见,而他的许多具体实施项目,也无不体现出这样一个"大"的特点。比如《唐宋词人年谱》。词人年谱,在夏承焘先生之前并非无见,但如此大规模地将谱牒应用于词学,端为第一人。在夏承焘先生的计划中,除了已结集的十种,尚有年谱续集多种。不仅如此,他还有更长序列的《词林系年》,是更为广泛的词人词事的集合。因此前人谓《唐宋词人年谱》"十种并行,可代一部词史"并非谬赞。夏承焘先生的词人年谱,本不出于零星打造,着眼即在于将珍珠成串的词史构筑。又比如《词例》,这部有关词体的巨制,分字例、句例、片例、换头例、调例、体例、辞例、声例、韵例九大例,每部下又细分数十例,力图将有关词体的诸如词乐、词律、词韵、体式等一切问题涵盖殆尽。夏承焘先生曾编辑《域外词》,将词学研究对象拓展到国外,也是"大"的一个例证。"大"之外,夏先生词学还体现了一个"重"字。能准确判断词学研究的重要内容,并且敢碰肯綮、勇担重任。这方面,可举姜夔词声律考订为代表,他对南宋词人姜夔十七首词古谱的考订,是对绝学的挑战,论文《白石歌曲旁谱辨》,解答了词史与音乐史上的共同难题,而后汇成的专著《姜白石词编年笺注》,有"白石声学研究的小百科全书"之誉,则是"重"与"大"的又一项结合。

对于现代词学的界定,词学界每将"现代性"聚焦于西学影响下的词论,私意以为,现代词学得以巍然自立的根基,词论至多只能算是一个因子,它的根本在于科学体系的建立。传统的词学研究,有对于诗学研究的依附性,更有个体的随意性、群体的散在性,而现代词学系统的建立,正以夏承焘先生以经史之术别立词学为代表,它是在西学分科的背景影响下、以传统学术为手段，体系腾挪、别立新科而形成的，新的理论只不过是浪花，实学的考据方为滔滔活水。现代词学系统的构建，自然不免于尊体意识，亦即词学的自我觉醒。但这种尊体，绝不是胡适以平民文学与白话文学而倡导的尊体，而是承自南宋、明末清初以来对词体认识的循环往复式递进，并在民国新学科的客观背景的触发下得以固化的。现代词学系统的构建，有个体的自觉性、群体的集合性，这从夏承焘先生、龙沐勋先生、唐圭璋先生等人的词学活动、《词学季刊》阵地的开辟，都可得到印证的。而我们以往的评论，往往关注于某人首发的理论建树，而忽视当时群体的倾向，更忽视活色生香的词学实践。如果我们对于这种重理论、轻实践的教条主义倾向有所戒备，更重要的是，如果我们能基于对"五四"新文化的反思而重新考量现代词学的构成与性质的话，我们对于夏承焘先生所代表的词学，当会有更为准确而深刻的认知。

三、一系列经典著作是词学史上的里程碑

"以经史之术别立词学"，是着眼于词学体系建构而用的表述，在具体的运用上，我们也可以用"考据学"来指代经史之术。夏承焘先生词学成就最尖端之处，体现在考据之学的运用所取得的一系列杰出成果。请举其三：

1. 词人谱牒之学的代表作。有意识地将谱牒之学大规模地引入词学，使之从此成为显学，夏承焘先生堪称首功之人。晚清词学，长于订律校勘而疏于考史，词人生平行实因多隐而不显，各类书籍记载多有牴牾讹异，不少作品亦因此词义幽隐，难以考索。夏承焘先生取正史人物本传，兼罗野史增删之，无本传者，旁取他证；复博采集部、子部群书，旁搜远绍，精心考辨，匡谬决疑，积岁月而成《唐宋词人年谱》，"为论世知人之事"。由此词人生平事迹始若绳贯珠联，清

晰可辨,为勾稽词史打下了坚实的基础,一些难解之作亦遂得妥当诠释。《唐宋词人年谱》在《词学季刊》发表后,反响极大,50年代结集出版后,更是得到高度的赞誉,如张尔田赞其"湛深谱牒之学,文苑春秋,史家别子,求之近古,未易多觏";赵百辛赞其"十种并行,可代一部词史"。"前无古人"(赵尊岳、顾学颉)、"空前之作"(唐圭璋先生)的观感,代表了词学界对其领风气之先的普遍认可。夏承焘先生的词人年谱实远不止已结集出版的10种12家,据日记记载,他还做过范成大、朱敦儒、王衍、孟昶、和凝、孙洙、张孝祥、刘辰翁、郭应祥、王结、刘将孙、王奕、赵文、吴存、黎廷瑞、蒲道源、段克己、段成己、王义山、蔡松年、蔡珪、党怀英、任询、李献能、赵秉文、陆游等二十多人的年谱,因不够成熟,最后未予刊发,夏先生晚年曾计划修改誊抄,但最终稿子零落,本全集《续编》所收乃残存的几种。

2. 词体研究的代表作。词原可歌,宋以后词谱失传,其唱法遂不可知。姜夔有十七首词附有乐谱,成为考订词的声乐的稀罕资料。但白石词旁谱却因谱字为当时俗体,与后世工尺谱有异,释读不易,历来视作绝学。夏承焘先生以此为突破口,穷年攻治,成《白石歌曲旁谱辨》一文,发表于《燕京大学学报》,是为其成名之作。此后更进一步对白石词声律进行全面研究考订,其成果汇为《姜白石词编年笺注》一书,被誉为"白石声学研究的小百科全书"。唐圭璋先生云:"瞿禅对词之乐律研究,致力最勤,故其校笺姜白石词,尤为精当。"王仲闻先生亦谓夏承焘先生"对于唐宋词之声律,剖析入微,前无古人"(据《唐宋词论丛》附录《承教录》)。《词例》也是夏承焘先生费力尤多的一部词体研究的巨制,虽未最终成书,而从整理成文、正式发表之若干篇章看,则辨例周详,创获甚多。

3. 词集文献学代表。对于词文献的整理，有别于王鹏运、朱彊村等人的词总集整理，夏承焘先生的贡献突出地表现在对于词人别集的整理上。其中，《姜白石词编年笺校》《龙川词校笺》是编年、笺校之学的代表作，除了编年、笺、校之外，还增添了"辑传"、"辑评"、"版本考"、"各本序跋"、"白石道人歌曲校勘表"、"行实考"、"集事"（附录一）、"酬赠"（附录二）等有关词人的各种资料，极大地深化了词人的研究。尤其是白石词笺校，疏解精湛，考订翔实，搜辑宏富，广受学界推誉，允称范本。

四、留下无数的工作，形成新的研究传统

在夏承焘先生日记里，清楚地记载着他为后人所留下的无数的工作。这些工作，有些是他前后花费数十年心力、最终因种种原因而未能定稿的，最突出的数《词例》《词林系年》两部书稿；有些是他做了一半而中缀的；有一些则是有计划而未得实施的；还有一些则是闪念间的著述意愿和将来可行之事。这些记载，为后学开启了无数法门。承其法乳，夏承焘先生的一代弟子如吴熊和、吴战垒、陆坚、施议对、陈铭、周笃文等先生，再传弟子沈松勤、肖瑞峰等先生，皆已卓然名家，其所形成的新的研究传统，有如下几个特点：

1. 具有宏通的视野。夏承焘先生以经史之术别立词学，今天来看，就是文化学研究的视角。吴熊和先生《唐宋词通论》后记指出，词是一种文学—文化现象，首倡词学文化学研究，为再传弟子张目。吴战垒先生广涉哲学、美学、书画、陶瓷等诸领域以治诗词，臻于新境。施议对先生论百年词学、陈铭先生治民国词、陆坚先生治唐宋词，均能脱略以词论词之逼仄而高屋建瓴。沈松勤先生考探党争与文学的关系，肖瑞峰先生从事海外汉诗研究，都取得了代表性的成就。

2. 运用实学的方法。乾嘉经史考据之学谓之朴学，这种重实学、不尚空论的治学方法,经由夏承焘先生的言传身教而影响到弟子,成为他们共同的遵守。传统经学的一般方法有传、注、疏、笺、考、辨,其核心更是"注"。为名家词集作校注,是夏门弟子的基本功。夏承焘先生词论多"以资料作底子",不尚空言,这种踏实的学风,也深刻地影响到了吴熊和先生及其弟子。

3. 创作与研究并举。夏承焘先生自承作诗"于昌黎取炼韵,于东坡取波澜,于山谷取造句",具体而言,古体以韩、苏诸家为格范,律绝则以宋人为基调,兼具唐诗风神,诗风磊落清奇,高明沉着,堪称20世纪一大家。填词则"意合稼轩、白石、遗山、碧山于一家","欲合唐词宋诗为一体",有感而发,情辞并茂,词笔"坚苍老辣,每以宋诗之气骨度入词中,外柔内刚,戛然独造,并世词家,殆罕其匹"。如此,"以其创作心得与经验印证前人所作,故深知个中甘苦","每有论述,则如燃犀下照,洞见鱼龙变幻"(见吴战垒《夏承焘集前言》)。其弟子吴熊和、吴战垒、施议对、周笃文等先生也都雅善诗词,坚持创作与研究并举,相互促发,为杜绝"研词者未能作词,作词者未解研词"之生态恶化作出新的表率。

以上浅析夏承焘先生的学术成就。而从全集编纂的角度而言,它所呈现的,一方面自然是完善其学术体系,深化对其学术价值的认知。另一方面,则是更多的文化价值与社会意义。全集增收了《词例》《词林系年》《永嘉词征》《唐宋词人年谱补编》《姜白石诗编年笺校》《白石丛稿》整理、《域外词选》等重要著作,完善了夏承焘先生词学体系的呈现。增收了夏承焘先生早年词学之外的一些作品,包括课稿、研读经史的笔记及论作。还增收了早年日记、缺失年份的日记,这些新增加的内容,可以让我们"知所从来",帮助我们了解夏承焘先生词学的渊源、背景。同时,也能让我们了解到,夏承焘先生不仅是20世纪著名的词学家、教育家，他也堪称一位国学家。

补充完整的《夏承焘先生日记全编》，在葆有《天风阁学词日记》的词学价值、文学价值之外，为我们呈现出一个更为完整的20世纪词学生态、学术生态、文化生态，这份价值是难以估量的。其中一些关键年份的日记材料，尤为引人注目。比如1933年日记，原先全年缺失，而这一年正好是现代词学确立的标志性年份，因为这一年《词学季刊》创刊。补足的日记显示，这一年夏承焘先生与龙沐勋先生交往极密，不仅书札往来数十通，还曾数度会面交流。从这一年里我们还可以读到这样的信息："年来拟从事全唐五代宋元词，先从整理毛、王、朱、江各汇刻入手，嘱圭璋专辑佚词，分工合力为之。"（1月19日）新增的由吴无闻先生代笔的晚年京华日记，记载了大量与文化名人的交游往来、晚年词学著作出版的过程、在京中受礼遇的盛况等等，可折射上世纪七十年代末到八十年代中的文化生态，可考索"一代词宗"功成名就的多重因素。而新增的"文化大革命"前夕日记，也为重现特定年代的荒诞提供了真实的脚本。总之，增加了一倍篇幅的《日记全编》，从时间维度上看，由原来的三十几年上下延展到七十年，人物影像更清晰，脉络更完整，内容更丰富，也更有价值。以其一生，观一世纪。这样的代表性，建立在对人或物或事漫长的岁月雕刻的敬畏里。而从内容维度上看，依原稿增补完毕的《日记全编》，突破了"学词"主题的匡限，除读书札记、治词方法、治学方法、作品存录、唱和纪要之外，还广涉时政要闻、百姓生活、地方风貌、朋从交游、人物述评、山川游览，以及数次运动中知识分子的心态等等，大大拓展了反映面，不仅是"20世纪最重要的词学文献""日记文学的上乘之作"，也是20世纪的珍贵文献，具有重要的史料价值、文化价值和社会价值，是20世纪优秀的学术成果和文化成果。

诚然，全集的编纂，也会不可避免地导致负面性效应发生的可能，如在某种程度上，让"作者"从"毁其少作"或"选集"等手段造就的神坛上跌回人间，这或许会让一些读者感到失望和难受。但是，真正有理性、有辨识的读者是不会受此干扰的，因为，惟有考察的视角更多维，我们对"作家"的了解才会更全面，对"作品"的把握才会更准确，对"成就"的评判才会更客观，对其社会成因、个体成因等种种因素的分析才会更深入。而这些，也是今天的编纂者所应具备的责任和担当。

（《2016 词学国际学术研讨会论文集》）

三、《唐宋词人年谱》：从近代词学到当代词学的一座桥梁

沈松勤

近代以来，尤其是"五四"以后，中国传统词学在现代思维的观照下进入了现代学术的行列，在文学阐释、文献研究等方面取得了巨大的进展，为当代学界将词学作为一个学科体系来建构，并成为高校与科研院所的一门"热学"，奠定了坚实的基石。在这个从近代词学走向当代词学的过程中，夏承焘先生的《唐宋词人年谱》开疆拓域，为当代词学研究尤其在词人与词史研究上架起了一座桥梁。

《唐宋词人年谱》有温庭筠、韦庄、冯延巳、李璟、李煜、张先、晏殊、晏几道、贺铸、姜夔、吴文英、周密十二家谱主，其中李璟与李煜、晏殊与晏几道为合谱，共十种十二家。陆续发表在创刊于20世纪30年代《词学季刊》，50年代结集出版，后收入《夏承焘集》。夏先生将史学中的谱牒学引入词学，被学界称为词学研究的一大创举，唐圭璋先生便称之为"空前之作"（引自吴战垒《夏承焘集·前言》），张尔田则将《唐宋词人年谱》与万树《词律》、戈载《词林正韵》、张惠言《词选》与朱祖谋《彊村丛书》相提并论，其《彊村丛书序》总结自万树至朱祖谋的四大词学成就为：万树《词律》出"而后倚声者知守律"；戈载《词林正韵》出"而后倚声者知审音"；张惠言《词选》出"而后倚声者知尊体"；朱祖谋《彊村丛书》出"而后校雠乃

三、《唐宋词人年谱》：从近代词学到当代词学的一座桥梁 | 287

有专家"；在论及夏承焘《唐宋词人年谱》时又指出："湛深谱牒之学，文苑春秋，史家别子，求之近古，未易多觏"（引自吴战垒《夏承焘集·前言》），其价值与意义也就是赵百辛所说"可代一部词史"（同前），为万树至朱祖谋后词学史上取得的又一杰出成就和重大进展。

"词学"一词，屡见于唐宋载籍，但其所指却为辞章之学。将词学作为一个以词为研究对象的学术领域，则是近现代学者的观念。龙沐勋《研究词学之商榷》为词学立下界域："推求各曲调表情之缓急悲欢，与词体之渊源流变，乃至各作者利病得失之所由，谓之'词学'。"并指出研究词学并非易事，"归纳众制，以寻求其一定之规律，与其盛衰转变之情，非好学深思，殆不足以举千年之坠绪，如网在纲，有条不紊，以诏示来学"（《词学季刊》第一卷第 4 号）。这个词学定义虽不够完善，却已涉及词学研究的许多主要方面。其中词人行实及其"利弊得失之所由"即词的创作历史，无疑是词学的重要组成部分。而《唐宋词人年谱》则以史证词、以词证史，为当代词学中的词史研究"辟其疆理"，也就是程千帆先生所指出的："所传自温尉以次，凡二代之词林钜子，行谊可得而详者，胥有成书。……旁搜远绍，匡谬决疑，遂使谱主交游经历，朗若列眉，为后之论次词史者辟其疆理，俾得恣采伐渔猎其中，岂徒备博闻之资而已，力勤而功亦伟矣！"（《唐宋词人年谱序》）

诚然，在夏先生开始撰写《唐宋词人年谱》之前或同时，张宗橚的《词林纪事》及王国维的《清真先生遗事》等，已开考词人行实、以史证词、以词证史之端，并有纯粹的词史研究成果问世。然而，一方面《词林纪事》继承了宋人的《唐诗纪事》体制，也类似宋人杨湜的《古今词话》，其性质主要属于"本事"，《清真先生遗事》则对周邦彦某些生平事迹的考索，均不足以全面而清晰地反映词人行实及其"利弊得失之所由",更不可能"代一部词史";另一方面词史研究尚处发轫阶段,又不同程度受张惠言"寄托说"影响。《唐宋词人年谱》则遵循"知人论世"的原则,以谱牒之制,在对词人行实的经年纬月、条分件系、绳贯珠连中,为当代词学中的词史研究提供了"科学依据"。

嘉庆年间,经学家张惠言为推尊词体,其《词选》将经学中的"微言大义"引入对词的阐释之中,以"有寄托入,无寄托出"说词,创立了"寄托说"。譬如,在阐释温庭筠《菩萨蛮》(小山重叠金明灭)时,认为"照花前后镜,花面交相映。新帖绣罗襦。双双金鹧鸪"四句有"《离骚》初服之意",为"感士不遇也"。张惠言为提高词的品格与地位而提出的这一富有价值的"寄托说",成了常州词派词学理论的核心,并一直影响到了近现代词学。近现代不少学者认为韦庄《菩萨蛮》"红楼别夜堪惆怅""人人尽说江南好"等五首为入蜀之作,寄托了词人的"故国之思",就是一个显例。而作为常州词派中期的词学家,谭献为了进一步强调张惠言"寄托说"的合理性,又提出了同样富有价值的"作者之用心未必然,读者之用心何必不然"的词的阐释理论。然而,从词史研究的角度出发,以"寄托说"释词难免穿凿附会之嫌,王国维又有"固哉,皋文(张惠言)之为词也"的讥评。而要从常州词派的"寄托说"的理念世界中走出来,在历史地解读词人及其作品的基础上,建构一部合乎历史真实的唐宋词史,亟需"诵其诗,读其书,知其人,论其世"。在词学史上,夏先生首次运用谱牒之学,贯彻和落实了孟子的这一"知人论世"的原则,从创作主体的角度呈现词人的活动踪迹与填词背景。诚如夏先生所说:"若夫标举作品以考索作家之思想感情,则治词史者之事,固非年谱体例所能赅也。"(《唐宋词人年谱·自序》)然而,年谱在以具体史料所构成的词人一生行实中，其思想情感、创作取向及其作品内涵却自然而然地显现出来，至少为解读词人思想情感与作品内涵，提供了最基本的线索与依据。如《唐宋词人年谱·温飞卿系年》，通过对温庭筠行实的条理、整合与考辨，昭示了谱主不具备屈原的思想性格，其词作也很难具有"花草美人"的用意和"《离骚》初服之意"。书中援引《唐诗纪事》卷五十四"宣皇爱唱《菩萨蛮》，丞相令狐假其修撰，密进之"的记载，则又交代了被张惠言认为是有"《离骚》初服之意"的《菩萨蛮》的具体创作动机或背景。再联系温庭筠生前好友段成式《嘲飞卿七首》其一："曾见当垆一个人，入时装束好腰身。少年花蒂多芳思，只向诗中写取真。"其二："醉袂几侵鱼子缬，飘缨长胃凤皇钗。知君欲作闲情赋，应愿将身作锦鞯。"其五："愁机懒织同心苣，闷绣先描连理枝，多少风流词句里，愁中空咏早环诗。"进一步证实了书中所强调的温庭筠"精音律，能逐弦吹之音，为侧艳之词"的事实。又在《韦端己年谱》中，韦庄的生平行实得到了完整呈现，尤其是对谱主于僖宗中和三年（883）三月离开洛阳至昭宗景福二年（893）入京应试这十年漫游江南的事迹、以及韦庄于六十六岁即昭宗天福元年（906）春为西蜀掌书记、七十二岁即唐亡之年劝王建称帝并为王建定国制，直至七十五岁去世期间诸多行踪与事件，作了全面而详细的钩沉与考辨。这些钩沉与考辨虽不能"赅"出"作家之思想感情"及其作品内容，而韦庄思想感情的发展脉络及其填词的心态与历程，却不言而喻。读过该《谱》，"寄托说"者称韦庄词如《菩萨蛮》五首为入蜀之作，寄托"故国之思"的说法，也就不得不令人疑窦四起了。

当然，在任何文学艺术作品中，形象必然大于思想，在后人的阅读接受中，"作者之用心未必然，读者之用心何必不然"是十分正常的，也是应该如此的，否则，何来"一千个读者有一千个哈姆雷特"？

不过，这是读者在阅读作品过程中所进行的一种积极能动的艺术再创造。这种再创造是建立在读者理念世界中的价值取向，或自我的审美活动与审美取向之上的，相对于作者之用心或作品的本来风貌，显然被"非历史化"了。而作为学术研究的一个对象，或作为学科体系中的一个组成部分，研究者关注的当然是其历史的真实性，以体现研究的"科学性"，而不是"非历史化"。在张惠言出自理念世界的"寄托说"盛行于词学界之际，夏先生所撰唐宋十种十二家词人年谱的陆续问世，为词学界从原先对词人词作的"非历史化"的阐释到历史地认知，开辟了"疆理"。

"诗有诗史，词亦有史"。作为一种新诗体，词始于唐代，盛于两宋；而谱写词史的主要力量，则无疑是文人。温庭筠堪称文人词的鼻祖，与温庭筠齐名的是韦庄。温、韦与五代文人共同创立了"花间词"，再经过南唐二李与冯延巳的创作实践，形成了文人词的创作形态与词的"本色"特征，即清初词人徐喈凤所说："从来诗词并称，余谓诗人之词真多而假少，词人之词假多而真少，如《邶风》'燕燕''日月''终风'等篇，实有其别离，实有其摒弃，所谓文生于情也。若词则男子而作闺音，写景也，或发离别之悲，咏物也，全寓弃捐之恨，无其事，有其情，令读者魂绝色飞，所谓情生于文也。此亦诗词之辩。"（《阴绿轩词征》）这一"情生于文"的创作及其"闺音"特征，体现文人词的一个重要历史阶段，并影响后来词人的创作。夏先生选取在文人词的发展历史中具有开创性或代表性的温、韦、二李与冯延巳及宋初二晏、张先等八家词人，对他们的生平行实的钩沉与考辨，无疑客观地昭示了这一阶段的历史。

在《唐宋词人年谱》所传十二家词人中，或正史无传，或正史有传，即便正史有传，大多例尚简约。诸家逸事散在各类文献者，又往往传闻异辞，互相乖牾，或至不可究诘。温庭筠、韦庄、冯延巳如此，姜夔、吴文英、周密更是如此。因此，既要"使谱主交游经历，朗若列眉"，又要"旁搜远绍，匡谬决疑"，并非易事，尤其是江湖词人姜夔、吴文英，生平行迹长期隐没不彰。关于姜、吴二家，在夏先生之前，尽管有陈思《白石年谱》、杨铁夫《梦窗事迹考》，却多臆说。在陈思、杨铁夫的基础上，夏先生《姜白石系年》及附录《白石怀人词考》《吴梦窗系年》及附录《梦窗晚年与贾似道绝交考》，作了进一步的深入钩沉与考辩，匡旧说之谬，决旧说未决之疑，使二位谱主的生平与基本行迹得到了更清晰、更确切的呈现，尤其是姜夔在合肥的行踪及其怀人词的创作、吴文英往返于杭州与苏州之间的游览线索及其创作，"朗若列眉"。总之，在这二《谱》及附录中，以具体的行实，昭示了姜、吴最为基本的思想性格与词作内涵及其创作历程。

夏先生《唐宋词人年谱·自序》说："其无易安、清真、稼轩者，以已有俞正燮、王国维及友人邓广铭之论著在。"加诸《唐宋词人年谱》所传十二家，无疑是唐宋词史的主要谱写者。而温、韦是文人词体词风的开创者、奠基者，姜、吴则为文人词体词风的演进者、唐宋词的终结者，在唐宋词史中占有举足轻重的地位。夏先生选取了唐宋词史上前后与中间具有代表性词家，以谱牒之制，条缕谱主的生平行实，展现谱主的创作背景，从中昭示谱主的思想情感及其创作历程，的确"可代一部词史"，其在词学学科中的重要组成部分词史的建构上，为从近现代走向当代架起了一座不可或缺的桥梁。

（《中文学术前沿》第九辑，浙江大学出版社2014年版）

四、《唐宋词论丛》：词体内部特质的发掘

胡可先

夏承焘先生以其词学的卓越成就奠定了中国现代词学史上的宗师地位，他的《唐宋词人年谱》开启了词学谱牒的新领域，近一个世纪以来，词史与词人年谱的研究呈现出蓬勃兴盛的局面。然而就整个词学研究的状况而言：一方面是蓬勃发展，如词人、词派、词史、词籍、词论的研究；另一方面则甚为薄弱，如词律、词韵、词谱、词乐的研究。词学研究的路径一边是越来越挤，一边是越走越窄。同时，随着《全明词》和《全清词》之编纂问世，宋代以后之词学研究也日渐兴盛，就近年来学术界取得的成果来看，合乐之词与徒词研究的界限渐趋缩小，以合乐为主的唐宋词所独具的特色，也在不断地消解，这是词学研究颇为堪忧的现象。最近，我重读了夏承焘先生的《唐宋词论丛》，联系《唐宋词人年谱》和《天风阁学词日记》，对词学研究的取向进行一番省思，觉得夏先生所开辟的词学谱牒以外的词学路径，也很值得我们进一步探讨，这有助于新世纪词学研究的突破。

就词体文学研究而言，可大致分为体内和体外两个层面：体外层面包括词人、词籍、词源、词派等；体内层面主要是词调，包括词律、词韵、词谱等，且都与词乐相关。前者有助于知人论世，后者有助探询词的特质。尤其是与词乐有关的词律、词调、词谱的研究，也最能彰显以合乐为主体的唐宋词的特色。唐宋词与元明以后词的最大区别，

就在于前者属于音乐文学体式，而后者属于纯文学体式。夏承焘先生《唐宋词论丛》中有关词律、词谱、词韵等与词乐相关的研究，重点在于探讨唐宋词的音乐特质，抓住了唐宋词研究最核心的问题，且能阐幽发覆，剖析入微。长期以来，研究夏氏的词学成就，多侧重于词人谱牒之学，以《唐宋词人年谱》为其标的，而对于其体内层面的研究，虽有不同程度涉及，但较之夏氏以史治词的论述，终嫌过少。故本文以《唐宋词论丛》①为评述对象，着重对夏氏有关词学研究体内层面的成就进行简要的梳理，同时对于《论丛》中涉及较多的词籍也加以探究。

（一）词　律

词律与词乐之关系，既相关联又有区别，宋词情况复杂，而清人万树《词律》不及宫调律吕，既有偏颇，亦为其审慎处，其根源在于宋代词乐失传，难以辨明。夏氏作《词律三义》，其一"宋词不尽依宫调声情"，拈出宋人言词多好夸耀，宋词不尽合其时律词乐情况，无论对词律还是词乐研究，都是别开户牖之事。盖词之早期，与宫调结合甚密，但词与乐分离，亦自宋始。"柳、周皆深解词乐者，其显例若此；足见宋人填词但择腔调声情而不尽顾宫调声情。至若《千秋岁》调，北宋人以吊秦少游者，南宋人或以为寿词，则但取腔调名称，并不顾腔调声情矣"②。其二"宋词不依月用律"，前人言词，有"依月用律"之说，张炎《词源》称"美成诸人又复增演慢曲、引、近，

---

① 《唐宋词论丛》本文主要依据古典文学出版社1956年初印本，部分篇目参照中华书局1962年增订本以及浙江古籍出版社和浙江教育出版社1998年合刊的《夏承焘集》本，凡所引据，均于注释中说明。
② 夏承焘：《唐宋词论丛》，古典文学出版社，1956，第2页。

或移宫换羽为三犯、四犯之曲，按月律为之，其曲遂繁"[1]。此关系词律一事而与宋词实际不尽吻合，故夏氏特作考证。如《扫花游》属双调，虽是春景，而词云"暗黄万缕""扫花寻路"非二月景；而夹钟商俗名双调，本二月律也。《法曲献仙音》属小石，虽是夏景，而词云"蝉咽凉柯"，非四月景；仲吕商俗小石，本四月律也。其例不胜枚举。其三"宋词不用中管调，故不能'依月用律'"，宋词不用月律之说，亦与乐器有关，乐器之中管调，因其调难于吹奏，不易依月用律，甚者一调而春秋可用。由此可见，文人作词以词为主，与乐工以乐为主终是不同。通过《词律三义》，我们可以从词律和词乐的层面，认识到宋代词人和乐人终有本质的区别。

对于古代音韵学上的通例，元曲中有"阳上作去""入派三声"之说，夏氏拈出宋词之例，将这种规律的起源提前了许多。其论证重在三个方面：其一是举例说明元曲以前宋词已有"阳上作去""入派三声"之例，如周邦彦之《章台路》《黯凝伫》，方千里之《楼前路》《小留伫》。其二是举出词论家的较早说法为证，如清人万树《词律》卷一所举石孝友入声韵《南歌子》之注："愚谓入声可作平，人多不信，曰：'入声派入三声，始于元人论曲，君何乃移其说于词？'余曰：声音之道，古今递传，诗变词，词变曲，同是一理。自曲盛兴，故词不入歌，然北曲《忆王孙》《青杏儿》等，即与词同。南曲之引子与词同者将六十调，是词曲同源也。况词之变曲，正宋元相接处，岂曲入歌，当以入派三声，而词则不然乎？故知入之作平，当先词而后曲矣。盖当时周、柳诸公制调，皆用《中州正韵》，今观词中，如'不'音'逋'、'一'音'伊'之类，多至万千，正与北曲同，而又何疑

---

[1] 夏承焘：《词源注》，人民文学出版社，1963，第9页。

于入作平之说耶？"① 其三是对于万氏之说又加以修正，"案万氏云云，诚名通之论，但仅举南宋金谷、惜香、坦庵为例，而不知北宋已有大晏《相思儿令》'日''绿''落'之作去，及小晏《梁州令》'曲'叶'去''处'之例，尚为未达一间，且此例在词，并可上溯至唐。其在韵脚者，有《云谣集杂曲子》《渔歌子》之以'寞'叶'悄''妙'。词中入派三声，此殆其最早之例，《云谣曲子》，万氏所不得见，若《花间》《珠玉》，亦遗于征引，则失之眉睫矣。"②

对于姜夔的词律，夏承焘先生进行过专门的研究，他在20世纪三十年代就撰写过《〈白石道人歌曲〉校律》等文章，这些文章将姜夔现存词作的格律和前人的说法进行了全面董理，是奠定夏先生词学地位的重要文章。在这里，夏先生根据近代的考古新发现和传于国外的古籍文献，考证发明，折冲论断，从而集姜夔词律词谱研究之大成，为词学研究的新进展奠定了基础，标志着百余年来燕乐谱学的重大突破。③

（二）词　韵

词从其起源始，就与音乐发生了极其紧密的关系，龙榆生在谈词的特征的文章中说："它的长短参差的句法和错综变化的韵律，是经过音乐的陶冶，而和作者起伏变化的感情相适应的。一调有一调的声情，在句法和韵位上构成一个统一体。"④ 在这篇文章的最后，龙氏说：

---

① 夏承焘：《唐宋词论丛》，第13页。按，万氏此语载于《词律》卷一。
② 夏承焘：《唐宋词论丛》，第13页。
③ 参王延龄：《天籁人声，尽在抑扬吟咏中——夏承焘先生的词乐研究》，载《夏承焘教授纪念集》，中国文联出版社公司，1988，第58—59页。
④ 龙榆生：《谈谈词的艺术特征》，《龙榆生词学论文集》，上海古籍出版社，1997，第43页。按，原载《语文教学》1957年6月号。

"我要介绍夏承焘先生两篇异常精密的论文,一篇是《词韵约例》,一篇是《唐宋词字声之演变》,都收在他的《唐宋词论丛》里。这对研究词的艺术特征是有很大帮助的。"①沿着龙氏的思路,我们对夏承焘先生有关词韵的这两篇文章进行探讨。

1. 《词韵约例》

在夏氏之前,"唐宋词叶韵之例,尚未有专文述之者",此为夏氏作此文之缘起。该文中,夏氏举出词韵方面共11例:一、一首一韵;二、一首多韵;三、以一韵为主,间叶他韵;四、数部韵交叶;五、叠韵;六、句中韵;七、同部平仄通叶;八、四声通叶;九、平仄韵互改;十、平仄韵不得通融;十一、叶韵变例。其中第九"平仄韵互改"又分为:甲、平韵改仄韵;乙、入韵改平韵;丙、改平声韵为上去;丁、改上去韵为平韵。第十"平仄韵不得通融"又分为:甲、仄声调必押入声;乙、仄声调必押上去。第十一"叶韵变例"又分为:甲、长尾韵;乙、福唐独木桥体;丙、通首以同字为韵。

在通述韵例之后,于每一种韵例皆举例进行分析,甚或列表加以明示。如其述"平韵改入韵"例:

> 李易安论词:"近世所谓《声声慢》《雨中花》,既押平声,又押入声。《玉楼春》平声,又押上去声,又押入声。"是平、入两韵本可相通。今案《声声慢》调,晁补之"朱门深掩"一首、贺铸"园林暮翠"一首、曹勋"素商吹影"一首,皆押平韵,李易安"寻寻觅觅"一首却押入韵;《雨中花》调,苏轼皆押平韵,黄庭坚、秦观则皆用入韵;惟《玉楼春》只有押上去与押入两种,无押平韵者;若押平韵,即是《瑞鹧鸪》矣;不知易安偶误,抑

---

① 龙榆生:《谈谈词的艺术特征》,《龙榆生词学论文集》,第58页。

四、《唐宋词论丛》：词体内部特质的发掘 | 297

平声《玉楼春》今已失传。改平韵为入韵，今可举习见之《南歌子》为例。晚唐温庭筠《南歌子》诸首皆填平韵，毛熙震加作两片，仍叶平韵；北宋周邦彦加长作五十四字，亦仍叶平。①

这样条分缕析，将平韵改入韵的各种情况都清楚地表述出来，使人们作词和评词时有所准则。同时还拈出沈义父《乐府指迷》中句中之声的叙述以推及字韵的特殊情况："沈伯时《乐府指迷》谓：'平声字可以入声字替。'此本指句中字声，今据（石）孝友词，是可推之及韵脚矣。"②该文末尾，对于词韵叶方音也作一简要的论述，以揭示唐五代词韵初起时的情况："词之初起，取叶方者。南宋以前，实无一部人人共守之词韵。《四库全书提要》谓宋词有用古韵之例，此不可信。五代、北宋词大都应歌之作，为妓女以娱狎客，何取乎古韵。词中虽有'奏'与'表'叶，'酒'与'晓'叶，合于古韵'篠''有'通用之例，盖方者偶合于古韵，必非有意用古韵也。"③

《词韵约例》应该是夏先生规划《词例》中的一个部分，1932年1月2日，夏承焘先生阅读俞樾《古书疑义举例》，受其启发，拟作《词例》一书，分"他人制谱例、先填词后制谱例、先填谱后填词例、不分上下片例"等共60例。④1932年的上半年，夏先生读书，以作《词例》作为最为重要的内容，一直到6月7日，觉得"作词例，头绪纷繁，渐厌倦矣"⑤。然自7月之后，仍以之以重要之课业，如其7月19日言："作词例。年来所作旧稿，若《词人年谱》《词人年表》《子

---

① 夏承焘：《唐宋词论丛》，第40—41页。
② 夏承焘：《唐宋词论丛》，第41页。
③ 夏承焘：《唐宋词论丛》，第51—52页。
④ 夏承焘：《天风阁学词日记》1932年1月2日，第260—264页。
⑤ 夏承焘：《天风阁学词日记》1932年6月7日，第296页。

野词疏证》《明秀集疏证》《白石歌曲斠证》《词源悬解》，皆待理董。今又弃置作《词例》，未知何日能写洁本。世变日亟，十年以后，恐无吾辈安坐读书之日。"① 《词例》是夏先生历经数十年研究的成果，早在1933年《词学季刊》的创刊号上，他就对此书的编例作了介绍，约分字例、句例、片例、辞例、体例、声例、韵例诸项。但夏先生这部近于完成的著作，生前并未出版，加以未完稿难以标点整理，直到夏先生逝世三十余年后，才在2018年由浙江古籍出版社影印出版。

2.《唐宋词字声之研究》

先录夏氏之总体论述词中字声演变之历程："大抵自民间词入士大夫手中之后，飞卿已分平仄，晏、柳渐辨上去，三变偶谨入声，清真益臻精密；惟其守四声者，犹仅限于警句及结拍；自南宋方、吴以还，拘墟过情，乃滋丛弊。逮乎宋季，守斋、寄闲之徒，高谈律吕，细剖阴阳，则守之者愈难，知之者亦尠矣。夫声音之道，后来加密；六代风诗，变为唐律，元人嘌唱，演作昆腔。持以喻词，理无二致。谓四声不能尽律，固是通言；而宋词之严三仄，亦多显例。明其嬗迁之迹，自无执一之累。"②

总述之后，夏氏即分七个方面进行论列：一、温飞卿已分平仄；二、晏同叔渐辨去声，严于结句；三、柳三变分上去，尤谨于入声；四、周清真用四声，益多变化，其施于警句者，有似于元曲之"务头"；五、南宋方、杨诸家拘泥四声；六、宋季词家辨五音分阴阳；七、结语。夏氏这样的词韵声调研究，颇为系统，既不同于清代以前偏重于词谱声调的考证，也不同于民国以后重于音乐的调声研究。因为前者

---

① 夏承焘：《天风阁学词日记》1932年7月19日，第301—302页。
② 夏承焘：《唐宋词论丛》，第53页。

四、《唐宋词论丛》：词体内部特质的发掘 | 299

流于琐屑饾饤，后者与词则相隔一层。夏氏将字声韵调与词体紧密地联系在一起，又关合其演变的复杂过程，无疑对于开启词学研究的新路径具有很大的启迪意义。

对于词体之研究，夏氏特别强调了两个方面："一曰不破词体，一曰不诬词体。谓词可勿守四声，其拗句皆可改为顺句，一如明人《啸余谱》之所为，此破词体也，万氏《词律》论之已详。谓词之字字四声不可通融，如方、杨诸家之和清真，此诬词体也；过犹不及，其弊且浮于前者。盖前者出于无识妄为，世已尽知其非；后者似乎谨严循法，而其弊必至以拘手禁足之格，来后人因噎废食之争；是名为崇律，实将亡词也。"①

夏氏的这一主张，还可以与其《月轮山词论集》中对词人词作的个案研究相参证。比如李清照的名作《声声慢》，前人评述，多着眼于其重叠字，而夏先生对该词舌声、齿声则作了细致入微的分析：

> 举《声声慢》一首词为例，用舌声的共十五字："淡""敌他""地""堆""独""得""桐""到""点点滴滴""第""得"。用齿声的四十二字："寻寻""清清凄凄惨惨戚戚""乍""时""最""将""息""三""盏""酒""怎""正伤心""是""时""相识""积""憔悴损""谁""守""窗""自""怎生""细""这""次""怎""愁""字"。全词九十七字，而这两声却多至五十七字，占半数以上；尤其是末了几句："梧桐更兼细雨，到黄昏点点滴滴，这次第，怎一个愁字了得！"二十多字里舌齿两声交加重叠，这应是有意用啮齿叮咛的口吻，写自己忧郁惝悦的心情。不但读来明白如话，听来也有明显的声

---

① 夏承焘：《唐宋词论丛》，第87页。

调美，充分表现乐章的特色。字声的阴阳清浊，是文人研究出来的东西，民间原不会了解；双声叠韵却是民间语言里所习用的。……本来作品里用双声、叠韵过多的，若配搭不好，会成为"吃口令"，所以前人以多用双声、叠韵为戒；而我们读李清照这首词不仅全无吃口的感觉，她并且借它来增强作品表达感情的效果，这可见她艺术手法的高强，也可见她创作的大胆。宋人只惊奇它开头敢用十四个重叠字，还不曾注意到它全首声调的美妙。

林玫仪曾说："词既是音乐文学，其韵法本来关系至为重大，然而由于较为专门，在过去之词学研究中，探讨词韵之专书及论文为数甚少，今日声韵学之知识已较前人精进甚多，更可应用电脑科技，配合词家里籍，全面分析历代词作，以归纳词学实际用韵情况，则重新检讨历代词韵亦非困难之事。"[1] 在夏先生及老一辈词韵研究的基础上，利用现代词学研究成果，以推进词韵研究，也是新世纪词韵研究的一个重要途径。

（三）词　谱

关于词谱研究，宋代流传下来的资料主要有两个方面，一是实际词谱，二是词谱文献。前者有姜夔《白石道人歌曲》所载十三首自制曲注明的曲谱，是七百多年来仅存于世的堪称完整的宋词乐谱；后者主要指唐宋文献中有关词乐的记载，如唐代的《教坊记》《乐府杂录》，宋代的《碧鸡漫志》《词源》等。

夏承焘先生对于词谱的研究，集中于姜夔留下的宋词曲谱方面。

---

[1] 林玫仪：《第一届国际词学研讨会论文集·导言》，"中央研究院"中国文哲研究所，1994，第8—9页。

《唐宋词论丛》当中,收录的《姜白石词谱说》《白石十七谱译稿》《姜白石词乐说小笺》,都是夏承焘先生研究词谱的最重要的论文。夏先生还有《姜白石词编年笺校》,是专门研究姜夔词的著作,其中关于词谱的考证,也有很多堪称精义的文字。此外,其《月轮山词论集》还收有《〈白石道人歌曲〉校律》《姜白石词谱学考绩》两篇。

对于姜白石词谱的校理过程,夏承焘先生经历了漫长的时间。其间有三个关节点:其一是20世纪三十年代初期,始校理《白石道人旁谱》。《天风阁学词日记》1932年记载:"[三月廿七日]上午作《白石道人歌曲旁谱说》。""[四月九日]改作《白石道人旁谱说》,甚劳心。""[四月十一日]抄《白石道人旁谱说》。[四月十二日]抄《白石歌曲旁谱说》。……[四月十三日]抄《白石歌曲旁谱说》。[四月十四日]抄《白石歌曲旁谱辨》成。""[四月十六日]校《白石歌曲旁谱辨》。"[1]而其《〈白石道人歌曲〉校律》一文末题:"一九三三年四月十三日写第四稿。"[2]其《白石道人旁谱考》刊载于《燕京学报》1932年12号;《白石道人歌曲斠律》刊载于《燕京学报》1934年16号。后来他把这些成果整理成《姜白石词谱与校理》一文,收入《唐宋词论丛》。该文对于白石词旁谱的形式,宋代制作工尺乐谱的书籍,工尺和音节的符号,白石旁谱各调的用字,白石旁谱的校勘和翻译方法,以及各位学者对于白石旁谱的考订工作进行了全面系统的研究。其二是20世纪四十年代翻译《白石歌曲十七谱》,夏氏《白石十七谱译稿》后记云:"右《白石歌曲十七谱》,译成于一九四二年,熊生化莲尝为录一清本,严君怡和为写二通付印。方欲

---

[1] 《夏承焘集》第五册,第280、283、284页。
[2] 《夏承焘集》第二册,第369页。

寄质于吴瞿安先生(梅),旋丁寇难,瞿安谢世滇南,此本遂屏置箧衍。予于白石谱另有校辨、校律、浅说三种,十余年来,屡有增删。"①《白石十七谱译稿》是借鉴清人陈澧对于白石旁谱的译法,将此谱中的宋工尺译为今工尺,为宋代的词谱研究提供了可以征信的重要材料。其三是20世纪六十年代初期,对于姜夔词谱校理的文字重新进行修改,并公之于世。《白石道人歌曲校律》一文末题:"一九六二年七月再改。"②而其《姜夔词谱学考绩》一文,其末题:"此文成于一九三二年,阅三十载,重改于一九六二年之夏。唐先生此跋亦成于一九三二年,故于此改本所论有不相应者。与唐先生沪上一面,廿余年不见,不知于此学别有新著否。一九六三年一月承焘记于杭州道古桥。"③所言唐先生之跋,即指唐兰之跋语。夏氏治《白石道人歌曲》,20世纪三十年代即受到词学名家的称道,夏敬观《忍古楼词话》称:"永嘉夏瞿禅承焘,深于词学,考据精审,著有《白石道人歌曲旁谱考证》《白石歌曲旁谱辨》。其词秾丽密致,符合轨则,盖浙中后起之秀也。秦望山《水龙吟》云：……桐庐作《浪淘沙》云……。二词皆绝去凡响,足以表见其襟概。"④

夏先生长期研治姜白石歌曲,至一九六〇年出版《姜白石词编年笺校》,于前言《论姜白石的词风》中,归纳了姜夔作词在选调制腔方面的六种方式:一种是截取唐代法曲、大曲的一部分而成的,像他的《霓裳中序第一》,就是截取法曲商调《霓裳》的中序第一段;一种是取各宫调之律合成一首宫商相犯的曲子,叫做"犯调",像《凄

---

① 夏承焘:《唐宋词论丛》,第141页。
② 《夏承焘集》第二册,第369页。
③ 《夏承焘集》第二册,第399页。
④ 夏敬观:《忍古楼词话》,收入《词话丛编》第五册,中华书局,1986,第4770页。

凉犯》；一种是从当时乐工演奏的曲子里译出谱来，像《醉吟商小品》，是他从金陵琵琶工"求得品弦法译成"的；一种是改变旧谱的声韵来制新腔，像《平韵满江红》，是因为旧调押仄韵不协律，故改作平韵。《徵招》是因为北宋大晟府的旧曲音节驳杂，故用正宫《齐天乐》足成新曲；一种是用琴曲作词调，像侧商调的《古怨》；一种是他人作谱他来填词的，像《玉梅令》本范成大家所制。除了这六种方法之外，姜夔还制作新谱，这是先成文辞而后制曲谱的[①]。

（四）词　乐

《唐宋词论丛》中，专论词乐者有《姜白石词乐说小笺》《姜白石大乐议辨》二文[②]。《姜白石词乐说小笺》云："《白石歌曲旁谱》十七首，七百年来，系词乐一线。其论宫律文字，自《宋史》所载《大乐议》外，有词集《凄凉犯》《徵招》等小序七首，宋代词人说词乐之书，惟此与张炎《词源》，称声家球璧矣。予旧为姜词考证、校律、旁谱辨各种，顷者重写兹篇，蕲明白石一家之学。"[③]说明这两篇文章与考证、校律等不同，而是专门研究词乐的文章，白石十七谱在词乐上的地位，也与张炎《词源》并驾齐驱。该文由文献引入词乐研究，于姜词十七谱每一篇作品都详加考证。如考证《徵招》：

《徵招》《角招》者，政和间大晟府尝制数十曲，音节驳矣。

[①] 夏承焘：《姜白石词编年笺校》，上海古籍出版社，1981，序言第10—11页。
[②] 《姜白石词乐说小笺》，《唐宋词论丛》及增订本均收入，作者后又修订收入《姜白石词编年笺校》，夏氏称"其有异同，以《笺校》为准"。《姜白石大乐议辨》亦收入《姜白石词编年笺校》附录《行实考》之六《议大乐》中，故读《论丛》此二篇亦当与《笺校》互参。
[③] 夏承焘：《唐宋词论丛》，第145页。

> 予尝考唐田畸《声律要诀》云："《徵招》与二变之调咸非流美，故自古少徵调曲也。"徵为去母调，如黄钟之声，以黄钟为母，不用黄钟乃谐。故隋唐旧谱不用母声。琴家无媒调、商调之类皆徵也，亦皆具母弦而不用。其说详于予所作琴书。然黄钟以林钟为徵，住声于林钟，若不用黄钟声，便自成林钟宫矣。故大晟府徵调兼母声，一句似黄钟均，一句似林钟均，所以当时有落韵之语。予尝使人吹而听之，寄君声于臣民事物之中，清者高而亢，浊者下而遗。万宝常所谓"宫离而不附"者是已。因再三推寻唐谱并琴弦法，而得其意。黄钟徵虽不用母声，亦不可多用变徵蕤宾、变宫应钟声。若不用黄钟而用蕤宾、应钟，即是林钟宫矣。余十一均徵调仿此；其法可谓善矣。然无清声，只可施之琴瑟，难入燕乐，故燕乐缺徵调，不必补可也。此一曲乃余昔所制，因旧曲正宫《齐天乐》慢前两拍是徵调，故足成之，虽兼用母声，较大晟曲为无病矣。此曲依《晋史》名曰黄钟下徵调，角招曰黄钟清角调。[①]

这段文字对于"徵招""角招"的考证，详尽精辟。从乐曲的制作，到其源头追溯，再征引文献以说明其调声特点，进而详辨黄钟宫与林钟宫之别，以及乐调与母声的关系，这样就将"徵招"的音乐特性清楚地表现出来。

《姜白石大乐议辨》一文，旨在辨明姜夔所上《大乐议》事。《宋史》无白石传，该文载于《音乐志》，议虽不行，于白石平生，为一大事矣。故夏氏对姜夔议大乐一事以及时人后人的聚讼进行清理，如

---

① 夏承焘：《唐宋词论丛》，第159—160页。

辨元陆友《研北杂志》所载姜夔与陆游谈大乐事："此说按之白石与务观行迹，有不可通者：白石庆元三年四月议乐之后，无番阳行迹；其《诗集》有《丁巳七月望湖上书事》一首，及《和转庵丹桂韵》一首，皆在杭作。务观自绍熙元年至嘉泰二年，二十余载间，皆罢官居越。姜、陆朋游甚广，复同时地，而二人交谊无考。陆友之说，久以为疑。"①对于姜夔《大乐议》所辨律吕之偶误，夏氏亦详加辨证。如《大乐议》既云"雅乐未闻"，又云"惟迎气有五引"，则不能自守其说，此其一也；《大乐议》又谓"郑译八十四调出于苏祇婆琵琶"，按之《旧五代史·乐志》《隋书·万宝常传》等，姜氏之说实为矫枉过正之举，此其二也；再如《大乐议》引沈括定《霓裳中序第一》为道调，而不知实为商调等，证引前人误说而未加辨别，此其三也②。

夏氏之作，除了以上两篇专文辨别姜夔词乐之外，实则其研究词律、词韵、词谱之作，均与词乐相关，他是将词乐作为一项系统工程进行研究的。无论哪一类研究，其径路多是拈出与词乐具有密切关联的词作，再从文献切入，联系乐理、乐器进行详细的辨析，以得出成一家之言的结论。

（五）词　籍

夏承焘《唐宋词论丛》收有词籍研究论文三篇：《梦窗词集后笺》《词籍四辨》《四库全书词籍提要校议》。这三篇论文也各有侧重，其一是续朱祖谋《梦窗词小笺》而笺释词作，重在词题中人名、地名和写作年月的考订；其二是对姜夔词集手稿、明陈元龙《白石词选》、

---

① 夏承焘：《唐宋词论丛》，第91—92页。
② 夏承焘：《唐宋词论丛》，第92—93页。

明陈耀文《词旨》、宋吴仲方《虚斋乐府》四部词集的专门考证；其三是对于《四库全书总目提要》词籍著录的校订和辨证。三篇论文对于词籍研究的价值主要在于以下三个方面：

1. 校勘

《校议》对于柳永《乐章集》有一段校勘文字颇为精采："《浪淘沙慢》'几度饮散歌阑'句，隔六句方叶，韵诚太疏，焦弱侯本亦改'阑'为'阕'，与《词律》同；然'阕'字属第十八部韵，柳词用韵，第十七部与第十八部甚分明，不应有此例外。'阑'字是否'阕'字误，仍不能遽定，《彊村》本亦作'阑'不作'阕'也。《词律》七以《望远行》'乱飘僧舍，密洒歌楼'二句与下片'皓鹤夺鲜，白鹇失素'相对，而平仄不同，谓'此调通用仄声，玩其声响，应以平字居下，此必"密洒"二句在上'。案词体本有倒平仄之例，其一句平仄相倒者，如柳词《引驾行》上片'泛尽鹢鹴翩'，与下片'与吴邦越国'相对，而平仄相倒。《词律》七谓'吴邦越国'当作'越国吴邦'。不知《晁氏琴趣外编》此调字声亦同柳词，不当改也。其两句平仄相倒者，如东坡乐府《行香子》，上片起'携手江村，梅雪飘裙'，后片起则作'寻常行处，题诗千首'。柳词'乱飘僧舍'二句与下片'皓鹤'二句平仄相倒，正同此例。《历代词余》无名氏作此调，二句平仄，亦同柳词。可见柳词无误。"[①] 这段校语很有启发性，夏氏将词籍的校勘与词律、词谱联系起来，以订正前人校勘的错误，与一般的文字校勘并不相同，而是通过这一校勘给人们提供词籍校勘释例方面的路径。

---

① 夏承焘：《唐宋词论丛》，第212—213页。

2. 辨伪

《校议》对于秦观《淮海词》的校证,则将校勘和辨伪结合在一起:"案《长相思》'铁瓮城高'一首,实贺铸词误入观集。今《彊村丛书》本《贺方回词》卷一载此首,名《望扬州》,尾句作'幸于飞鸳鸯未老,不应同是悲秋'。毛本盖脱去下五字。杨无咎《逃禅词》用贺韵《长相思》一首,尾句'问何时佳期卜夜,绸缪',绸缪下亦脱四字,并失"秋"字韵。《词汇》不察,乃误取无咎残句校此词,误以'缪'字为韵,遂妄改作'鸳鸯未老绸缪。'益失真矣。今幸残宋本《淮海长短句》及知不足斋钞本《贺方回词》重出,得据以校正。"① 这段校勘文字很有特色,首先订正了《四库提要》的错误,其次利用宋词的重出现象进行对比勘证,再次是将校勘和辨伪结合在一起。

3. 订误

《校议》对于吴文英《梦窗词》校订云:"毛晋跋吴词,以其淳祐十一年《莺啼序》丰乐楼一首为绝笔,《提要》及《鄞县志》皆沿其误,定文英即卒于淳祐十一年。实则文英当卒于景定间,考在予所作《吴梦窗系年》。《文英集》中有姜石帚而无姜白石,石帚、白石盖非一人,其《洞仙歌》'黄木香赠辛稼轩'一词,乃白石之作误入吴集者;当时元钞《白石歌曲》未出,故无由发其覆;文英实不及奉手姜、辛也。至其晚年与贾似道交谊,刘毓崧为梦窗词序,谓似道当权时,梦窗已与之绝交;其实梦窗卒于似道当权之前,刘说未确。"② 这段文字订《提要》之误,兼考订梦窗卒年,及其与姜夔、辛弃疾有无往还事,皆能发前人未发之覆,文字虽然简短,但非常精辟。

---

① 夏承焘:《唐宋词论丛》,第216—217页。
② 夏承焘:《唐宋词论丛》,第234页。

唐宋词作为音乐文学,具有"倚声制词"的特性,这种音乐文学呈现出特定的声韵、格律和体式。而南宋灭亡之后,词乐也随之散佚无存,随着音乐性的丧失,词体由本来的音乐文学形式一变而为纯粹的传统文学形式。词与音乐的关系,是唐宋词与元明清以后词作的分界线。因而要探讨词的起源、词的特质、词的发展演进,就必须在词乐上下功夫,否则就泯灭了作为音乐文学的词与作为纯粹文学的词的界限,也就在一定程度上消解了唐宋词所独具的特质。李清照《词论》云:"盖诗文分平侧,而歌词分五音,又分五声,又分六律,又分清浊轻重。"[①] 盖词与诗文的区别就在于"五音""五声""轻重""清浊",主要都是在音乐的层面上。南宋末年词乐散佚之后,词乐的研究经过了较为曲折复杂的过程:首先是在宋代音乐之词到清代徒词的复兴过程中,元明时期词体规范的缺失;其次是清代学者试图从词体格律整理方面重新建立起词体的规范,这以万树的《词律》和王奕清的《词谱》为代表;再次是20世纪前期词乐研究的一度繁盛,吴梅、任中敏、夏承焘成为引领风潮的卓有建树的词学名家,其代表性著作即为吴梅的《词学通论》、任中敏的《词曲通义》和夏承焘的《唐宋词论丛》;最后是20世纪后期以来,音乐层面的词乐研究渐趋消歇,而以理论的探讨和文献的考释占据了词学研究的主流,这样的研究,对于元明清时期作为纯粹文学形式的词学研究推进是很大的,而对于作为音乐文学的唐宋词研究,其核心主体却在逐步消解,这是颇为令人担忧的现象。基于此,我们重读夏承焘先生的《唐宋词论丛》,梳理夏氏在词律、词韵、词谱、词乐等方面的重要贡献,旨在促进唐宋

---

① 李清照:《词论》,载于宋胡仔《苕溪渔隐丛话》后集卷三三,人民文学出版社,1981,第254页。

词研究向词体文学的音乐属性和主体特质回归。

（原载《2012国际词学研讨会文集》，原题为《词学研究取向之省思：重读夏承焘〈唐宋词论丛〉》，文字有修改）

生平著述

一、夏承焘传略

施议对

施议对（1940— ），台湾彰化人。福建师范学院中文系毕业，杭州大学语言文学研究室研究生结业。1988年毕业于中国社会科学院，获文学博士学位。中国社会科学院文学硕士、文学博士。先后师从夏承焘、吴世昌等词学大师专攻词学。历任中国社会科学院文学研究所副研究员，澳门大学中文学院教授、副院长等。著作有《词与音乐关系研究》《宋词正体》《今词达变》《词法解赏》《人间词话译注》等。

夏承焘，字瞿禅，晚年改字瞿髯，浙江永嘉（今温州市）人。一九〇〇年（清光绪二十六年）农历正月十一日出生在温州市一个普通的商人家庭里。不是书香门第，没有家学渊源，从十九岁开始，夏承焘于师范学校毕业，就走上了独立生活的道路。他刻苦自学，多方师承，在词业上多所建树，终于成为名扬四海的"一代词宗"。

一、生平事迹

夏承焘从事教育工作至今已六十五年，他在十几岁时就对词学有了兴趣，在治词道路上，经历了艰难的过程。

（一）求学阶段（1914—1920）

夏承焘六岁时随大哥就学蒙馆，课余时间曾到布店学习商业。小学期间，郑振铎是夏承焘的同窗好友，他俩一个班，一块学习，并经常跟随黄笸泉老师出游。夏承焘从小就有强烈的求知欲望。戊戌之后，孙诒让在温州创办师范学校，这是温州人第一次见到洋房。夏承焘曾与邻童一起进此学校玩耍，看到孙诒让校长在校园里走动。当时，夏承焘多么渴望能到师范学校读书。十四岁时小学毕业，夏承焘报考温州师范学校。这是个五年一贯制的中等师范学校，师资力量强，设备也较完善。当时签名报考的共二千余人，体检淘汰后尚有千余人，招收生额只四十名。夏承焘以第七名的资格进入了温师。据夏承焘回忆，那时的作文考题是《学然后知不足，教然后知困》。（这是《礼记·学记》里的两句话）夏承焘在试卷上写道："凡是自以为学问已经足够了的，那是没有学过的人；说教学没有什么困难的，那是没有做过教学工作的人。"这个题目做得比较满意，虽然是一位十四岁孩子所说的话，但却对夏承焘一生治学产生了很大的影响。

夏承焘曾说："十四岁到十九岁，是我学习很努力的时期。"温师课目甚多，有读经、修身、博物、教育、国文、历史、人文地理、几何学、矿物学、化学、图画、音乐、体育以及英文、西洋史等十几门课程。夏承焘曾因为一开始就潜心于古籍之中，对于英、算等学科，常常是临时抱佛脚，采取应付的态度，绝大部分的自修时间，都用于读经、读诗文集子。那几年，每一书到手，不论难易，必先计何日可完功，非迅速看完不可。他每认为：自己是一个天资很低的人，必须勤奋。因此，一部"十三经"，除了《尔雅》以外，他都一卷一卷地背过。记得有一次，背得太疲倦了，从椅子上直仆向地面。夏承焘说："我从七、八岁起就爱好读书，一直读了几十年，除了大病，没有十天、半月离开过书本。现在回忆起二十岁以前这段时间的苦读生活，我了解了'读书百遍，其义自见'这句话是有道理的。不懂的书读多了，就能逐渐了解它的语法、修辞规律，贯穿它的上下文，体会其意义。随着读的遍数的增加，思考次数的增加，全文就读懂了。"[1]

师校五年，夏承焘把全部精力用以勤奋攻读。他从图书馆和同学朋友处借阅了大量古书。学习过程，常与师友磋商，获益不浅。在他即将步入社会、走上工作岗位之时，曾在《日记》中为这段攻读生活作了小结。曰："始入校尚童心未除，懵不知为学，迨二、三载后方稍稍知书中趣味耳。同学李仲骞（骧）君每对予津津谈古籍及诗学，遂大悟。后数载皆沉研于旧书堆中，自四书，而毛诗，而左传，各相继读完。无余暇习英术学，民国七年以第十名卒业。"李骧是夏承焘中学时代的同班同学，曾将《随园诗话》及黄仲则的《两当轩诗集》等借给夏承焘阅读，并"日以此道（吟咏之道）相研究"，夏承焘因此"大受其益，乃稍稍知津"。在旧体诗词的学习与创作方面，夏承焘也是在这段时间里打下基础的。夏承焘自幼爱好诗词，进师校之前，已学作五、七言诗，但是，他之所以一生与词学结下了不解之缘，还应当从他的第一篇词作《如梦令》说起。据夏承焘回忆，他学做旧体诗，每句要先记好平仄声，但并不知"填词"。他在一位同学那里第一次听到"填词"二字，同时又在另一位同学那里见到一本《词谱》，才产生了填词的兴趣。他的填词处女作《如梦令》，得到了国文教师张震轩（枬）的赞赏。这首词末二句写道："鹦鹉。鹦鹉。知否梦中言语。"张震轩曾用浓墨在句旁加了几个大密圈。夏承焘说："这几

---

[1] 参见夏承焘讲、怀霜整理《我的治学经验》。《治学偶得》第1页，浙江人民出版社，1962年8月版。

个浓墨大密圈,至今对我仍有深刻印象,好像还是晃耀在我的眼前。"并说:"我能够走上治词的道路,与师友的启发是分不开的。"

五年师校,夏承焘在学业上收获甚大。但是,他也绝非"两耳不闻窗外事"。一方面,他平生好游,间有佳山水,即欣然往,课余时间,经常与同学"掩书外出",同游飞霞洞、卧树楼,共登驻鹤亭,并在《日记》中留下了纪游佳篇。另一方面,他关心国事,读《西洋史》,因美国南北之争,联想到南洋、北洋两派分立的现实。常慨叹:"安得大总统有如林肯者出,一定党见,扫清国步,有若美利坚之上等国乎?"他读《龙川文集》,不禁掩书三叹。曰:"嗟夫!大丈夫平生抱天下志,达则兼善天下,穷则独善其身,此平世明时之论也;若夫天下当板荡之秋,生灵倒悬,为士者义不可默居高蹈、效隆中抱膝长吟矣!"20世纪一、二十年代,中华民族正在大动荡、大变革当中,生当其时,夏承焘时时刻刻将自己的前途命运与整个国家民族的前途命运紧紧联系在一起。他总是希望自己所从事的工作,能够有益于国家民族,有益于振兴中华的伟大事业。

一九一八年,夏承焘于温州师范学校毕业。国文教师张震轩临别赠诗。曰:

诗亡迹熄道论膂,风雅钦君能起予。
一发千钧唯教育,三年同调乐相于。
空灵未许嗤欧九,奔竞由来笑子虚。
听尔夏声知必大,忍弹长铗赋归欤。

张震轩研究《史记》,但对于诗词,仍慧眼独具。他的奖励,给夏承焘巨大推动力量。所谓夏声必大,果真亦承其贵言,令得于诗道沦丧之际,凭借自己的天分和学力(夏自称笨功夫),风雅起予,以尽展其才。这是即将步入社会所得到的奖励。所谓深相期许,乃终生不忘。

离开师校，夏承焘到温州任桥第四高小任教职。就这样，夏承焘怀抱着对于祖国河山无比热爱的满腔激情和对于国家民族命运无穷忧虑的深厚情感，结束了自己的学生生涯，并开始了他一生所从事的文化教育工作和词学研究工作，以毕生精力努力作出贡献。

（二）探索阶段（1920—1930）

夏承焘说："二十岁至三十岁是我治学多方面探索的阶段。"师校毕业后，夏承焘更加觉得学生生涯的短促和宝贵，更加渴望有深造的机会。一九二〇年，南京高等师范开办暑假学校，夏承焘和几位同学前往旁听。教师如胡适、郭秉文等，皆新学巨子，当时都亲自为暑假学校开课。一个多月里，听了胡适的《古代哲学史》《白话文法》梅光迪的《近世欧美文学趋势》以及其他许多新课程，大开眼界。本来，夏承焘想于七月间乘机投考高等师范，由于家庭经济困难，加上自己平时不注重科学，英算甚生疏，临渴掘井，恐无把握，便决定在教师岗位上边工作、边自学。

返回温州后，苦于失去进修机会，无名师指点，时时感到困惑。但是，在自学过程中，夏承焘也找到了许多老师，其中包括不会说话的老师。比如，他看了李慈铭《越缦堂日记》，就以李氏为榜样，坚持写日记，锻炼自己的意志力；又比如，读《龙川文集》，便为陈亮平生抱天下志的大丈夫气概所感动，以为"作诗也似人修道，第一工夫养气来"，对于陈亮之为人，着意加以效法。同时，夏承焘还经常与师友同学一起探讨，互相请益。在温州任教期间，他参加了当时的诗社组织——慎社及瓯社，社友中如刘景晨、刘次饶、林鹍翔、梅雨清、李仲骞等，于诗学都有甚高造诣，夏承焘经常与他们在一起谈论诗词，论辩阴阳，收获很大。由此，夏承焘于旧体诗词，渐识门径，并开始发表诗词习作，初露才华。

一九二一年秋，夏承焘应友人之招，到北京任《民意报》副刊编辑，得到了北游的机会。当时，他曾写下了一首《登长城》诗。曰：

　　不知临绝顶，四顾忽茫然。
　　地受长河曲，天围大漠圆。
　　一丸吞海日，九点数齐烟。
　　归拭龙泉剑，相看几少年。

登高望远，四顾茫然。但地和天，都在自己的视野当中。一丸、九点、海日、齐烟，气象万千。诗篇生动地体现了这位年轻诗人的胸襟和气魄。

此后，夏承焘转向西北，到西安中学任教，并于一九二五年春兼任西北大学讲师。五、六年间，夏承焘奔走四方。往返北京、西安、温州之间，广泛接触了社会，并在西安实地考察古代长安诗人行踪，为其诗词创作及研究工作，提供了丰富的感性知识；在治学道路上，夏承焘步入了多方面探索的阶段，开始了做学问的尝试。

起初，夏承焘对王阳明、颜习斋的学说发生了兴趣。在西北大学讲授章学诚的《文史通义》，准备治小学。他的设想很多，计划十分庞大。他曾发愿研究宋代历史，妄想重新撰写一部《宋史》，看了不少有关资料，后来知道这个巨大工程决非个人力量所能完成，方才放弃。但是，他又想编撰《宋史别录》《宋史考异》，想著《中国学术大事年表》等等。

二十五岁时，夏承焘回到浙江，先后在温州的瓯海公学、宁波第四中学及严州第九中学任教。夏承焘回到温州时，瑞安孙仲容先生的"玉海楼"藏书及黄仲弢先生的"蓼绥阁"藏书已移藏于温州图书馆，他将家移至图书馆附近，天天去借书看，几乎把孙、黄两个"阁"的藏书本本都翻过，并将心得札入《日记》。不久，夏承焘到严州第九中学任教。这里是一个美丽的风景区，严子陵钓台就在这个地方。严州九中原来是严州府书院，里头有州府的藏书楼。夏承焘一到学校，校长就带他四处察看。他拿了钥匙，一个房间、一个房间打开看，结果发现一个藏书间，里头尽是古书，真是喜出望外。尤其是，其中有涵芬楼影印廿四史、浙局三通、《啸园丛书》等，在严州得此，如获一宝藏！校长交代把这些古书整理出来，他就在此扎扎实实地看了几年书。四、五年期间，许多有关唐宋词人行迹的笔记小记以及有关方志，全都看了。

但是，对于如何做学问，夏承焘还经常处于矛盾状态当中，早晚枕上，思绪万千。他有时欲为《宋史》，为《述林清话》，为《宋理学年表》，有时欲专心治词，不旁鹜，莫衷一是，常苦无人为一决之。经过反复思索，夏承焘发现了自己"贪多不精"的毛病，根据平时的兴趣爱好和积累，决定专攻词学。

十年探索，不仅使夏承焘认定了治学的方向，而且为他转向创造阶段准备了充分的条件。夏承焘所撰《唐宋词人年谱》《唐宋词论丛》等重要著作，以及姜白石研究资料，都是在这个阶段积累下来的。

（三）之江治词生涯（1930—1937）

一九三〇年，夏承焘三十岁，开始在之江大学任教，一直到抗战爆发，都住在钱塘江边的秦望山上。在《月轮山词论集》的前言里，夏承焘说：从三十多岁到六十多岁，"这三十年间，我两次住在钱塘江边的秦望山上，小楼一角，俯临六和塔的月轮山。江声帆影，常在心目。现在就把我的集子取了这个名字。"之江治词生涯指的是夏承焘第一次住秦望山的情景。

夏承焘到之江，标志着一个重要转折。即：由探索期向创造期的转折。夏承焘说:"我二十岁左右,开始爱好诗词,当时《彊村丛书》初出,我发愿要好好读它一遍;后来写《词林系年》,札《词例》,把它和王鹏运、吴昌绶诸家的唐宋词丛刻翻阅多次。三十岁左右,札录的材料逐渐多了,就逐渐走上校勘、考订的道路。"三十岁是一个重要转折,夏承焘就是三十岁前后着手做专门学问的。夏承焘说:"刻苦读书,积累资料,这是治学的基础。但是,究竟何时试手做专门学问较为合适呢?从前人主张,四十岁以后才可以著书立说,以为四十岁之前,'只许动手,不许开口'。这虽是做学问的谨严态度,但是四十岁才开始专,却几乎太迟了。我自师校毕业后,因为家庭经济等各方面条件的限制,未能继续升学,苦无名师指点,才走了一段弯路,花费了将近十年的探索时间。我想,如果有老师指导,最好二、三十岁时就当动手进行专门研究工作。要不,一个人到五十岁以后,精力日衰,才开始专,那就太晚了。我见过一些老先生,读了大量的书,知识十分渊博,但终生没有专业,这是很可惜的。因此,在刻苦读书的基础上,还必须根据自己的情性、才学,量力而行,选定主攻目标,才能学有专长。"

在之江大学,夏承焘所教授课程主要有《词选》《唐宋诗选》《文心雕龙》《文学史》《普通文选》五门,每周共十六课时。虽纷繁不得专心,但做学问的条件总比以前优越。刚到之江,夏承焘心情甚愉快,曾写下《望江南》(自题月轮楼)四首,其中第三首曰:

秦山好,面面面江窗。千万里帆过矮枕,十三层塔管斜阳。诗思比江长。

面面面江,风景美好。千万里帆,十三层塔;通过矮枕,管领斜阳。诗思比钱塘江水还要长。环境、心境和词境,都那么协调。

之江期间,夏承焘写作了大量词学研究文章。其中,值得一提的是《白石歌曲旁谱考辨》。这是夏承焘第一篇词学研究文章,也是他的成名之作。白石旁谱历来被视为一门绝学,《四库全书总目提要》说它是无法求其音节的。夏承焘年少气锐,在严州九中时就着手做这一工作,到了之江大学写成了这篇《考辨》。当时,山居偏僻,写了文章就往书架上搁。有一回,顾颉刚到之江大学,发现了这篇文章,觉得不错,就带走了,并在《燕京学报》上登了出来。不久,汇来稿费银元一百多块。之江同事知道了,都很为惊动:原来写文章还有这么多稿费。于是,便大大激发了大伙写稿的兴趣。此后,《词学季刊》出版,夏承焘的《唐宋词人年谱》就在季刊上连载。那时,夏承焘与龙榆生,一个编撰年谱,一个著作词论,每期各登一篇,成了季刊的两大台柱。《词学季刊》出版了十一期。在季刊上,夏承焘还发表了不少词作。

之江大学时期是夏承焘从事专门研究的一个丰产时期,也是他做学问用力最勤的时期。几年当中,他连续发表了《温飞卿系年》《韦端己年谱》《冯正中年谱》《南唐二主年谱》《张子野年谱》《二晏年谱》《贺方回年谱》《周草窗年谱》《姜白石系年》《吴梦窗系年》等十余种词人年谱,撰写成《石帚辨》《姜白石词考证叙例》《白石词覈律》等文章,此外,还札《词例》。研究工作全面铺开,头绪繁多,甚殚心力,但他却常在辛勤搜辑中得到自我安慰。一九三五年三月二十日,夏承焘在《日记》中写道:

> 校正中谱毕,午后邮还榆生付印,年来著书虽甚琐细,皆能句斟字酌,不敢轻心,镜中白发日多,不以为悔也。

正当夏承焘认定目标,走上全力治词的道路之时,"九一八"事件爆发了。时局十分紧张。(一九三一年)九月二十日,夏承焘闻知日本兵突于昨早六时侵占沈阳及长春、营口,惊讶无已。他一方面潜心力于故纸，继续勤奋地读书、做笔记，一方面念国事日亟，却深感陆沉之痛。九月二十四日，学生出外宣传，停课，夏承焘也参加教职员组织的"抗日会"。九月二十七日，夏承焘在《日记》中写道："予发誓今日始不买外货。国货日用品已足用，必求奢侈，便是亡国行径。"为"尽我本分以救国"，夏承焘很想放弃词学，想改习政治经济拯世之学。十一月十九日，夏承焘从报纸上闻知"嫩江捷讯"，十分振奋，随即谱写一首《贺新郎》。词曰：

> 沉陆今何说。看神州、衣冠夷甫，应时辈出。一夜荒郊鹅鸭乱，坚垒如云虚设。这奇耻，定须人雪。空半谁翻天山筛，比伏波、铜柱犹奇绝。还一击，敌魂夺。　边声陇水同呜咽。念龙沙、头颅余几，阵云四合。梦踏长城听战鼓，万里瓦飞沙立。正作作，天狼吐舌。待奋刑天干戚舞，恐诸公、先夏楸坪劫。歌出塞，剑花裂。

神州沉陆，奇耻须雪。正当国家民族面临着生死存亡的紧要关头，边声陇水，阵云四合，颇欲奋起刑天干戚，为诸公助阵。由于捷讯的鼓舞，歌词充满着英雄气概。

此刻，回顾世局，夏承焘觉得，自己坚持日钻古书，夜作《词例》，乃无益之务。几度考虑，中途辍笔。但又想，"非如此心身无安顿处"，真是欲罢不能。在这具体的社会环境中，夏承焘的思想进入了难以摆脱的困境。一九三五年七月十六日，夏承焘曾在《日记》中写道："日本开发华北志在必行，黄河泛滥将至苏北，长江灾象亦近年所无。内忧外患如此，而予犹坐读无益于世之词书，问心甚疚。颇欲一切弃去，读顾孙颜黄诸家书，以俚言著一书，期于世道人心得俾补万一，而结习已深，又不忍决然舍去。日来为此踌躇甚苦。"这就是夏承焘当时的真实思想状况。

（四）抗战爆发后清苦的教师生涯（1938—1945）

在之江大学，夏承焘先后任讲师、副教授、教授，至一九三八年，还兼任无锡国学专修学校和太炎文学院教师。抗日战争爆发后，夏承焘随之江大学搬迁到了上海。一九四二年，上海沦陷，夏承焘回到温州，温州沦陷，即入乐清雁荡山。以后，应浙江大学龙泉分校之聘，前往龙泉教书，直至抗战胜利，方才出山，重新返回西子湖畔。

抗战期间，动荡不安，夏承焘饱尝战乱风霜。但是，在各个关键时刻，他都保持着高洁的民族气节。

一九三八年，夏承焘目睹国民党反动派于"八一三"纪念日，在上海租界，大捕爱国青年的事实，谱写《点绛唇》一词。曰：

> 招得秋魂，断笳先送斜阳去。惊鸟飞处。南北山无数。　打尽霜红，迢递伤心路。长亭树。无声最苦。夜夜风兼雨。

词作以惊鸟比喻爱国青年，对他们受摧残，遭打击，深表同情；同时对于白色恐怖中人人钳口结舌、"夜夜风兼雨"的现实，表示不满和抗议。

一九四〇年寓沪，西邻一汉奸伏诛，东邻一抗战志士殉难。夏承焘制作《贺新郎》，赞颂志士，斥骂汉奸。词曰：

> 余气归应诧。旧门庭、雀罗今夕，鹤轩前夜。依旧梅梢团圆月，来照翠屏幽榭。却不见、淡蛾如画。三十功名空自负，负灵山吩咐些儿话。屋山雀，叹飘瓦。　东邻客祭栾公社。听夜夜、羽声慷慨，徵声哀咤。同洒车前三步血，或落沟渠飘泻。或化作、飞霜盛夏。最苦西家翁如鹳，过街头蒙面愁无帕。君莫问，翁欲哑。

揭露汉奸，谓其"负灵山吩咐些儿话"，背叛国父孙中山遗嘱，罪当伏诛。并以对比手法，将东邻与西邻的不同结果，以予呈现。谓东邻志士之死重于泰山，人民永远怀念；西邻汉奸之死轻如鸿毛，连自己的老父都为之感到羞愧。两相对照,表现出强烈的爱憎感情。

在上海期间,知识分子处境十分艰难。由于政府腐败,通货膨胀,学校里经常发不出工资。当时,有些意志薄弱者就投奔南京汪伪政权。夏承焘的个别好友,也在此时投奔南京。但是,夏承焘的立场是十分坚定的。他在《鹧鸪天》词中写道:

> 万事兵戈有是非。十年灯火梦凄迷。南辛北党休轻拟,雁荡匡庐合共归。　持涕泪,谢芳菲。冤禽心与力终违。衔山填海成何事,只劝风花作队飞。

词作表明,汪伪政权违背民族利益,"心与力终违",其追随者必然身败名裂。夏承焘为去南京的友人感到惋惜。此时,夏承焘已抱定归志,决心以南宋爱国词人辛弃疾为榜样,以雁荡、匡庐为自己的归宿,决不屈膝求荣。

夏承焘有一位词坛好友,投奔南京后来信招邀。说:"汪先生知道你。"夏承焘复信,对他进行严厉批评,并正告他:"你说到南京是为了吃饭,那就只许你开吃饭的口,不许你说别的话!"为此,夏承焘曾写《水龙吟》(皂泡词)以皂泡之上"天斜人物",比喻投奔汪伪政权的人。指出此辈依仗日本侵略者,如同皂泡,"乍明灭,看来去",片时即破,而中华民族,终将如东升皓月,"一轮端正",永远照耀祖国山河大地。

在艰难困苦的岁月里,夏承焘始终注重自己的出处大节,并且常常以此与友人共勉。一九四〇年在上海,送一位女词友归扬州(当时扬州已沦陷),写了《惜黄花慢》赠别。其中,"荷衣耐得风霜,谢故人问讯,湖海行藏",明确表明自己的态度,热切地希望词友保持气节。

"野获新编据乱成,年来有泪为苍生"。在忧国忧民的艰难岁月里,夏承焘过着清苦的教书生活，始终保持着清贫自守的高贵节操。七八年间，夏承焘一刻也离不开教育事业，孜孜不倦地工作，发奋著述，为发展中华民族的教育文化事业作出了贡献。

（五）第二次居住西子湖畔（1946—1965）

夏承焘十分留恋之江治词生涯，对于美丽的西子湖已产生了深厚的感情。抗战胜利后，他又回到杭州，先后担任浙江大学文学院副教授、教授，从事其教学及词学研究工作。一九四九年，中华人民共和国成立，夏承焘在浙江大学任教。一九五二年，院系调整，夏承焘担任浙江师范学院中文系教授、代主任。一九五八年，浙江师范学院改名杭州大学，夏承焘为中文系教授，一九六一年起兼任语言文学研究室主任。浙江省作协分会成立，夏承焘被推选为理事，并曾出席第三次全国文代会。中国科学院文学研究所（现属中国社会科学院）聘请夏承焘为特约研究员和《文学评论》编委。一九六四年，夏承焘到北京参加全国政治协商会议第四次会议。夏承焘对于社会主义新中国充满着信心和希望，十分盼望能把自己的知识和才华献给祖国的伟大事业。

一九四九年，杭州解放，夏承焘作《杭州解放歌》。曰：

半生前事似前生，四野哀鸿四塞兵。

醉里哀歌愁国破，老来奇事见河清。

著书不作藏山想，纳履犹能出塞行。

昨梦九州鹏翼底，昆仑东下接长城。

杭州解放，河清有日。毕生著作，无须作藏山之想；纳履出塞，昆仑、长城都在自己脚底。诗篇表达了对于新中国的信心和愿望。

一九五〇年十二月，夏承焘随浙江大学中文系师生一道，前往嘉兴、皖北等地参加土改。"居乡见闻，皆平生所未有"。因而，写下了不少优秀诗篇。夏承焘关心劳动大众，热爱新农村。一九四九年以后，一有机会下乡，他就报名参加。一九六四至一九六五年间，夏承焘先后两次到诸暨县利浦公社，参加社会主义教育，居住了四、五个月时间。"要与农民共感情"，夏承焘写作了不少独具风格的田园诗词。

中华人民共和国成立之后，在教育事业和科研工作方面，夏承焘都有不少建树。他所指导、培养的几届研究生、进修生，已陆续走上工作岗位；他的十余种词学研究著作也相继出版。同时，他还发表了数十篇有关古典文学的研究论文。在教育界和学术界，得到了好评。

在词学研究方面，夏承焘努力开拓新境。他在一九四九年以前一、二十年所作校勘、考订的基础之上，开始撰写评论文章。诸如《李清照词的艺术特色》《评李清照的〈词论〉》《论陆游词》《辛词论纲》《论陈亮的〈龙川词〉》等等，都是在这期间写成的。同时，为了适应社会主义文化事业蓬勃发展的需要，夏承焘还着手词学研究方面的普及工作，写作了大量有关歌词的欣赏文章。直到"文化大革命"前夕，夏承焘曾与怀霜合作，先后以《唐宋词欣赏》《湖畔词谭》《西谿词话》《月轮楼说词》为题，在报刊、电台发表赏析文章，颇为广大读者所欢迎。

夏承焘做学问，严格要求，精益求精。一九六〇年六十岁生日，他作《临江仙》词自寿。曰：

> 安得鲁戈真在手，重挥夕日行东。书城要策晚年功。江山支枕看，千丈海霞红。　　自插梅花占易象，如何报答春工。儿童休笑嗫嚅翁。新词哦几首，鼻息起长风。

鲁戈在手，夕日行东；江山支枕，千丈霞红。眼前所呈现的景象，为当时所处的环境，亦为当时的心境。在这一情景当中，怎么办？如何报答春工？他想好啦，"书城要策晚年功"。他知道，要令夕日行东，将失去的年华追回来，就靠晚年的努力。这句话，夏承焘将它看作治学的"座右铭"。六十非为老,儿童休笑。充分体现其乐观、积极的精神和态度。

为了攀登高峰,发展社会主义文化、科学事业,夏承焘还十分重视国外学者的汉学研究成果,热心地致力于中外文化交流活动。一九五七年,夏承焘发表《我对研究古典文学的一些感想》。说:有几位外国学者,他们研究中国古典文学的精神对我有很大启发。比如日本京都大学的吉川幸次郎、神田喜一郎、清水茂教授等,像他们这种研究精神,不能不使作为中国古典文学研究者的我们感到惭愧。一九六一年,在《我的治学经验》中,夏承焘说:我看见过苏联列宁格勒大学研究中文的论文题目,有些是很专、很深的,如对韩非子的篇目研究等等,这些却不为中国大学生所注意。又如日本研究中国学问的,像林谦三的《隋唐燕乐调研究》、桑原骘藏的《蒲寿庚考》等,他们卓越的成就,也都使我国人自愧不如。夏承焘常用外国人的钻研精神鞭策自己,勉励年青人。

"文化大革命"前夕,日本友人水原渭江寄赠武田竹内所著《毛泽东诗人和他的一生》,夏承焘赋《临江仙》一词答谢。曰:

> 蓬岛吟坛谁健者,笔端浩荡东风。一轮画出晓暾红。照开天雾雨,烛海起蛟龙。　并世夔牙家学盛,天涯梦听笙钟。何时握手日华东。晴晖我能写,海岳万芙蓉。

一轮画出,如早晨刚刚升起的红日;并世夔、牙,从天边传来笙钟的乐曲。什么时候,握手日东,一起观赏海岳芙蓉。歌词热情赞颂毛泽东诗词,赞颂中日文化交流,表达了自己历年来希望访问日本,与日本汉学家欢聚的夙愿。

(六)"文化大革命"十年(1966—1976)

几十年来,夏承焘在教育和词学研究工作上,获得了巨大的成就。

但是,"文化大革命"开始,一夜之间,这一切马上变成了"罪行"。

一九六六年六月二日清晨,杭州大学校园,一夜东风,到处贴满了大字报。在学校大门口的入口处,不知哪个系的学生,贴上一幅漫画:绞死牛鬼蛇神夏承焘!画的是夏承焘的头像。最是使人惊心动魄。这是省委组织的"林夏战役"的第一幕。林淡秋作为党内资产阶级的代理人,夏承焘是党外资产阶级反动学术权威。两人被推将出来,代表斗争的大方向。

夏承焘从未经历过这样的场面。他在漫画前站了一会,便转向各处看大字报。

> 敢想容易敢说难,说错原来非等闲。一顶帽子飞上头,搬它不动重如山。

"啊!——"夏承焘大吃一惊!这是他于一九五八年十二月间写的一首打油诗。据"文化大革命"初期《解放军报》揭发:这首打油诗曾被旧中宣部某处长用来批评文艺界和教育界的领导干部,以为对老专家政策不落实。大字报称:这是一首反对教育革命和学术批判的黑诗,是对党进行的疯狂反扑!夏承焘掏出笔记本,认认真真地把有关"罪行"摘抄下来。

当天晚上,全校揪斗林淡秋,夏承焘和其他牛鬼蛇神一起上台陪斗。"打倒林淡秋!打到林淡秋!"会场上口号声此起彼落,震耳欲聋。

先党内、后党外,夏承焘心中有数。知道林淡秋被打倒后,就轮到自己了。回到家里,夏承焘就亲自书写了一幅大标语:打倒夏承焘!方方正正地贴在自己的门墙上。这时候,"也无风雨也无情",东坡的达观思想还能帮助他解脱困境。在牛鬼蛇神的一次坦白交代的小组会上,夏承焘交代:他曾经这么想,下次轮到揪斗时,就事先准备好棉花,把两只耳朵塞紧。夏承焘认为:只要心中平静,就不怕外界风雨。

但是,"林夏战役"并未按计划打下去。没过多久,省委工作组撤退了。原先组织批斗牛鬼蛇神的人,自己也变成了牛鬼蛇神,和夏承焘他们一起,同被关进"牛棚"。从此,新老牛鬼蛇神就天天让两边的造反派,轮着揪出去触灵魂和触皮肉。经过反复训练,夏承焘终于心定地过惯了"牛棚"生活。

有一次,夏承焘被送到老家温州批斗。经过长途跋涉,心力交瘁,他中了风,几乎一命呜呼。但他仍然很达观,日诵语录:"既来之,则安之。"表示愿意以正确的态度对待疾病。因此,尽管医生断定,"不是死,就将是半身不遂",却居然完好地活了下来。

夏承焘一生治词,特别推崇苏东坡,也赞赏东坡思想。他曾说:东坡贬官到海南,并不感到痛苦,所谓"日啖荔枝三百颗,不辞长作岭南人",相反却心满意足了;秦观就不同,才到郴州,便忧郁至死。"文化大革命"十年,夏承焘就以东坡思想作为自己的精神支柱。

"文化大革命"初期,夏承焘看大字报十分认真。有的学生揭露"不是棋边即末边,好风如扇月如镰。菜根滋味老逾美,蔗境光阴梦也甜",这是攻击人民公社敬老院的黑诗。又揭露"相逢都在湖风里,白鹭东飞我向西",以为夏承焘不满社会主义制度,向往西方资本主义社会。夏承焘看了便以牛鬼蛇神的名义,写了《说我几首旧诗词的原意》一文,进行答辩。说:

《临安人民公社敬老院》诗,第三句用古语,"咬得菜根则百事可做"。院里老人都在阶下种菜佐餐,我用此以喻滋味好。第四句用顾恺之吃甘蔗,从末梢吃起,吃到根,说是"渐入佳境"。我的意思是说敬老院里的老人老年过美好的生活。有人解作:蔗境(佳境)只在梦里,说我讥院里生活不好。我以为原诗是"梦也甜",而非"只梦甜",此说可商。

又说：

"湖上杂诗""相逢都在湖风里，白鹭东飞我向西"。那时我住在浙大西湖宿舍（平湖秋月隔壁的罗苑），这诗是从断桥经白堤归家时作，故云"我向西"（平湖秋月在断桥之西），无他寓意。

后来，纲越上越高，触皮肉重于触灵魂，诸如此类的所谓"学术批判"已是不在话下。因此，十年"牛棚"生活，夏承焘没有牢骚，也不写这方面题材的诗词。

"有峰满眼不待寻，有诗满口不敢吟。"在"牛棚"里，夏承焘被剥夺了一切权利，身不由己，但诗人的心却无所阻碍。一九七〇年，夏承焘写了一首《玉楼春》（神游）。曰：

灯前挂壁双芒屩，不碍神游周九域。山河谁画好风光，圣佛自憎干矢橛。　灵妃皓齿如霜雪，梦里殷勤求短阕。吟成电笑过千江，挥手西湖风和月。

芒屩挂壁，不碍神游。美好山河，有谁能够描画；灵妃顾我，殷勤乞求短阕。吟成电笑，挥手西湖，照样周游九域。歌词抒发作者对于祖国河山，对于西子湖的情感，也表达他重上征途的热切愿望。

十年间，夏承焘于批斗之余，将自己全部心力都放在历代词人身上；他的《瞿髯论词绝句》，八十首中，一大部分是在"牛棚"里吟成的。此书付印时，笔者偕夏承焘游北海公园，夏承焘感到无比快慰。说：这是他一生中感到比较满意的一部著作。

（七）四人帮覆灭以后（1976—　　）

"四人帮"覆灭，夏承焘再次获得了新生。消息传来，无比兴奋，他即写了《筇边和周（谷城）苏（步青）二教授》一诗，表达自己的观感。曰：

筹边昨夜地天旋，比户银灯各放妍。

快意乍闻收吕雉，论功岂但勒燕然。

冰消灼灼花生树，霞起彤彤日耀天。

筋力就衰豪兴在，谁同万里着吟鞭。

筹边昨夜，地转天旋。比户银灯，光彩鲜妍。快意乍闻，收伏吕雉。论功岂但，勒石燕然。灼灼冰消，彤彤霞起。筋力就衰，豪兴犹在。问谁同我，驰骋万里，快着吟鞭。诗篇为和作，叙说内心感受，恳切、真挚，令人鼓舞。

为了庆祝这一历史性的伟大胜利，为繁荣社会主义文化事业多作贡献，夏承焘又开始重操旧业，将他旧时的书稿、日记，又搬到书案上来，更加顽强地进行工作。随着党的政策的进一步落实，夏承焘的许多著作，所谓"大毒草"，重见天日；在政治上，他自己也得到了平反。一九七八年十一月二十六日，《浙江日报》登载题为《把事实作为落实政策的根本依据》的报导，公开为夏承焘平反。称："夏承焘在全国解放后，热爱党和毛主席，拥护社会主义，找不到他有什么勾结帝修反的言行。为此，党委专门作了决定：推倒原来强加在夏承焘教授头上的一切诬陷不实之词，恢复名誉，彻底平反。"杭州大学党委派专人晋京，亲自向夏承焘宣布这件大事。在夏承焘头上整整压了十三年的"资产阶级反动学术权威"的帽子，才被摘掉。

一九七九年，夏承焘八十岁。十月，他十分高兴地出席了全国第四次文代会。他还先后担任了中国古代文学理论学会顾问、《词学》主编和《文献》顾问。

近几年来，夏承焘出版的词学著作十余种。在吴闻协助下，他一生的积稿，除了《词例》外，都已整理出来。他写了六十年的《日记》，也已交付出版。

二、词学观点、治词门径及主要成就

夏承焘学诗从陆游、元好问、黄景仁三位诗人入手，兼采杜甫、韩愈、王安石、苏轼、黄庭坚、陈师道、姜夔、杨万里、范成大诸家之长，以实现其"三唐两宋都参遍，着力还须魏晋前"的目标；学词则喜豪宕一路。这与他的性情、襟抱、学问密切相关。有关诗学观点及治诗门径，笔者在《〈天风阁诗集〉跋》（载《河北大学学报》1982年第三期）中已经阐述，本文着重叙说其词。

夏承焘治词，如果从一九二〇年加入瓯社算起，至今已六十五年。瓯社诸子所作，曾由林铁尊直接请质于朱彊村、况蕙风二大家。夏承焘的诗词习作第一次在社刊上问世。夏承焘初学作诗，每苦无元龙百尺气概。十八岁时，他曾试作闲情诗十首，托名梦栩生寄投《瓯括日报》，其一曰："淡罗衫薄怯轻寒，无赖闲情独倚阑。昨夜东风今夜雨，催人愁思到花残。"但是，十九岁时，他曾作六绝句以自警。其一曰："落花长鲸跋浪开，生无豪意岂高才。作诗也似人修道，第一工夫养气来。"他十分强调"养气"的工夫。认为：哀易入靡，诗境卑下，"非少年所当作也。"初学词，与初学诗一样，夏承焘经常"好驱使豪语"。他认为：中国词中，风花雪月，滴粉搓酥之辞太多，词风卑靡尘下，只有东坡之大、白石之高、稼轩之豪，才是词中胜景。平时所作，专喜豪宕一路，而不喜周清真，以为风云月露，甚觉厌人。经过师友切磋及自身的刻苦"参""炼"，夏承焘对于自己的词学观点，不断加以修正，逐渐领悟词中真旨。

一九三一年七月三日，夏承焘在《日记》中写道：

> 接榆生信，谓予词专从气象方面落笔，琢句稍欠婉丽，或习性使然。此言正中予病，自审才性，似宜于七古诗，而不宜于词。

好驱使豪语，又断不能效苏、辛，纵成就亦不过中下之才，如龙洲、竹山而已。梦窗素所不喜，宜多读清真词以药之。

三十岁前后，这是夏承焘治学道路上的一个重要转折时期，也是他的词学观点趋向于成熟的一个关键时期。龙榆生的告诫，对于夏承焘词学观点变化、发展，产生过一定的影响。一九四二年，夏承焘记其学词经历时曾说："早年妄意合稼轩、白石、遗山、碧山为一家，终仅差近蒋竹山而已。"可见，他已从专喜一路，转而注重兼采众长。因此，夏承焘治词不为某家、某派所局限，而能够在前人成就的基础上另辟新镜。

一九四九年以后，夏承焘开始写评论文字，有意识地阐明其词学观点。夏承焘论词崇尚苏、辛，贬斥柳、周，鼓吹"向上一路"。夏承焘指出，诗化、散文化，是词体的扩大、加深、提高和解放。（《唐宋词叙说》，载《浙江师范学院学报》一九五五年第一期）他批判李清照的"别是一家"说，提倡"合诗于词"，（《评李清照的词论》，一九五九年五月二十四日《光明日报》）并批判周邦彦，谓其"气短大江东去后，秋娘庭院望斜河"，把词的路子搞狭窄了。（《瞿髯论词绝句》）但是，夏承焘的具体论述，却与时贤之重豪放、轻婉约，简单的"二分法"，有所区别。夏承焘论苏轼，谓其"开始把封建意识和市民意识调和起来"，"拿市民文学的形式来表达封建文人的意识"，以为"由于苏轼放宽了词的门路，在词里增添了士大夫阶层的生活内容，于是宋词才有在士大夫阶层作进一步发展的可能。"（《唐宋词叙说》）这是十分中肯的，也是符合宋词发展的实际情况的。夏承焘论辛弃疾，除了赞颂其英雄气概外，对于辛词的风格特点及其成因也有独到见解。他将辛词风格特点概括为八个字：肝肠如火，色笑如花。说：豪放是其人的本色，婉约是其词的本色，合此二者，成为辛词的特色。(《谈辛弃疾的〈摸鱼儿〉词——纪念辛弃疾逝世七百五十周年》,一九五七年十月十三日《浙江日报》)并指出:辛弃疾刚强的性格,豪迈的气概和锐意北伐的长图大略,在当时是必不能见容于怯懦偷生的统治集团的。辛弃疾既不甘同流合污,又不能施展抱负,不得畅所欲言,只有收敛锋芒,化百练刚而为绕指柔。历史环境和身世遭遇,是辛弃疾词特殊风格形成的原因(同上)。夏承焘论苏、辛,颇能得其"佳处",因此,他之所谓"唤起龙洲斗豪语"(《谢刘海粟画家赠墨荷》),切不可简单地视之为一般的豪言壮语,或者英雄语,更不可视之为粗疏浮嚣之语。夏承焘论词,并未忽视其"本色",而是力图推举其地位。

六十多年来,夏承焘全力治词,他的长短句填词及有关词学研究论著,堪称艺苑典型,足以流传千古。

(一)关于《瞿髯词》

六十多年来,夏承焘歌词创作极为繁富,他的作品,大多保存在《日记》当中。一九四二年,夏承焘词曾由逸群、怡和夫妇集中抄录,这是第一次结集,但未付刻。一九七六年,夏承焘避地震客居长沙三月,曾将所作词编集为《瞿髯词》(油印本)二卷。卷上录词七十四首,为一九五一年至一九七六年所作;卷下录词七十八首,为一九二一年至一九四九年所作。二卷收词计一百五十二首。无闻注释。《瞿髯词》于是年冬油印成册,这是夏承焘词的第一个刻本,共印行五百册。一九七九年冬,应湖南人民出版社之请,在油印本《瞿髯词》基础之上,略事扩选,共得词三百首,为《夏承焘词集》六卷,于一九八一年三月出版。这是夏承焘词的第一个公开发行的集子。《夏承焘词集》断自一九二一年,直至一九八〇年,依作品编年。卷一至卷五,十年合为一卷;卷六收一九七三年至一九八〇年作品。《夏承焘词集》六卷，一九八一年三月初版，印行八千四百册；一九八二年八月修订本，印行一万册。至此，夏承焘所作词，已经第三次结集。六卷三百首，虽非全部，却已可见一斑。彭靖论瞿髯词，谓其作风与朱彊村早年异趣，晚则同调。说："夏先生之于朱先生，亦可谓善于扬其长而避其短，故能从理论和实践上远承苏辛之业，变词史上的变调为正鹄，其有功词学，当代实罕其匹。"（《〈夏承焘词集〉书后》）彭靖所说乃体会有得之言，符合瞿髯词实际情况。

（二）关于《唐宋词人年谱》和《唐宋词论丛》

这是夏承焘的两部力作。

《唐宋词人年谱》（上海古典文学出版社，一九五五年出版），计十种十二家。即：韦端己、冯正中、南唐二主、张子野、二晏、贺方回、周草窗、温飞卿、姜白石、吴梦窗。十二谱中，尤以温飞卿、姜白石、吴梦窗三系年，最见功力。朱祖谋曾称赞其梦窗事迹考证。说："梦窗系属八百年未发之疑，自我兄而昭晰，岂非词林美谭。"（《词学季刊》创刊号）日本学人清水茂，也曾撰专文评介，表示高度赞赏。认为："作者对各词人之行实，作甚周详仔细之探索，使读者引起甚深长之兴味；许多讹误之传说，亦于此得到纠正。"（见一九五七年十月六日《光明日报》）《唐宋词人年谱》，已成为治词业者，人人案头必备之书。

《唐宋词论丛》（上海古典文学出版社，一九五六年版）是一部有关词乐及声律问题的专著。全书收入论文十二篇及附录五篇，内容包括：唐宋词声韵问题，词乐、词谱问题以及作家作品行实、本事和词书整理考订方面的问题。其中有关白石歌曲的考证文字，是夏承焘的成名之作。近代词学大师朱祖谋曾亲予审阅指正。夏承焘还依据近人陈澧有关白石谱译法，将白石十七谱用今工尺全部译出，对于理解、接受姜白石所遗留下来的宝贵词乐财富，作出了贡献。此外，书中有关字声、音韵的考辨，也极为精细。夏承焘的考辨，立足于具体词例，立足于作家创作实际以及词体演变的实际，而不是脱离内容的空谈。这是夏承焘多年研究的集成之作。王仲闻说："（此书）对于唐宋词之声律，剖析入微，前无古人。"（新版附录《承教录》）

（三）关于《姜白石词编年笺校》

夏承焘《姜白石词编年笺校》（上海古籍出版社，一九八一年版），全书凡五卷，又编年一卷，外编一卷，对于姜白石八十多首词，加以笺校。卷首有《论姜白石的词风》为代序，还有《辑传》与《白石词编年目》；卷后有《辑评》《版本考》《各本序跋》《白石道人歌曲校勘表》《行实考》等为附录。笺校者几乎将所有关于白石词的资料汇于一编，这是词学研究中的有益之举。

姜夔为宋词一大家，后世对他的重视，不仅是因为他的词清刚疏宕，在两宋词坛独树一帜，而且，还因为他留下了十七个歌曲旁谱，在某些词作小序中，记录下有关词的乐律资料，成为宝贵的词乐文献。夏承焘对于白石词中所涉及的问题，诸如宫调律吕以及"鬲指""住字""落腔"等专门术语，一一进行考订和笺释；此编可为白石声学之小百科全书。

夏承焘治词六十余年，著作等身，现在虽已八十五高龄，脑力日衰，但仍手不离书卷，日以吟咏之事为乐，并仍热情导引后进，为诸生修改填词习作。其人其词，其文章德业，为学界共敬仰。

及门晋江施议对敬撰

（附记：此为未刊稿。撰写于一九八四年五月，在北京中国社会科学院文学研究所。时瞿师仍健在。文稿撰成，曾获审订。）

二、夏承焘著述编年

夏承焘先生著述宏富,为便于对夏承焘先生治学经历和著述情况有清晰的了解,故而在《学记》的最后将夏先生的著述按年编次,既是其一生著述的目录,也体现其学术发展的大致脉络。本编年参考吴无闻《夏承焘教授学术活动年表》(载《夏承焘先生纪念集》)和李剑亮《夏承焘年谱》,特予说明。

一九二五年

《唐铸万学考》,文末自署:"十四年阳历五月二十五日属稿,六月十一日第二稿成于长安。"

一九三〇年

《白石诗文杂著版本考》,文末自署:"一九三〇年一月写于严州,五四年冬改于杭州。"载于《姜白石词编年笺校》之《版本考》。

一九三二年

《温飞卿系年》,谱末题:"一九三二年,六和塔。"后记一题:"一九五四年十一月,六和塔。"后记二题:"同年六月廿九日。"(《唐宋词人年谱》)

《吴梦窗系年》,后记:"一九三二年六月记。"(《唐宋词人年谱》)

一九三三年

《张子野年谱》,《词学季刊》创刊号,1933年4月版。年谱末署:"一九三二年冬写初稿,五四年秋改定。"(《唐宋词人年谱》)

《梦窗词集后笺》,《词学季刊》创刊号,1933年4月版。

《贺方回年谱》,《词学季刊》第1卷第2号,1933年八月版。末署:"一九三三年六月成初稿,五四年十一月重订。"(《唐宋词人年谱》)

《〈红鹤山房词〉序》,《词学季刊》第1卷第2号,1933年8月版。

《〈南宋二家词考证〉序》,文末自署:"一九三三年五月夏承焘。"载于《中国文学会集刊》。

《白石歌曲旁谱辨校法》,《词学季刊》第1卷第3号,1933年12月版。

《与龙榆生论陈译白石〈暗香谱〉书》,《词学季刊》第1卷第3号,1933年12月版。

一九三四年

《韦端己年谱》,《词学季刊》第1卷第4号,1934年4月版。该谱后记一:"予为端己年谱,着手于三数年前。旋闻辽阳陈慈首先生思已有《韦浣花年谱》,因之中辍。客岁,先生即世,谢君玉岑从其家乞得手稿邮示。排比端己诗词及《唐才子传》诸书,仅十余页,盖创草未成之作。因以二旬力,理予旧稿,重写此卷,其采先生说者,皆注明不敢攘善。与先生函札往复三四年,而未一谋面;闻其遗著甚富,玉岑尝欲为任刊布之责;未几玉岑亦逝,竟无从求访矣。一九三四年一月十六日记于杭州六和塔。"

《重考唐兰〈白石歌曲旁谱考〉》,文末自署:"二十二年八月再记于永嘉杨柳巷八号。"《东方杂志》31卷7号,1934年7月。

《〈元名家词辑〉序》,文末自署:"一九三四年大暑夏承焘序于杭州月轮楼。"

《二晏年谱》,《晏同叔年谱(附晏叔原)》,《词学季刊》第2卷第1号,1934年10月版。《唐宋词人年谱》末署:"一九三四年八月写初稿,五七年九月重改。"

《与龙榆生论白石词谱非琴曲》,《词学季刊》第2卷第1号,1934年10月版。

《再与榆生论白石词谱》,《词学季刊》第2卷第1号,1934年10月版。

一九三五年

《晏同叔年谱(续)》,《词学季刊》第2卷第2号,1935年1月版。

《冯正中年谱》,《词学季刊》第2卷第3号,1935年4月版。

后记一题:"一九三五年一月二十四夕。"(《唐宋词人年谱》)

《南唐二主年谱》,《词学季刊》第2卷第4号,1935年7月版。年谱后记一:"一九三四年八月属稿,三五年二月写成,五四年十一月重改。"(《唐宋词人年谱》)

《与龙榆生言谢玉岑之死》,《词学季刊》第2卷第4号,1935年7月版。

《周草窗年谱》,附录一题:"一九三五年三月十二日,着手于月轮楼,七月一日初稿成。一九五四年十一月重改于月轮楼。"(《唐宋词人年谱》)

《〈东坡乐府笺〉序》,文末自署:"二十三年十月,永嘉夏承焘敬序。"《词学季刊》第2卷第2号,1935年1月版。该序载于《东坡乐府笺》卷首。

一九三六年

《南唐二主年谱（中）》，《词学季刊》第 3 卷第 1 号，1936 年 3 月版。

《南唐二主年谱（三）》，《词学季刊》第 3 卷第 2 号，1936 年 6 月版。

《今词出于酒令考》，《词学季刊》第 3 卷第 2 号，1936 年 6 月版。

《与张孟劬论〈乐府补题〉》，《词学季刊》第 3 卷第 2 号，1936 年 6 月版。

《南唐二主年谱（四）》，《词学季刊》第 3 卷第 3 号，1936 年 9 月版。

《〈乐府补题〉考》，文末自注："廿五年四月三十日记于杭州六和塔西之月轮楼。"《文澜学报》2 卷 2 期，1936 年 6 月。《唐宋词人年谱》所载后记一："一九四九年五月四日写于西湖罗苑。"后记二："一九五六年六月，杭州梅东高桥。"

一九三七年

《〈易安居士事迹〉后语》，文末自注："一九三七年七月，秦望山中。"收入《唐宋词论丛》。按此文又见《词学季刊》第 3 卷第 4 号残存校稿。题为《俞理初〈易安居士事辑〉后案》。

一九三九年

《〈稼轩词笺〉序》，文末自署："二十八年十二月。"《之江中国文学会集刊》5 期。

《〈半樱词续集〉序》，文末自署："戊寅秋弟子夏承焘敬书于上海静安寓楼。"

一九四〇年

《唐宋词字声之演变》，文末自注："一九四〇年四月作于上海安宜坊寓庐。"收入《唐宋词论丛》。

《宋词系》，该书前记："一九四〇年一月夏承焘。"

一九四一年

《谢玉岑遗稿题辞》，文末自署："一九四一年十月夏承焘敬题。"

一九四三年

《词韵约例》初稿，文末自注："一九四三年初稿。"收入《唐宋词论丛》。

一九四六年

《章夫人〈汤国梨词集〉题辞》，文末自署："一九四六年四月书于西湖罗苑。"

一九四七年

《词律三义》初稿，文末自注："一九四七年十一月写于西湖罗苑。"收入《唐宋词论丛》。

《姜白石诗词晚年手定集辨伪》，文末自注："一九四七年十月十三日书于浙江大学西湖罗苑。"收入《月轮山词论集》。

《〈文芸阁先生年谱〉序》，文末自署："一九四七年四月夏承焘书于西湖罗苑。"

一九四八年

《"阳上作去""入派三声"说》，《国文月刊》第 68 期（1948年）。收入《唐宋词论丛》。

《〈唐宋词录最〉前记》，文末自署："三七年三月罗苑。"

《〈词心〉序》，文末自署："一九四八年十一月夏承焘序于西湖罗苑。"

《〈清闻斋诗集〉序》，文末自署："戊子岁暮夏承焘序。"

一九四九年

《顾贞观寄吴汉槎〈金缕曲〉征事》初稿，文末自注："一九四九年五月写初稿于西湖罗苑。" 收入《唐宋词论丛》。

《读〈长恨歌〉：兼评陈寅恪教授之〈笺证〉》，《国文月刊》第 78 期，1949 年 4 月。

一九五二年

《教书乐——三十年教学的体验》，文末自署："一九五二、一、十七夕，罗苑。"

一九五四年

《姜白石词版本考》，文末自署："一九五四年，杭州。"载于《姜白石词编年笺校》之《版本考》。

《姜白石系年》，文末自署："一九五四年十一月。"（《唐宋词人年谱》）

《白石怀人词考》，文末自署："一九五四年十一月，杭州。"(《唐宋词人年谱》)

《吴梦窗晚年与贾似道绝交辨》，文末自署："一九五四年十一月五日。"(《唐宋词人年谱》)

一九五五年

《词韵约例》，文末自注："一九五五年改定。"收入《唐宋词论丛》。

《姜白石年谱与校理》，文末自注："一九五五年七月，杭州。"收入《唐宋词论丛》。

《唐宋词叙说》，《浙江师范学院学报》1955年第1期。

《唐宋词人年谱》，古典文学出版社1955年版。

一九五六年

《词律三义》初稿，文末自注："一九五六年二月改定于梅东高桥。"收入《唐宋词论丛》。

《四库全书词籍提要校议》，文末自题："右校议一卷，作于二十年前，续有增删。四库词籍提要中可校可议者尚多，笔札丛脞，未遑整理，写为专编，俟之异日。一九五六年十一月十一日记。"收入《唐宋词论丛》。

《顾贞观寄吴汉槎〈金缕曲〉词征事》，文末自注："一九五六年三月改成于梅东高桥。"收入《唐宋词论丛》。

《白石词集辨伪二篇》之《陈元龙〈白石词选〉》，文末自题："一九四八年春写于西湖罗苑，五六年改定于杭州南湖之玉邻堂。"收入《姜白石词编年笺校》之《版本考》。

一九五七年

《题〈易安居士事迹后语〉之后》，文末自注："一九五七年九月十二夕。"收入《唐宋词论丛》。

《唐宋词发展的几个阶段及其风格》，文末自署："一九五七年一月十二日讲于广州中山大学，二月十三日写成于杭州浙江师范学院。"

《读辛弃疾的词》，文末自署："一九五七年八月三十一日浙江师范学院。"《诗刊》1957年10月号。

《关于苏轼〈念奴娇〉"羽扇纶巾"之疑问：致唐圭璋先生信》，《语文教学》1957年第2月号。

《记厉樊榭手写白石道人歌曲》，文末后记："一九五七年冬，写于玉邻堂。"载于《姜白石词编年笺校》之《版本考》。

《姜白石词各本序跋》，文末自题："一九五七年冬，承焘。"收入《姜白石词编年笺校》之《版本考》。

一九五八年

《顾贞观〈金缕曲〉词补考》，文末后记："一九五八年二月。"收入《唐宋词论丛》。

《〈楚辞〉与宋词：为辛弃疾逝世七百五十周年纪念作》，《光明日报·文学遗产》94期，1958年2月2日。

《唐宋词声调浅说》，《语文学习》1958年6月号。

《姜白石词编年笺校》，中华书局1958年第1版。

一九五九年

《评李清照的词论》,文末自注:"一九五九年五月,杭州大学。"收入《月轮山词论集》。

《辛弃疾词论纲》,文末自注:"一九五九年五月,改成于杭州大学。"《文学评论》1959年第3期。收入《月轮山词论集》。

《西湖与宋词》,《杭州大学学报》1959年第3期。

《据〈白氏长庆集〉考唐代长安曲江池》,文末自注:"一九五九年六月,杭州大学。"收入《月轮山词论集》。

《关于〈新编唐诗三百首〉》,《文学遗产》第254期,《光明日报》1959年4月5日。

《如何评价〈宋诗选注〉》,《光明日报》1959年8月2日。

《陶潜与孙恩》,《光明日报》1959年9月13日。

《白石诗词集》,人民文学出版社1959年版。

一九六〇年

《论陈亮的〈龙川词〉》,文末自注:"一九六〇年十一月廿二日—廿五日,杭州。"收入《月轮山词论集》;又为《龙川词校笺》代序。

《姜夔的词风》,文末自注:"一九五六年九月初稿,一九六〇年一月重改于杭州西溪。"收入《月轮山词论集》。

一九六一年

《李清照词的艺术特色》,文末自注:"一九六一年五月二十日,写于北京民族饭店。"收入《月轮山词论集》。

《〈词论〉八评》,文末自注:"一九六一年十月。"收入《月轮山词论集》。

《岳飞〈满江红〉词考辨》，文末自注："一九六一年三月属稿于杭州大学，同年五月写成于北京民族饭店。"收入《月轮山词论集》。

《词人纳兰容若手简前言》，文末自注："词人纳兰容若手简真迹乃夏衍同志所藏。一九六一年嘱书此文。"收入《月轮山词论集》。

《东风世界话梅花》，《光明日报》1961年3月21日、25日《东风》副刊。

《姜白石词编年笺校》，中华书局1961年第2版。该书后识语："予二十年来治姜词之杂稿，都凡八种：关于乐律者有《歌曲校律》《十七谱译文》《旁谱说》《旁谱辨》；关于作者有《歌曲编年笺校》《论姜白石的词风》《白石丛稿辑本》；关于事迹有《行实考》。兹写定《行实考》附《歌曲笺校》之后。集事、酬赠较前人所辑亦稍有增益，并缀其末。一九六一年一月夏承焘记于杭州道古桥。"

《龙川词校笺》，[宋]陈亮著，夏承焘校笺，牟家宽注，中华书局1961年第1版。

一九六二年

《〈白石道人歌曲〉校律》，文末自注："一九三三年四月十三日写第四稿，一九六二年七月再改。"收入《月轮山词论集》。

《论杜甫入蜀以后的绝句》，文末自注："一九六二年四月十三日写于杭州。"收入《月轮山词论集》。

《杜甫与高适》，文末自注："一九六二年八月改定于杭州。"收入《月轮山词论集》。

《西湖与宋词》，《文学评论》1962年第1期。

《林逋的诗与大中祥符的"天书"》，《文汇报》1962年7月7日。

《"采诗"和"赋诗"》,《中华文史论丛》第 1 辑,1962 年 8 月初版。

《关于陆机〈文赋〉的三个问题》,文末自署:"一九六二、一、十五、杭州。"《文艺报》1962 年第 7 期。

《月轮楼读词记》,《杭州大学学报》1962 年第 2 期。

《读词常识》,中华书局 1962 年版。

《唐宋词人年谱》,中华书局 1962 年版。

一九六三年

《姜夔词谱学考绩》,文末自题:"此文成于一九三二年,阅三十载,重改于一九六二年之夏。唐先生此跋亦成于一九三二年,故于此改本所论有不相应者。与唐先生沪上一面,廿余年不见,不知于此学别有新著否。一九六三年一月承焘记于杭州道古桥。"收入《月轮山词论集》。

《论陆游词》,文末自注:"一九六三年三月,杭州。"收入《月轮山词论集》。

《四声绎说》,文末后记:"一九四一年六月初稿,一九六三年一月改。"收入《月轮山词论集》。

《词调约例——说"犯调"》,《文史》1963 年 4 月。

《词源注》,人民文学出版社 1963 年版。

一九六六年

《"诗余"论:宋词批判举例》,《文学评论》1966 年第 1 期。

一九七八年

《月轮山词论集》完成，论集前言末署："夏承焘，一九七八年五月于北京朝阳楼。"

《风花挥手大江来：纪念李煜谢世一千周年》，《社会科学战线》1978 年第 4 期。

一九七九年

《瞿髯论词绝句》，此书前言末署："夏承焘一九七九年春书，时年八十。"中华书局 1979 年版。

《瞿髯论词绝句外编》，《杭州大学学报》1979 年 Z1 期。

《唐宋词欣赏》，此书前言："夏承焘八十岁记于北京天风阁，一九七九年深秋。"百花文艺出版社 1982 年版。

《瞿髯诗〔卷上〕》，《教学与研究》1979 年第 1 期。

《题曹雪芹〈红楼梦〉（〈减字木兰花〉一首）》，《红楼梦学刊》1979 年第 1 期。

《评黄彻〈䂬溪诗话〉之论杜诗》，《山西大学学报》1979 年第 1 期。

《月轮山词论集》，中华书局 1979 年版。

一九八〇年

《读词随笔》，《文学遗产》1980 年 1 月复刊号。

《与胡适之论词书》，《文献》1980 年第 2 期。

《论域外词绝句九首》，《文献》1980 年第 2 期。

《关于词曲研究的通信》，《文献》1980 年第 3 期。

《关于词曲研究的通信（续完）》，《文献》1980 年第 4 期。

《瞿髯诗〔卷下〕》，《教学与研究》1980年第1期。

《唐宋词欣赏》，百花文艺出版社1980年版。

一九八一年

《瞿髯论词绝句》增订，《后记》："拙著《瞿髯论词绝句》自一九七九年出版以来，承学术界人士撰文评议，各地友好及读者亦来函指教，至深铭感。此次再版，在原八十二首基础上增加十八首，遵教酌予修订，统此致谢。夏承焘，一九八一年春记于北京天风阁。"

《姜白石词编年笺校》，上海古籍出版社1981年第1版。

《放翁词编年笺注》，上海古籍出版社1981年版。夏承焘、吴熊和校注。该书《后记》："四十年前，予讲诵杭州之江大学，属苏州彭重熙为《放翁词笺》，尝刊布于《之江中国文学报》。二十年前，四川刘遗贤来从予于杭州大学，别去时，成《放翁词注》。一九六三年复属上海吴熊和增删写定为此编，其致力尤勤于彭、刘，故所获亦特多。然不可没二君前导之功，爰记之如此。重熙工词善书，不通音问数十年矣。一九八〇年八月夏承焘。"又其《论陆游词》（代序）文末自署："夏承焘，一九六三年三月初稿，一九八〇年八月修改。"

《词学研究通信（上）》，《文献》1981年第1期。

《词学研究通信（下）》，《文献》1981年第2期。

《换头举例》，《词学》第1辑，1981年。

《天风阁学词日记》，《词学》第1辑，1981年。

《夏承焘词集》，湖南人民出版社1981年版。

《域外词选》，书目文献出版社1981年版。

《韦庄词校注》，刘金城校注，夏承焘审订，中国社会科学出版社1981年版。该书后记："《韦庄词校注》原写于一九五六年，虽然距今已有二十四个年头了，但一直未能对它再作翻检。现在，中国社会科学出版社同意把它印出来，并承出版社杨铁婴同志在付印之前，认真细致地审阅书稿，审核检校之中，字斟句酌，帮助修订。……夏承焘、刘金城，一九八〇年七月二十日。"

一九八二年

《龙川词校笺》，上海古籍出版社1982年第1版。

《天风阁诗集》，该书前言末署："夏承焘，八十一岁书于北京天风阁，一九八〇年九月。"浙江人民出版社1982年版。

《天风阁词集前编》，该书前言末署："夏承焘，八十一岁书于北京天风阁。"

《〈神州吟〉序》，《文史知识》1982年第10期。

一九八三年

《天风阁学词日记》（二），《词学》第2辑，1983年。

《〈学词日记〉十一则》，《读书》1983年第9期。

《金元明清词选》，人民文学出版社1983年版。

《姜白石词校注》，广东人民出版社1983年版。

一九八四年

《天风阁词集后编》，该书前言末署："夏承焘，八十四岁书于北京天风阁。"百花文艺出版社1984年版。

《天风阁学词日记》，浙江古籍出版社1984年版。

《天风阁诗集》，浙江文艺出版社1984年版。

一九八五年

《天风阁学词日记》（三），《词学》第3辑，1985年。

《天风阁学词日记（一九四四年一月—三月）》，《温州师专学报》1985年第3期。

一九八六年

《天风阁学词日记》（一九三九年），《词学》第4辑，1986年。

《天风阁学词日记》（一九三九年·续一），《词学》第5辑，1986年。按：夏承焘逝世后，《词学》仍连载日记。《天风阁学词日记》（一九三九年·续二），《词学》第6辑，1988年。《天风阁学词日记》（一九四○年一月至六月），《词学》第7辑，1989年。《天风阁学词日记》（一九四○年五—八月），《词学》第8辑，1990年。

《生当作人杰 死亦为鬼雄——〈古代闺媛词诗选〉序》，《教学与管理》1986年第3期。

按：夏承焘的部分遗稿在夏氏逝世后，一部分由其弟子整理发表。如夏承焘、王荣初联合署名发表的《词林系年》，自1987年后在《中国韵文学刊》连载九期。

（编者：胡可先）